辅导员工作100个怎么办

高治军　主编

怎么办

Fudaoyuan Gongzuo 100ge Zenmeban

执行主编：　高　杨　李见新

副主编：**(按姓氏音序排列)**
陈　新　戴国立
费　昕　付晓丽
李大宏　李志强
刘　娟　刘正浩
邵　强　王　峰
王宝玲　张德山
张向战　张东伟
曾　涛

执行编辑：　赵冬冬

GUANGXI NORMAL UNIVERSITY PRESS
广西师范大学出版社
·桂林·

图书在版编目（CIP）数据

辅导员工作 100 个怎么办 / 高治军主编. —桂林：
广西师范大学出版社，2011.8（2022.6 重印）
ISBN 978-7-5495-0735-1

Ⅰ. 辅… Ⅱ. 高… Ⅲ. 高等学校—辅导员—
工作 Ⅳ. G645.1

中国版本图书馆 CIP 数据核字（2011）第 169806 号

广西师范大学出版社出版发行

（广西桂林市五里店路 9 号 邮政编码：541004）

（网址：http://www.bbtpress.com）

出版人：黄轩庄

全国新华书店经销

广西广大印务有限责任公司印刷

（桂林市临桂区秧塘工业园西城大道北侧广西师范大学出版社
集团有限公司创意产业园内 邮政编码：541199）

开本：890 mm × 1 240 mm 1/32

印张：12.875 字数：280 千字

2011 年 8 月第 1 版 2022 年 6 月第 18 次印刷

印数：53 001~56 000 册 定价：42.00 元

如发现印装质量问题，影响阅读，请与出版社发行部门联系调换。

序 XU

教育部思想政治工作司司长

在中国共产党 90 华诞之际，全国教育系统组织开展了丰富多彩的庆祝建党 90 周年活动，已筹备近两年的《辅导员工作 100 个怎么办》即将出版，此书的出版也是《河南教育》和广大一线辅导员同志们为党的生日献上的一份真挚的礼物。

这本书由《河南教育》高校版杂志编选，是该杂志联合全国几十所高校举办的"辅导员工作 100 个怎么办"征文作品集。每次翻开《河南教育》，读到"大学辅导员"刊中刊，都会被他们为大学生思想政治教育和辅导员队伍建设所做的努力和贡献所感动，平时罕见为高校辅导员单独开辟出一块天地的新闻性杂志，《河南教育》一直坚持到今天并做得有声有色，实属不易。《辅导员工作 100 个怎么办》一书浓缩了 100 位辅导员的育人实践和思考，也收录了 13 位专家的精心点评。该书的出版是大学生思想政治教育工作和辅导员队伍建设领域的一项重要实践成果,对进一步推动辅导员队伍建设,提高大学生思想政治教育工作科学化水平具有积极的意义。

这是一本分量十足的书,书中所选案例基本上涵盖了高校辅导员工作的方方面面,为广大一线辅导员提供了真实的带有普遍性的工作经历以及处理技巧。可以说,该书既是 100 位辅导员心与心的交流,又是辅导员工作艺术的展现。阅读它,既可以被这些辅导员耐心细致、持之以恒的敬业精神所感染、所鼓舞,又可以使广大辅导员朋友从中受到启发,开阔工作思路,提升工作水平。

辅导员工作在大学生思想政治教育的第一线,直接影响着大学生思想政治素质的形成。辅导员要做大量的事务性工作,在大量的具体管理和服务工作中,更要发挥思想政治教育的作用,工作辛苦,责任重大。对于我们这些长期从事大学生思想政治教育工作的同志来说,每当我们看到自己的学生在学校中的成长和进步,心中会倍感欣慰,从来没有感到工作的枯燥,反而认为思想政治工作是非常生动鲜活的。当然,不可否认,辅导员承担的工作强度大、面临的形势变化快、需要迎接的挑战多,这更要求我们要不断创新工作思路、改进工作方法。辅导员的工作对象是青年学生群体,这个群体思维活跃、接受新事物快,因此辅导员的工作也必须随之不断创新。好创意从来都不会凭空产生,需要积累、需要思考,更需要实践的检验。本书所选的 100 篇鲜活的案例就是创新的硕果、实践的结晶,值得广大辅导员认真学习和借鉴。

2011 年 7 月 29 日

有为才有位

辽宁省委高校工委副书记，
省教育厅副厅长

2008 年 1 月至 2009 年 12 月，我应约为《河南教育》杂志"大学辅导员"栏目开设了两年的专栏——"建武谈心"。

这个专栏，有三个特点。一是内容很"杂"。有写辅导员要加强理论学习的、有写辅导员要关爱家庭经济困难学生的，等等，但纵览各篇，却是"杂"而不"乱"，都是紧紧围绕"如何做好辅导员工作"这一主题展开的。二是不讲"大道理"。辅导员工作是育人的工作，辅导员要总是摆着架子给学生讲大道理，即便讲得头头是道，学生也会听不进去，相应地，我这些写给辅导员的话，都是通过我做辅导员的点滴感受和体会与广大辅导员谈心式地交流，把道理寓于情感之中，给辅导员以启发。三是文章都很短小。我写的每篇文章字数都不超过 2000 字，这既缘于编辑部开设专栏时的约定，也考虑到辅导员的工作都很忙，"两眼

有
为
才
有
位

1

一睁，忙到熄灯"，我实在不忍心打扰他们更多的时间。

我与《河南教育》杂志有着深厚的感情。一是由于这个杂志长期以来对大学辅导员的关注，做了大量的策划和报道，刊发了一批有分量、有见解、有新意的文章，在改进和加强辅导员队伍建设方面作出了积极努力。二是缘于应约为杂志撰写专栏文章。虽然离开辅导员工作岗位已经几十年，但是从事辅导员工作的经历和过程，却让我受益终生，可以说那是一段使我终生难忘的宝贵记忆。因此，我答应编辑部的约请，开设专栏。三是被编辑赵东的工作热情所感染。在今天这样一个"物欲横流"的年代，有几人能耐得住清贫、耐得住物的诱惑投身到精神世界？赵东身上有那么一股劲，他很热爱他的工作，愿意为辅导员做一些事情。

仔细翻阅书稿，我认为本书有三个特点：一是可读性。每一篇文章都是一个故事，发生在辅导员的身边，与辅导员工作、与大学生的学习和生活密切相关，有的还不乏趣味性和曲折的情节，真实可信，可感可触。二是可借鉴性。每一篇文章都是一个案例，有事情的起因、经过、结果，更有具体的处理办法，对于广大辅导员尤其是新辅导员来说，具有很强的借鉴性和可操作性。三是附有精彩的点评。每篇文章后面都有思政专家的点评，文字虽短小，却直指要害，分析精辟入里，将我们对案例的思考引向深入，由点到面，触类旁通。因此，我希望广大高校政工干部和辅导员都能够认真读一读这本书，不断提高自身政治素质、思想素质、业务水平和工作能力，做一名优秀的大学生健康成长的指导者和引路人。

《有为才有位》是我在《河南教育》杂志"大学辅导员"专栏开篇文章的题目，今天用在这里也是想表明我的一个最基本的观点，那就是：辅导员的工作是辛苦的、琐碎的，但却大有可为，只要你有"为"，就一定会有"位"。

辅导员朋友们，你们正行进在一条业已宽广但还不十分平坦的大道上，前面还有很长的路，要做的事情很多。期望你们能够坚定信念,排除干扰,脚踏实地走下去。要记住,一切忧郁、彷徨、牢骚都是无济于事的。走好自己的路,让别人羡慕去吧!

2011 年 6 月

有为才有位

辅导员工作应从"实践型"向"实践研究型"转变

教育部国家教育发展专家咨询委员，山东省人民政府参事　田中同

　　两年前，就知道《河南教育》杂志有个"大学辅导员"刊中刊，其中一个栏目为"辅导员工作100个怎么办"，每期刊发两篇文章，并配以简明的漫画，形式和风格很是吸引人。后来，编辑赵东打来电话，说要把文章整理出来编辑成册，并请我作序。对广大的辅导员朋友们来说，此书若做好，是件大好事，很有意义，于是我欣然答应。

　　面对100位辅导员的育人实践和思考，不敢有丝毫松怠，细细研读后，我认为，该书在创新大学生思想政治教育方面主要有以下五个显著特点：

　　变空洞为实际。该书突出解决学生实际问题，关注学生所需所求、所思所盼、所忧所虑，把解决思想问

题与解决实际问题结合起来,特别是在创业就业服务、心理健康服务、困难学生资助、婚姻恋爱引导等方面下大力气,强调为大学生办实事、做好事、解难事。

变灌输为引导。无论是辅导员工作思考,还是专家点评,都体现现代教育理念,即尊重学生主体,尊重学生差异,尊重学生权利和责任。引导学生要靠人文关怀、道德情感、人性管理,要靠平等的态度、和谐的关系、心灵的沟通、情感的交融。把引导成长与关心服务结合起来,把社会需求同尊重个性结合起来,把精神传承与环境营造结合起来,把人格发展与心理解困结合起来,在引导中融入要求,在活动中蕴含教育,在管理中体现引导,在服务中潜移默化。

变统一为差异。过去德育观念存在禁区,不敢对德育目标降低要求,好像德育只能讲共产主义远大理想,只能讲坚持社会主义信念,目标笼统过高,缺少人文人性。刚性有余,柔性不足。该书面对学生不同差异,积极引导学生认识自己利益,正确处理国家、集体、个人等各种利益关系,强调大学生基本的公民道德修养,学会承担责任,遵纪守法,讲诚实信用,懂感恩报恩,善于团结协作。要成为好的接班人首先要成为好的建设者,要成为好的建设者首先要成为好的公民。

变抽象为生动。该书注意理论与实践结合,为广大辅导员提供一些可操作的意见和建议,使他们读后在理论与实践两个方面都有收获。辅导员用客观事实说话,用典型案例说话,用切身感受说话,把抽象变形象,把概念变事实,运用真理力量、逻辑力量,析事明理。视角新鲜、案例新鲜、方式新鲜。该书注意文字话语的可读性、生动性、形象性,深入浅出,言之有物,入情入理,通俗易懂,力求做到深入而不深奥,浅出而不浅薄,生动而不生硬。

变结论为问题。该书提出了辅导工作的 100 个问题,积极探索"问题解析式"工作模式。从大学生思想政治教育工作出发,敢于直面学生工作困惑,善于回答学生工作疑惑,系统解答学生工作疑问,提升大学生思想教育工作的针对性和有效性。在思想教育中,一个好的问题比一个好的结论更为重要。问题中蕴含着思想教育的内在要求,蕴含思想教育的广阔空间,要从思想教育实践提出问题和发现问题,从理论上深入研究和解决问题,从而找到实现大学生思想政治教育的有效途径。

辅导员是大学生思想政治教育和管理的组织者和实施者,是大学生健康成才的指路人和引路人。辅导员工作是一门科学,又是一门艺术,理论性、实践性都很强,需要不断提高自身素质,加强教育学、心理学、管理学相关知识的学习,主动掌握思想理论教育方法,不断总结工作经验,分析工作对象、工作环境的变化,研究工作规律,有针对性地开展研究工作,努力实现从"实践型"向"实践研究型"转变。有人统计过,辅导员承担的是 103 项责任,要求有 10 种能力:要有领袖的头脑,议员的能力,侦查员的洞察力,教师的知识,外交家的口才,艺术家的才艺,民工的体力,打字员的速度,调酒师的酒量,医师的常识。这说明对辅导员素质有很高的要求。

《辅导员工作 100 个怎么办》的出版具有三重意义:对创新德育形式、丰富德育内容具有开创意义;对提高德育工作吸引力和感染力,增强德育工作针对性和实效性具有借鉴意义;对提升大学生思想政治教育工作水平,加强辅导员专业化、职业化建设具有推动意义。

为此,我建议高校辅导员、政工干部以及思想理论课教师认真读一读,吸取创新理念,借鉴成功做法,提高教书育人水平。

2011 年 6 月 18 日

目 录

CONENT

第一章　思想教育篇

目
录

第二章　班级建设篇

第三章 学生资助篇

第四章　入学教育篇

第五章　人际关系篇

第六章　心理健康篇

第七章　宿舍生活篇

第九章 突发事件篇

第十章　就业指导篇

后　记

第一章　思想教育篇

SIXIANG JIAOYU PIAN

点评专家：

中原工学院学生处处长	张东伟
山东科技大学济南校区学生处处长	陈　新
东北财经大学学生处副处长	刘正浩

辅导员批评学生在所难免，学生违反了校规校纪，做了什么错事，总要被批评教育一番，而在社会民主意识逐步发展的今天，学生的民主意识也在逐步提高，被批评的学生难免存在抵触情绪，而如何化解犯错学生的抵触情绪达到批评的效果就显得尤为重要了。

从一次批评中想到的
——面对批评中的抵触情绪怎么办
□陈一鸣

前不久，几名大四学生因在午休时间在宿舍下打球、打闹而受到我的批评一事，引发了我对学生进行批评教育方法技巧的几点思考。

一、事件

当第三名学生刚一走进办公室，我就火冒三丈。他是歪着脖子，斜着眼睛进来的。他那难看的脸色表明：他不仅是极不情愿地拿着检查走进办公室，而且是窝着怒火"准备训我"。我差一点就吼出来："你这是什么态度！连最起码的文明礼貌都不懂！"然而，当时我压住了怒火，连声请他们坐下。他们说不坐。到办公室接受批评，虽不至于跪下，但也不可能成为座上宾吧。我想这是他们当时对"请坐"的想法，这也是他们从进办公室起遭到的第一个"意外"。我亲自动手给他们搬了几个凳子放在他们面前，他们终于坐了下来，开始有点儿不好意思。于是我开口批评了，十几分钟的批评中，他们没有再说一句话。

"咱们的宿舍是休息的地方，特别是中午和晚上的时间，很多学生都在睡觉。他们睡觉吧，就影响咱们娱乐；咱们娱乐吧，就影响他们睡觉。"我就以这样一句话开始了我的批评，他们都看着我笑了，难看的脸色再也不见了。这是他们进办公室以来遭到的第二个"意外"。此后，我以不断的"意外"始终控制着他们的眼球和耳朵,把批评的内容融入其中。我还讲了这样一句话,我说:"都大四了,再到老师的办公室去接受批评,可能觉得挺难堪。所以我想,如果你们今天还不来找我,我就请你们几个人定个你们都能接受的时间和地点,某个教室或你们的宿舍,我去跟大家见个面。但是,不处理肯定不行,绝对不可能不了了之。"最后我说:"会在化学楼门口贴出通报批评,肯定难看点儿。但是这件事情就到此为止了。希望我们今后在球场上见而不是在办公室里见;希望我们今后要因为愉快的原因相见,而不是因为不愉快的原因而相见。"那位进门时脸色难看的学生在十多分钟的批评中始终是态度最好的,而且不住地点头。他们非常愉快而又歉疚地离开了我的办公室。

二、分析

后来回想,如果我当时第一句话就以严厉的批评口吻开场,那很可能得到最坏的结果,那就是第三个进门者以同样的口气回敬我,这样我的第二句话只能是以更高的声调加以训斥,此外别无他途,而第三句话说什么也成问题,最后只能演变成一次师生之间的口角;而最好的结果也不过是他们耷拉着脑袋忍受着我的批评,但每个人的耳朵里都会筑起一道"反对批评"的钢铁长城。我就是批评他们一个小时,也只能赢得他们嘴上言不由衷地承认错误和对我虚情假意的尊敬罢了。我觉得他们之所以改变了最初的对立情绪,是因为我采取了以下的做法:1.不把自己放在学生对立面,而是以民主平等的角色出现,请他们落座,使得师生间平起平坐,易于平等地交换意见,从而放松他们对来自"上级"——教师批评的警惕性。第一句话用"咱们"而不是"你们"就把我这个批评者与被批评者划在了同等的地位而不是对立面上,从而建立了我与被批评者间的亲和关系。本来他们几个人在不合适的时间娱乐影响他人午休,我又没去参加,干吗用"咱们"? 这就是谈话的技巧。2."出其不意,攻其不备",谈话时选准合适的切入角度。很明显,他们进门前在思想上已经筑起一道"屏障"以对抗我的批评。此时,我再对着这"屏障"发起猛攻只能是徒劳。要进行有效的批评，首先要做的是"拆掉屏障"而不是"猛攻"。我出其不意的让座与出其不意的第一句话，使他们预先筑起的"屏障"不攻自破，这就叫不战而"拆"人之"屏障"。此后，他们的眼睛、耳朵、思想就被我引着走了。3.通人情，讲道理，充分体现对学生人格的尊重和行为的理解。作为一个批评者(预设了批评唱歌者的目标)恐怕很难有人想到去说"他们睡觉影响咱们唱歌"的话。但事实就是这样，如果以"唱歌者"为中心考虑问题，的确是"睡觉"导致了不能唱歌。善于从对方的角度考虑问题，理解问题，就能够让对方感到你有人情味，你是讲道理的，你不是专横的，不讲道理的，他感到了自己人格的被尊重和行为的被理解。注意，不能从对方的角度解决问题。
4.建立一支快速反应"部队"，敏锐地观察"敌情"的细微变化，根据新出现的情况即时灵活机智地调整原来的既定部署，调整说理的角度与方法，不去硬碰硬，自找难堪。但原则不变，目标不变。有时候，最直接的批评只能导致最直接的失败，要善于在迂回中前进。最近的也是最远的，最远的也是最近的。灵活地选择、适时地调整批评的方式、方法，只要有利于达到批评的目标即可。

马克思对"自由"是这样定义的：对个人生活于其中的各种境况和关系的权力、统治。用抽象的语言形式来表述，就是主体对客体的驾驭与统治。因此，我们可以说，教育受到教育者的制约。成功的教育，有赖于教育者自身素质状况的发达程度，有赖于他是否具有先进的教育理念、掌握并运用先进的教育方式方法和技巧。

专家点评：

我很赞赏陈一鸣老师的做法，原因是他对待学生的态度和方法，更重要的是他对辅导员工作的深刻认识和理解，他对教育者和被教育者之间关系的准确把握。从他处理学生日常事务的过程可以看出，他对学生充满爱心，他用他的作为赢得了学生的尊重。

陈老师在文章中谈到四点：1.不把自己放在学生对立面上而是以民主平等的角色出现；2."出其不意，攻其不备"，谈话时选准合适的切入角度；3.通人情，讲道理，充分体现对学生人格的尊重和行为的理解；4.根据新出现的情况即时灵活机智地调整原来的既定部署，调整说理的角度与方法，不去硬碰硬，自找难堪，但原则不变，目标不变。这四点做法体现了陈老师的智慧与幽默。辅导员是学生的人生导航者、思想品德塑造者、生活帮助者，是导师更是是挚友，他们的工作关系到党的教育方针的落实与实践，关系到广大青年学生的成长成才，崇高的使命要求他们必须具备优良的素质和能力，从上面的案例中可以看到一位优秀辅导员的身影。

　　谈到对学生的教育方法，我也有几点体会与大家分享。当代大学生思维活跃，喜欢独立认识和思考问题，看待问题更多的是采用现实的标准而非传统道德的标准，更多采用物质的标准而非精神和政治的标准，他们所处的特殊成长阶段，使得他们更具有批判精神，他们民主法制意识强，喜好自由和平等。这样的思想和认识特点，要求教育者要从受教育者的成长需求、从受教育者的思想行为特点出发来考虑现实问题。大学生成长过程中需要辅导员做先进思想和道德的倡导者、做公共秩序的维护者、做学生利益的保护者。从这个角度出发，我们在具体问题处理上，无论采取严厉、温和还是幽默的工作方法，只要是与人为善、客观公正、周到细致、善解人意，学生一定会为有这样一位有事业心、有爱心、有耐心的老师而感到幸运。

（张东伟）

教育本身就是一个心灵碰撞的过程。学生只有从内心接受教育，我们才能完成教育目标。辅导员要深刻认识教育工作的本质，不能流于形式。同时熟悉相关业务知识，尤其是心理学。

谈话中的"博傻"事件
——面对认错中的"伪善"现象怎么办
□李 广

做辅导员工作已经5年了，很多次与学生接触，基本都是本着说服教育的思路来开展工作的。毕竟，我也是这样被教育过来的，周围人也都是这么认为的。

一天，一名大四的学生逃课了，并且有了一定的累积。没有任何的征兆，没有任何的解释，更没有任何的个人认识。他站在我面前，很自然地听我对他的教育，就像戏剧电影中即将播出的片断。老师教育不能逃课，学生对教育言论进行默认，然后保证不再犯错，然后走人，然后皆大欢喜……我在他到我办公室的第一眼就看出来了，他是在楼道里与和他见面的同学说了个够才进来的，好像我和他谈话和与普通学生见面一样就是一个过程，表情上一片"过来人"的样子。

还没有等我开口，他面带微笑首先对自己的行为表示歉意，接下来对个人的行为进行了种种理由的解释，最后希望我不要太在意，他很好。

这也许是我见过的最"乖"的一个学生了。

"怎么逃课了？"

"对不起，我知道错了，我真的有事情。"

"那也不用那么急，打个电话总可以吧？"

"当时一着急就忘了，有事情请假这道理我知道，年轻人做事情不周全,下次一定不会忘……"

一般到这里该结束了吧。有态度,有原因,有保证。

突然,我想到我以前曾经看过的一本书,书上提到一个经济学中的理论叫"博傻"理论,简单一点就是看双方哪个更傻。一个傻子要从另一个更傻的人那里得到利益,常见于楼市、拍卖等场合。我一捉摸,经典对白咋这么像"博傻"理论中的双方呢,用一些虚无缥缈的东西代替实质利益……用他的表面认错代替他做错事情而应该承担的一切。他明知道逃课不对还要逃,明知道我会找他就准备好了一堆言辞,就是想充"小傻瓜"然后让老师做一个"大傻瓜"。

于是,我改变了谈话方式。

"今年快 22 岁了吧。"

"嗯。"

"18 岁的人在法律上就是个完全的成人了。"

"嗯。"

"有事情没有请假不是什么过错,下次要记着。但是,有些问题我感觉你必须要知道的,《学生手册》对逃课有要求的,你知道不?"

"《学生手册》以前看过,现在都忘了,不知道有什么要求。"

"你现在知道中国有多少法律,不知道的就是没有?要不你现在看看《学生手册》?"

(递给他书,指导着让他看完)

"现在,我要和你说的是怎么解决你旷课带来的后果的问题,不是你怎么认错的问题,《学生手册》入校时考试过,考试及格了吧,不会是作弊过关的吧?"

"不是,不是,老师。《学生手册》都学过,我也都知道,考试也是自己做的。这次没有上课确实是有原因……"

"我再次强调一下,'旷课'和'旷多少课'是有区别的,不要弄混了……"

接下来的工作大家可以想象一下了,这个谈话比较以前我感觉有很大进步，尤其是对于高年级的学生。学生的态度认真了许多，最后和我立了保证。

通看整个事件本身，有这样几个明显的特征：

1. 事件本身简单，属于思想教育范畴，"单个"事件可大可小。

2. 类似事情重复发生，从偶然向经常转化。

3. 学生本身对问题认识流于表面，回答大众化，表现非常成熟，避实就虚，表现非常"好"。

4. 就工作来讲，随年级的增加，周围人群对这种事情表现比较淡漠。

本来这个事件作为偶发的事情，不管从哪个角度，进行教育处理都是比较合适的。但是如果类似的问题重复过多，对于一个集体的负面影响是很大的。借用"破窗理论"来讲，甚至会形成班级的一个"恶习"，从而把小事情变大。

对于这次谈话，我有以下认识：

1. 辅导员的态度要认真，能够真正从教育学生的角度出发，不要怕麻烦。

2. 看问题要认识到问题的实质，坚决将"要聪明"和"认错"两种行为区分开，既要表明个人态度，同时也能真正保护需要保护的学生。

3. 谈话本身要有技巧，要善于从个人品行、集体纪律及后果影响等方面打破对方"伪善"的企图。

所以，要想处理好此类现象必须做好以下几个方面：首先，辅导员的业务要熟练，能够很快地认识问题，特别是对于学生当中存在的各种现象和问题能够从多方面进行理解，避免出现单一的教育和处理办法，容易在学生当中形成各种"谈话纪要"，进一步拥有"对话良方"。其次，要做好日常工作的记录，尤其是对于集体工作中学生思想方面的。要知道学生也是有思想的，有他们自己的做事原则和想法。对于大众易犯的问题要做到"把问题苗头解决在摇篮当中"，从而铲除各种不良思想存在的土壤。使学生形不成心理优势，让个别人有心想而不敢做。再次，就是对问题的处理要做到证据充足、动用舆论，抓住一件事情态度要坚决,动作要迅速,并且对于可以定性为故意的,就不能够放弃,用一件事教育一大批人。

专家点评：

作者面对了一个较难处理的问题：大四学生逃课。因为,部分大四学生往往以校园最高级别的学生自居,组织纪律性较差;再加上某些大四学生原来就有很多挨训的经历,已经有了"对付批评"的经验。作者没有对这种大四旷课的现象进行姑息迁就,通过自己丰富的工作经验,把试图"耍小聪明"蒙混过关的伪善"认错"与真心实意的诚恳"认错"区分开,既深刻教育了学生,又表明了个人的认真负责的态度;同时通过批评教育一个学生,防微杜渐,避免了旷课现象的大范围发生,较好地维持了教学秩序。

此案例对我们主要有两点启发：一、辅导员要勇于、善于面对和处理一些棘手问题,要善于预测比较分析处理问题的多种方法可能带来的不同效果。对待个别耍滑头的学生要较真儿,多想一步,深入一步,不能被学生耍小聪明糊弄过关,要棋高一着。否则,回过头去,滑头学生还会暗自偷笑：这个老师水平一般,很好糊弄。从而不尊重你,不把你放在眼里,以后你对他的其他教育效果也会大打折扣;他的错误没有得到真正的纠正,还会继续"发扬光大"。

二、作为学生工作干部,不只是要积累经验,还要注重学习新的知识和理论。比如,本案例中提到的两个经济学中的理论"博傻理论"和"破窗理论"。这些理论的掌握和运用,为我们的思想政治教育工作带来了新思路新方法,取得了更好的效果。因此,我们要有意识地去学习借鉴一些与思想政治教育工作有关的其他学科的理论知识,并在实际工作中创造性地加以运用,这样才能在保持工作热情、奉献的同时,与时俱进,取得事半功倍的效果。

（陈　新）

大学生有自己的思想，他们需要理解，需要尊重，需要平等的对话。辅导员应该和学生建立双向沟通，才能听到学生的心声，才能真正了解学生的想法，也才能说服学生改正缺点，真正帮助、指引他们。

从传销组织手中夺回我的学生
——面对学生误入歧途怎么办
□ 张　莎

2007年12月2日中午，我收到一条短信："老师，有时间吗？想找您聊聊天。"我回复她："是小梁吧？等晚上开完班会吧。"早在军训期间，我和小梁沟通过，知道她的家庭经济条件比较困难，但她很懂事，也很上进。不过，上周有班干部向我反映小梁有缺课现象，我正想找她谈话呢。

晚上开完班会后，我把小梁、团支书及她的宿舍长都叫到我办公室谈话。小梁说她想勤工俭学，挣钱贴补生活费，地点不在学校。我对她的勤工俭学想法是赞成的，但听到不是在学校，表示不放心。此时，团支书催促她快和我说。她告诉我准备在传销组织工作，而且还去听培训课了。我个人本来就排斥学生在校学习期间去外面打工，尤其反对女孩子出去打工，更何况去做传销！我当即表示反对，其他人也表示反对。而且她的宿舍长告诉我："小梁前两天因为去传销组织听课，晚上都是22：30以后回来，回来时宿舍大门都关了，后来求楼管阿姨开的门，宿舍的姐妹都很担心她的安全。"小梁沉默不语。

看她沉默不语，我给她讲了我同学的亲身经历："我有个同学，被拉到传销组织后，天天听宣讲，被逼着接受她们的熏陶，直至接受她们的理念，从事她们的工作，否则不让出门。那个同学手机被没收了，完全和外界隔离;她在里面精神恍惚,都想着自己要死在里面了,还好后来找了个机会跑掉了。小梁,你可好,不用她们逼你,你都已经听过两次培训课。"小梁性格倔强,还是不说话,我想激她说出自己的观点来,所以温和地问她为什么勤工俭学一定要做传销。她说自己在学校做过勤工俭学,没有挣到钱,做传销不仅能挣钱而且还能锻炼能力。我问她对传销组织了解多少? 怎么知道做传销一定能挣到钱还锻炼能力? 小梁依然沉默不语。我知道,她仍认为做传销是锻炼能力的好机会,她能把学习和工作兼顾好。但我不放心的是,她年龄小,才读大一,从事传销这样的工作是违法的,既牺牲学习时间又白费金钱,最后会导致她消极地看待社会和人生,毕竟社会比她想象的要复杂得多。所以,我必须把她从传销组织手中拉回来。

我打电话喊了两个大二、大三有经历的学长过来和小梁沟通。其中,有一个学长曾经在传销组织做过,当然是亏本了;另外一个学长的同学为了做传销,亏了 4 万元而且还退了学,现在后悔万分,想回学校都回不了。经过学长们用自己的亲身经历和她交流,她的想法逐渐转变了。

于是,我又紧紧抓住她很孝顺这一优点,开始对她展开一轮新的引导:"小梁,你不是想挣钱吗? 其实,好好学习可以挣更多的钱。比如,这个学期你好好学习拿学校特等奖学金,下学期争取继续拿学校特等奖学金,到明年申请国家奖学金,这样 2500 元＋2500 元＋5000 元＝10000 元,一年的奖学金都够你支付一年的学费了。小梁,今晚先别给我答案,回去你给父母打个电话,问问家人的意见,再想想学长们的亲身经历和我的建议,好吧?"

第二天下午,我收到小梁发来的短信:"老师,你有时间吗? 我想认你做姐姐。"我笑着给她回了信息:"想通了吧? 姐姐就等你的答复呢"。"我想好了,不去传销组织了,好好学习,我要拿学校特等奖学金和国家奖学金,四年都会在学校好好学习的。"小梁又回复信息说。

就这样,事情总算过去了,结局是好的,但值得思考的地方很多。

一、学生需要什么

大一是从中学到大学过渡的重要时期。大一的学生经历了高考的洗礼,摆脱了很多束缚,在大学这个相对自由的舞台上他们朝气蓬勃、精力旺盛,他们希望放飞梦想、演绎精彩。在他们眼中天空蔚蓝、社会美好,但现实生活有时并非他们想象的那样。开始接触社会的他们能否经得起外面的诱惑,能否看清脚下的路? 成长的道路并不总是那么平坦、笔直,更多的时候都很坎坷曲折。这时,他们需要辅导员的更多指引和帮助。

二、辅导员应该怎么做

首先,让学生信任辅导员。大学生尤其是大一新生,对大学充满期待。他们来到大学后接触最多的老师就是辅导员,辅导员和他们一起军训,一起同甘共苦。日常生活中,辅导员也应该以身作则,言行一致,以维持师生间的这份信任。

其次,采用合适的教育方式。辅导员在面对学生误入歧途时,该怎么做? 大声斥责? 拳打脚踢? 打骂不起作用后交给家长处理? 也许这些方式对小学生有效,但对待大学生必须使用其他的教育方式。大学生有自己的思想,他们需要理解,需要尊重,需要平等的对话。辅导员应该和学生建立双向沟通,才能听到学生的心声,才能真正了解学生的想法,也才能说服学生改正缺点,真正帮助、指引他们。

最后,充分利用班干部的力量。辅导员虽然经常走进学生教室和宿舍,但毕竟不能每时每刻和学生在一起,所以辅导员要充分利用班干部的力量,了解和掌握大部分学生的动态,尤其要关注那些比较特殊的学生群体(家庭经济困难、性格怪僻、单亲家庭、谈恋爱学生等),以便一旦有什么意外情况发生,辅导员能做到心中有数。

专家点评：

能够从传销组织手中夺回学生,首先源于军训期间师生良好互信关系的建立。作为年轻人,大学生需要理解,需要尊重,需要平等的对话。尤其是有了一些想法、困惑,需要给朋友说说心里话,或者征求意见作为参考。因此辅导员在平时的工作、生活中与学生平等交流、相处,打成一片,建立起良好的朋友般的信任关系,就是以后开展工作、处理问题的必要基础。

其次,严格管理,发挥好学生干部的作用,抓好考勤,抓好学生宿舍管理等环节。平时多掌握学生的动态,就能够及时发现问题,尽早介入,将问题控制或消灭在萌芽状态。若发现晚动手晚,则事倍功半。

再次,"真实就是力量"。举真人实例,请曾有过上当经历及遭受过损失的学生现身说法。"让学生告诉学生",能起到老师之外的积极作用,类似心理学领域"朋辈辅导"的作用吧。

最后,高校应加强安全法制教育和反传销的专项教育,使大学生充分认识传销组织的本质特点及其危害。加强就业创业教育,教育学生分清怎样才是创造财富,怎样才是合理合法地挣钱,而不是靠违法或投机取巧不劳而获。

（陈　新）

当代大学生都有其鲜明的个性，我们辅导员在做学生工作的时候，要针对不同学生的不同情况，具体问题具体分析具体解决，要善于发现利用学生的优点加以引导，使其克服改正一些不好的习惯。

以其矛　攻其盾
——学生不遵守纪律怎么办
□张培勇

李×，男，云南白族人，刚开始接待新生报到时，就感觉到他与众不同，尤其是他耳朵上大大的耳环，给我留下了很深的印象。接待新生的繁忙及随后军训的紧张，我的注意力没能集中到他的身上。国庆以后，早操、上课，各项教学活动开始有序进行，这时他又重新映入我的眼帘，早操旷课，经常带老乡到宿舍看电影、玩游戏，把宿舍弄得烟雾缭绕，在同学中形成了极为不好的影响。

通过与其本人的几次谈话和通过对其他同学进行调查了解，我知道他是作为少数民族预科生进入我校的，与直接从高中考入我校的刚经历过高中繁重学习能很快适应学校环境的其他同学不同，一年的预科班生活，反而形成了他纪律涣散，学习态度不端正，抽烟喝酒等陋习。

在与他进行重点谈话中，我发现他之所以不遵守纪律，有几个原因：1. 自暴自弃。根据学校规定，违反纪律到一定程度是要扣素质积分并取消各种评优资格的，但其主动声明不参加任何评优活动。2. 讲哥们义气。有时老乡去找他玩，他不好意思拒绝，害怕影响以后的关系。3. 个人比较懒散。4. 一年预科生活形成的陋习已经在他身上打上了很深的烙印。5. 家庭经济条件好，有一定的经济条件抽烟、喝酒。同时，我也发现他身上存在着一些优点，如尊敬老师、很看重与同学之间的关系,能够认识到自身存在的不足,可塑性比较大;最为重要的一个特点是他比较信守诺言。

了解到这些情况后,我初步形成了对他的教育思路。首先,他现在的情形很危险,尤其是学习成绩落下很多,而他本人也感觉没有希望赶上了,或者当他人对他贴上了不同于普通同学的另类标签而其本人已经开始认同的时候,如不及时根治,他将很容易落后下去。其次,要改变他的状况,不可能一蹴而就,习惯是慢慢养成的,要去除坏习惯也要有个过程,所以我在思想上做好了"打持久战"的准备。再次,对他直接批评会受到他的抵制,不利于工作的开展,因此要从他的优势方面着手,以其矛,攻其盾。

对他进行分析判断后,我开始分步骤做他的工作:第一步,我利用在昆明读研的经历与其谈论云南美丽的自然景观,四季如春的天气,淳朴善良的民风,特别是他家乡的景点、学校、天气等,找到与他的共同语言,拉近了与他之间的距离。第二步,以朋友的身份与他探讨旷操旷课、抽烟喝酒的危害,反复向他陈述利害关系,使他明白不遵守纪律不仅仅是评优的问题,还涉及能否拿到学位证、毕业证以及如期毕业的问题,更是个人形象与尊严的问题。第三步,我向他阐述了他的家乡和民族的含义。在中国的传统文化中,"白"字代表清纯洁净、一尘不染,这和白族人的性格十分吻合。白族人性格粗犷爽直、开朗热情。在他向我保证"重新做人、遵守纪律"的当口,我立即抓住时机告诉他,正是白族同胞诚实守信的民族性格,为大理赢得了"礼仪之邦"的美称。我希望他做个顶天立地、一言九鼎的男人。同时,我严肃地告诉他,我不希望因为他的食言而鄙视他。

通过如上的工作和努力,过了一段时间,他吸烟的次数明显少了,也没有发生旷课现象,学习明显比以前努力了许多。或许,该同学的彻底改正还需要一个过程,或许我教育过程中使用的语言还不太合适,但我想只有这样才能击中他性格中可以利用的一面,才能利用他看重自己家乡和民族形象的特点,以及他本人一诺千金的做人原则这些"矛"

来攻取他的不良嗜好、不遵守纪律之"盾"。

这一案例使我认识到，每一个学生都有其自己的特点，每一个不守纪律的学生也都有其自身的优点，所以我们在管理的时候也要不拘一格，要能够全面地把握学生的情况，更要善于发现学生的优点，并对其因势利导，根据不同学生的不同情况采取不同的措施。

这一案例更使我深深地体会到，在当今新的形势下，要做好高校思想政治工作，作为处在接触学生最前沿、了解学生最深入的辅导员，我们任重而道远，我们的工作对学生产生最直接的影响。我们辅导员只要在学生工作中耐心仔细地分析每一位学生的个案，用心去体贴、感化自己的学生，就一定能做好高校的学生工作。所以，我们既要用自己的真诚与耐心来换取学生的认同，又要用适当的教育方法来促进学生向良性的方向发展。

专家点评：

以其矛，攻其盾。作者果断抓住该生"讲哥们义气、信守承诺"的优点，通过开启共同话题、用朋友的身份与其沟通等方式，进入该生的人际关系网，成为其人际关系网中的一员。在获得该生信任、认可后，抓住"白族之白"的含义做文章，用民族荣誉感感染他，用"白族"标签取代之前的"另类学生"标签，使其重新认识自我。最后，以朋友身份对其提出期望，使其信守"对朋友的承诺"。

师生关系的本质是人际关系，建立良好人际关系的根本在于沟通，而沟通的最高层次莫过于情感沟通。大学生人际交往的特点之一是追求人际交往的平等性，他们渴望以平等的"成人"身份与同学和老师交往。作为学生管理者，辅导员应将学生看成"有独立人格的人"，给予学生足够的尊重，耐心倾听学生的所思所想，特别是对于"问题学生"，他们都有特殊的成长背景，很少获得老师的表扬，难以从老师那里获得被尊重的感觉，因此，处理此类问题，情感沟通要先于事件本身的沟通。情感联结建立后，管理者的"谆谆教导"才会被学生看作"良苦用心"，否则只会被当做"对立条款"。

管理是基于人性和人群差异性基础上的民主化、科学化操作，以达到预期目标的活动过程。学生管理也是一样，大学生思想活跃、个性突出，辅导员不应再用"学习好、遵守纪律"等老条款给学生贴"好学生""坏学生"标签，要善于"与他人的优点相处"，发现他人身上的优点，发现每个学生的闪光点。所有人都渴望被肯定、被赞赏，当一个人优点被放大时，他就会因激励而获得前进的动力。而赞赏本身就是情感联结的过程。所以，相比从批评开始，学生管理从赞赏开始更易达到预期效果。

当然，我们也需要辅导员做一个"通才""杂家"，要尽可能有广博的知识和丰富的阅历，比如案例中辅导员在云南的读研经历与对"白族之白"含义的了解，这样才能在教育学生的过程中信手拈来而左右逢源。

（陈　新）

当学生深陷"网络泥潭"而无法自拔时,辅导员有责任也有义务用耐心和爱心唤醒沉睡于网络中的他,让其早日走出网络的虚拟世界,重新回到正常的学习、生活的轨道上来。

用耐心和爱心唤醒沉睡于网络中的他

——学生沉溺于网络怎么办

□高庆华

2007 年 6 月 27 日下午,我所负责的 2006 级自动化专业 2 班班长告诉我,他班的刘力锋(化名)已经连续两门课程的考试缺考,且连续 3 个晚上没有回宿舍休息了。在了解到该学生经常去网吧玩网络游戏这一情况后,我便带着两名学生干部一起到校外网吧逐一寻找。由于学校周边网吧很多,我们用了近两个小时的时间终于在一个名叫"尚网趣吧"的大型网吧中找到了正在玩网络游戏的刘力锋。看着精神恍惚、神情呆滞的刘力锋,我的心情变得格外沉重。

在随后与刘力锋的深入交谈中得知,刚入大学时,他是从不上网的,学习也很努力。但后来在其室友的影响下,在第二学期开学之初迷上了网络游戏,从此再也没有心思学习了,现在已到了无法自拔的地步,经常光顾网吧,有时一呆就是三四个晚上。经过更深一步的谈话,我了解到:首先,刘力锋的性格比较内向,很少参加集体活动,也极少和同学交往,偶尔交往的几个同学也均属于内向型的性格;其次,他来自商丘市的一个农村家庭,家里共有三人上学,家庭经济状况很不理想;再次,他对大学的学习目的和自己的人生规划十分模糊,甚至认为上不上大学都无所谓,反正毕业后也找不到理想的工作。通过对他自身实际情况的了解和分析,我对他采取了以下帮扶。

1.寻求心理援助。

当了解到刘力锋对网络游戏已产生了很强的心理依赖时,我便多次和我校心理咨询中心的老师联系,陪他一起去心理咨询中心同心理辅导老师进行交流,以给他心理上的援助。在心理辅导老师的帮助下,给他在重新自我定位、区分虚拟世界和现实世界、人际交往、为人处世、培养积极健康的学习和生活态度等方面进行了指导。

2.用耐心和爱心感化。

做学生思想政治工作需要的就是耐心和爱心。为了唤醒沉睡于网络中的刘力锋,我特意为他制定了一个长达一个学期的谈话时间表。由于他平时大部分时间要上课,我就利用自己的双休日和节假日时间。虽说每次的谈话效果十分轻微,但我一直没有放弃,同刘力锋的谈话几乎占用了我 2007 年下半学期近三分之一的空闲时间。此外,我还十分关心他的生活,给他适当的生活费以解决他的生活困难问题,还积极为他申请各种生活补助。潜移默化的关爱在一定程度上激发了他对生活的勇气和信心。

3.充分发挥父母的威信。

父母在自己孩子心目中有着别人不可替代的地位和威信,因此,我及时和他家里联系,邀请其父母来学校面谈。在让其父母了解刘力锋目前的各种状况和表现后,让他父母有针对性地同刘力锋进行了一次深入的谈心。同时,我还经常和他父母保持沟通,建议他父母每周至少和刘力锋通一次电话,每天发一条信息,以让刘力锋体会到身边所有的人都在关心和关注着他。

4.让学生积极协助。

我深知环境对一个人的学习生活产生着很大的影响,尤其是同宿舍的同学之间相互影响更大。于是,我便让班干和他的室友组成了一个"刘力锋帮扶小组",小组成员对帮扶时间进行了划分。在各自负责的时间段内积极邀请刘力锋一起学习和参加各种活动。同时,帮扶小组成员还要对刘力锋的平时学习和生活情况做好记录,并定期向我汇报。

5. 帮助他合理规划大学生活和职业生涯

对于刘力锋学习无动力、目的不明确等问题，我在和他谈心的过程中，特别向他强调了大学生活对于个人人生的价值就在于它为我们赋予了可以终生受用的再学习能力。鼓励并帮助他积极规划自己的大学生活和职业生涯，在充分尊重他个人意愿的基础上，为其制订了"本科毕业——考研——工作"的初步人生规划。明确的目标使他的大学生活不再像以前那样空虚，也在一定程度上激发了其奋发向上的动力。

经过近一个学期的不懈努力，刘力锋终于成功走出了网络泥潭，恢复了正常的学习生活，他的性格也较以前开朗了许多。这件事情让我懂得，作为辅导员，当有学生深陷"网络泥潭"而无法自拔时，我们有责任也有义务用耐心和爱心唤醒沉睡于网络中的他，让其早日走出网络的虚拟世界，重新回到正常的学习、生活的轨道上来。

专家点评：

作为辅导员，作者亲自带领学生干部到多家网吧逐一寻找，采取深入谈心，邀请其父母来校，建立帮扶小组等措施，体现了辅导员的爱心，责任心，做到了以情感人，发挥了思想政治教育的传统优势。

更为重要的是，借助专业的心理咨询和职业生涯规划来解决问题。辅导员对待问题学生要靠上去做工作，但也要学会动员各方面力量齐抓共管，形成合力。特别是在提倡"科学发展观"的今天，做工作要讲究科学，除采用传统思想政治教育方法外，还要学会运用心理学、教育学等，尤其是心理咨询、职业生涯规划的理论与方法。说开去，甚至是一些典型的心理问题，应以专业心理咨询为主，辅导员思想工作为辅，可能效果会更好。

同时，我们也应该思考：是否可以在发现刘力锋开始迷恋网络而没到旷课旷考的程度之前就开展思想工作？这就对辅导员和学生干部提出了更高的要求。在平时就要开展比如感恩父母的教育活动等,学生干部带领同学们多多关心帮助特殊学生,带动他们多多参加积极健康丰富多彩的校园集体活动,引导他们利用网络服务于学习生活,以免个别自我约束能力差的学生无所事事而去网游中消磨时间,成为网游的奴隶!

(陈　新)

学生工作无小事，作为一名辅导员，要做好学生的思想工作，就必须耐心地去帮助他们、细心地去观察他们、用爱心去呵护他们，这样才能与学生建立深厚的感情，得到学生的认可。

耐心、细心、爱心
——学生对所学专业不满意怎么办
□ 刘晓云

如果说大学生是在天空翱翔的风筝，那么辅导员就是那根长线，有了线的牵引风筝才会飞得更高。作为一名专职辅导员，我带的是 2007级本科生。我所在的学院属于典型的工科学院，主要有采矿工程、矿物加工工程、安全工程等本科专业，每年都有很多学生是被调剂过来的，在我所带的学生中就有这样一名姓张的学生。

张同学来自湖北农村，就读的专业是采矿工程。入校第二天他就找到我，说想转专业，我问他为什么要转专业。他低着头，沉默了半天，最后倔强地说："我就是不想读这个专业！"然而，此时学校转专业的相关规定还没有出台，并且新生一开学就转专业基本不可能。我耐心地向张同学解释学校的有关规定，但是当他得知至少刚开学不能转专业时，便立刻涨红了脸，一声不吭地离开了。

开学上课后有学生向我反映，张同学性格内向，几乎不与其他人交流，总是一个人独来独往。一天，班上的学习委员来告诉我，张同学已经一上午没来上课了，人也不知道到哪儿去了。我很担心他因为情绪不好而出什么事，赶紧发动全班同学去找他。终于，我在学校的外湖边找到了他，而他正坐在湖边的凉亭里发呆。我看看手表，都已经快下午一点了，于是就先带他到食堂吃饭，然后约他在学校的外湖边进行了一次促膝长谈。

通过耐心细致的谈话,我了解到,他的家庭非常贫困,母亲长年卧病在床,一个哥哥在外打工,家里就父亲一个人务农,所得有限。他很希望通过自己的努力学习在大学毕业后能找到一份体面的工作,改变家里的经济和生活状况。但是,"采矿工程"这个专业光听名字就让他觉得很不好,他认为这个专业毕业之后都要去做挖矿之类的活,又脏又累,收入也不会很高,所以就一直对自己的专业心存反感,不想上课。

我这才明白之前他为什么要转专业,原来是对采矿工程这个专业存在误解。于是,我耐心地给他解释:第一,采矿工程专业培养的主要是管理和技术人才,并不是他所想象的毕业之后都是去挖矿。第二,目前采矿人才非常紧缺,这个专业的毕业生就业肯定没问题,我校采矿工程专业的就业率往年一直保持在100%,并且收入还不错,完全可以改善他的家庭经济状况。第三,大学更重要的是教我们学会学习、学会思考问题的方法,只要扎扎实实学好真本事,任何专业都是可以有所作为的。

经过这次谈话,张同学的情绪稍微好转了一些,但思想上仍存在很多顾虑。通过细心观察,我发现他有书法特长,在征求他的意见之后,我就安排他担任了班级宣传委员。同时,我还鼓励他多与同学交流,积极参加学校的课外活动。一段时间后,张同学的表现比以前积极多了,但他对专业的认识还不是很清楚,经常问我采矿工程专业到底好不好就业,往届毕业生就业的单位待遇怎么样。

为了让张同学以及班里其他同学对采矿工程专业有一个客观、全面的认识,我特意邀请采矿工程专业教研室主任为他们作了一场专业介绍报告会,就采矿工程专业的特色优势、历史和发展现状、就业前景等进行了详细的分析和介绍。通过这场报告会,同学们对自己所学的专业有了更深层次的认识和了解,对自己的未来也更加乐观了。针对学院大一、大二年级在新校区就读,大三、大四年级在校本部就读,而新校区的各项教学设施与校本部相比还不够优越的实际情况,我又组织同学们参观了校本部的实验室、图书馆等,让他们对自己的学校和专业有了更全面的了解。此外,我还经常找张同学沟通交流,了解他在生活和学习中还有什么困难。后来,张同学主动找到我说,他在全面了解采矿工程专业后越来越喜欢这个专业,现在已经不再想转专业了。听到这些话,我的心终于放下——他终于消除了"专业偏见",不闹情绪了。

这件事情让我明白:许多大学新生刚入校时,一方面由于对自己的专业缺乏足够了解,仅从字面上来片面理解专业,另一方面由于被一些片面、过激的说法所误导,对自己的专业存在某种偏见。因此在大学新生入校时,有必要通过专业介绍、报告会、参观校园等多种活动及时缓解和消除同学们的专业疑虑,帮助他们树立对自己专业的信心。

学生工作无小事,作为一名辅导员,要做好学生的思想工作,不仅要给他们摆事实、讲道理,更重要的是要换位思考,站在学生的角度和立场上考虑和解决问题。只有耐心地去帮助他们、细心地去观察他们、用爱心去呵护他们,才能与学生建立深厚的感情,得到学生的认可。

专家点评:

部分学生存在专业思想问题,是个普遍现象,特别是一些冷门偏门艰苦行业,如过去常说的"农、林、水、地、矿、油"等一些涉及野外、地下,工作环境较为恶劣的行业。该辅导员用自己的"耐心、细心、爱心"与学生促膝长谈,特别是"功夫在'室'外",辅导员与学生间最好的谈话地点并非在办公室,可能是在一个更易于平等交流的地方,如本文中学校的湖边。这样学生更易于敞开心扉,让他充分讲出对专业的认识、偏见,从而能够有针对性地介绍本专业的知识信息,进而纠正学生的错误认知。

对于学生的专业思想问题,辅导员应有所作为。但更为重要的是,辅导员要学会借力,更不能越俎代庖。学校应针对新生统一安排系统的专业介绍、专业思想教育,及本领域的名师专家讲座,介绍专业学科发展前沿等，而辅导员主动联系专业教师、引领学生参观校部、实验室等就是其中应有的内容。当然，辅导员最好对所带专业有尽可能多的了解和联系，以便及时、随时开展相关工作。此外，注意发现学生的特长，让他有机会发挥特长，锻炼提高自身综合素质，以利将来走上工作岗位，这是任何专业的学生都需要的。学生在学生组织中尝到了甜头，也就积极主动地投入到火热的大学生活中了。

（陈　新）

坚持爱与责任的统一，奉献真诚爱心，在潜移默化中让大学生实现三个转变：一是学会从"依赖型"转变为"独立型"，二是学会从"独立型"转变为"互助型"，三是学会从"互助型"转变为"互爱型"。

教育无私　大爱永恒

——学生陷入传销组织怎么办

□丁笑生

2008年暑假的一天，我带着学生正在进行暑期社会实践，突然接到一个电话："丁老师，咱们班的小李被传销组织骗走了……"学生的话上气不接下气，我立即警惕起来，一边稳住学生的情绪，让他慢慢把事情说清楚，一边在脑子里飞速地想着对策。原来小李被其女朋友骗到安徽传销窝点，被控制不能自由行动。同宿舍的一名学生得知消息后，不顾自身安危，以参加传销为借口，只身前往救助，进入窝点摸清底细后，寻找机会带着小李逃脱到徐州火车站。但小李又在其女朋友的哭泣哀求下，心软不愿和他走。该学生百般无奈，给我打来电话。

在得悉事情的全部过程后，我立即召集小李同宿舍的在校同学和学生干部开会。同时，我在第一时间联系到小李的父亲，请他一同前往协助工作。同学们知此情况后，当夜决定立即前往传销窝点，很多同学都向我拍着胸脯保证："丁老师您放心，我们一定把他救出来带到您面前！"学生们质朴的话，字字铿锵有力，打在我的心间，让我无比感动。在安徽，同学们和小李的家长苦口婆心，对小李动之以情，晓之以理，最终在友情和亲情的感召下，小李决定回家，回到学校这个温暖的大家庭。当我在车站接到孩子们的那一刻，我的眼眶是湿润的，我为有这样互相关爱的学生感到无比欣慰。

从 2000 年我毕业留校担任辅导员工作,自己从一个孩子到成为"孩子王",九年里,我一直以学生为本,不断结合社会形势和大学生思想特点,积极探索大学生思想政治教育的新途径、新办法。现在的大学生多是 20 世纪 80 年代中后期或者 90 年代初的孩子,他们大都生活在独生子女家庭,几代人给予了他们太多的宠爱。另外,时代的快速变化也引发了他们价值观念的多元化,思想活动呈现出更多依赖性、选择性、多变性和差异性。为此,作为辅导员的我,自新生入校起,就适时扮演好老师、家长、朋友和学生等四重角色,用自己的言行举止,影响和熏陶学生,培养学生的爱心和责任感,在潜移默化中让大学生实现三个转变:从"依赖型"转变为"独立型",从"独立型"转变为"互助型",从"互助型"转变为"互爱型"。

在新生报到后,我便立即逐一在宿舍召开座谈会,了解学生的情况,把握学生的性格特点,找准维系学生团结的共性。

通过设立学生宿舍卧谈会的方式培养学生的小集体意识。即学生宿舍每周找个合适的时间召开卧谈会,针对这一周每个学生的所看、所思、所想、所感向宿友作一汇报,让大家共同感受来自不同角度、不同方面、不同情况的认识。同时在这一周中,某个学生在哪方面做得不够好或不尽完美,大家都要提出善意的建议和要求,以便共同促进、共同提高。

在平时,尽力帮助学生解决实际困难,让学生感到大集体的温暖。当学生情绪低落或者遇到困难时,我要求同宿舍的学生发现后,要第一时间告诉我。而我在处理问题时,也会告诉情绪低落的同学,是某个同学给我打的电话,是同学在关心你,爱护你,让他感受到周围的老师和同学都在用爱包围着他。这样一来,一是宿舍里的学生互相团结了、和谐了,爱心多了、人情味浓了。二是班级的学风浓了、班风正了。形成了"三讲"(讲团结、讲友谊、讲文明)"三爱"(爱同学、爱老师、爱学校)"三比"(比学习、比能力、比贡献)"三树"(树立大局意识、树立目标意识、树立榜样意识)的良好氛围,班级的各项工作取得了不俗成绩:2006

级 316 个学生,英语四级通过率 98.7％,其中两个专业达 100％,六级通过率达 80％以上;2009 年全校各类研究生保送中,共计 215 人,我的学生共保送 34 人,占全校的 15.8％。让我更加感动的是,保送上研究生的这 34 位学生,为了其他同学有更充足的时间和精力备考研究生或找工作,他们包揽了其他学生的日常杂务,帮助同学在宿舍打开水、整理内务,在班级管理事务,为毕业纪念活动做准备等。尤其是在甲流防控上,他们为了大家的安全,逐一在宿舍晨晚检并做好周到的服务,这些举动深受师生的好评,而我也知道,这正是"大爱教育"结出来的硕果。

总之,辅导员工作是精雕细刻的工艺活,因为每一位学生都是难得的可塑之才,这需要辅导员用正确的思想去引导学生,用科学的思维去启迪学生,用丰富的知识去武装学生,用真挚的感情去滋润学生,围绕不同主题,采取多项措施,全方位、多角度地宣传大爱文化,营造大爱氛围,践行大爱行动,把大爱教育渗透到大学生思想政治教育中,让大学生将大爱精神、将祝福感恩的心带到社会的各个角落,以实际行动把民族传统美德融入和谐校园、和谐社会的构建之中,从个人辐射到他人,从他人辐射到宿舍,从宿舍延伸到班级,从班级延伸到校园,从校园延伸到社会,形成互帮互助,互尊互爱的育人环境。

（注：作者曾入围 2008 全国高校辅导员年度人物提名）

专家点评：

陷入传销组织的小李之所以能够被顺利解救,源于同学之间师生之间的亲情大爱。在这么多人前往传销窝点附近,在这么深厚的友情亲情的感召下,小李最终回到了学校这个温暖的大家庭。

而班级、宿舍内这么浓厚的亲情大爱氛围的形成却不是一朝一夕自发形成的,而是辅导员采取多种行之有效的方式方法、长年累月精心培育的结果。除了辅导员自身适时扮演好老师、家长、朋友和学生等四重角色之外，在新生入校之初，即逐一宿舍召开座谈会（不是以班级为单位），设立每周一次的学生宿舍卧谈会（变堵为疏）都是在宿舍这个小集体中营造浓厚亲情大爱氛围的高招。以往辅导员因为带班人数过多，可能多以班级为单位开展工作，就不能深入到宿舍这个学校内最小的集体单位，就不能将更多的工作做得更加深入细致，形成班级集体氛围的效果也会大打折扣。而学生宿舍卧谈会，因其具有自发的无领导无组织无计划无主题的随意性，常影响学生的夜间休息或睡眠，从而曾遭到检查取缔。而作者能够将宿舍卧谈会合理利用、变害为利，赋以组织、领导、主题，使之成为思想政治教育的有效形式之一，实在令人佩服。

当然，小李的同宿舍同学只身卧底，潜入传销组织解救被困同学，虽令人钦佩，但不可取，危险性太大。该学生应该在出发之前即向辅导员报告，并联系当地公安、工商等部门制定综合解决方案，以防不测。

（陈　新）

辅导员是学生的良师益友，肩负着学生的思想政治教育和心理教育，是学生成才的重要辅助者。面对不同时代的学生，我们都要持负责任的态度，时刻把学生"装"在心中。

成才路上多磨难

——学生有奇思异想怎么办

□周全营

2002年10月，我到学校新区担任新生辅导员。有一天，班里的学生干部向我反映了一个问题：班里一位很少说话的学生夜里总是盘腿在床。我听了很是不解，但给我的第一感觉是这个学生肯定有思想问题。为了弄清楚事情的缘由，我没有立即到他的宿舍去核实，而是在平时加强对他的观察，并通过间接方式去和他聊天。刚开始他似乎处于防备状态，对我没有过多的言语，但禁不住我再三的攻心战，他终于主动找我谈心。

他叫郭锋亮，来自河南一个边远农村，在家排行老大。家庭经济条件极度贫困，对于爱好学习的他无疑是个沉重的打击。他从小酷爱物理，最崇拜的人物是爱因斯坦。家庭的拮据与他执著的追求发生了强烈的碰撞，他时刻想成为第二个爱因斯坦，以此来解决家庭的贫困。他自创了一个关于宇宙线性力的构想：自己在炎热的天气里，通过自己耳朵发出的能量能看到宇宙中的任何物体，还说自己已经验证了这一现象。

他的一番解释使我如坠五里雾中，但看着他讲得非常用心，我没有打去他的自信心，我觉得要想解决他的问题，一定要有足够的耐心。因此，当他拿出自己所写的"文章"让我看的时候，我没有拒绝，而是对他说:"一个人有大的志向是好事。你的情况,我会慎重考虑,但摆在你面前的两条路你必须选择:一是如果你的理论可行,我支持你;二是你的理论不可行,你必须放下包袱,努力学习,用你的学业成绩回报你的父母"。谈话虽然结束了,但我的心情却很沉重。

事情就这样拖过了一学期,期末考试却令我们意外,他的高数成绩竟然是班级第一,平常他过多考虑家庭和自身问题,真正投入学习的时间不多,能有这样的好成绩不能不使我们诧异,同时也对他有些许的钦佩。之后,在我的关怀下,他的学习成绩一直很好,并获得了奖学金,焦躁的情绪得到了缓解,对问题的认识也更深入了。

他就是在这艰苦的环境中不断克服困难,磨炼意志,锻造人格。在毕业的时候,他给我写了一封信:他考上了某高校的研究生,非常感谢在老师大学四年对他的帮助。

郭锋亮的事例,给我的启发有以下方面:

1. 大学生的思想教育问题。目前,各大媒体都对"80后""90后"大学生进行了讨论,对某些学生所做的事情难以理解。随着学生利益需求的多元化倾向越来越明显,学生的思想受到外界的影响越来越大,学生需要更多地了解社会。传统的思想政治教育在学生面前似乎失去了以往的效力,因此思想教育应适应当今学生思想发展的趋势,有创新性地主动去了解学生的需求,用宽容的心态去理解学生,才能与学生产生共鸣。树立思想引领的主旋律,使之成为学生的精神需求,努力克服学生中存在的错误认识。深入了解新时期大学生思想活动的独立性、选择性、多变性、差异性等新情况,进一步探索新时期高校思想教育的新模式,是当今高校思想教育迫在眉睫的任务。

2. 高校学生心理健康教育的引导问题。伴随着高校学生人数的不断增多,招生层次的不断增多,学生中的心理问题也逐渐增多。现在的学生接触的信息非常广泛,而眼高手低成为他们进步的障碍,对某些问题的不理解而使他们忧郁不安,特别是现在学生的感情世界发生着不同寻常的变化,产生感情不和谐、爱情观错位、道德观异化等现象,这都给高校的心理健康教育提出了新的挑战。同时,学生有了心理问题不是直接找老师或家长去咨询,而是自己通过看心理书籍或随意处理去解决,这样使问题变得更加复杂化,因为很多学生都是出现了问题后才想到去老师处咨询。因此,主动加强学生心理问题的引导就显得非常重要,要让学生能够逐渐了解心理教育,能够自觉接受老师的引导,是一个关键环节。

3.高校困难生的关爱问题。资助困难学生一直是高校学生工作的重要内容,随着高校进入大众化教育时代,高校中的家庭经济困难学生也逐渐多起来,国家对高校中的这些弱势群体提供了许多资助,基本能使他们顺利完成学业。我认为,对困难生的问题更重要的是如何去关爱他们,理解他们的所需,维护他们的自尊不受伤害。另外,对困难生也应该有一个科学的评定标准,并且每年都应认定一次,确保真正困难的优秀学生能够及时得到资助。

新形势下,我们的教育对象发生了很大的变化,作为一名政治辅导员,必须紧跟时代步伐,加强学习,把握时代发展脉搏,准确了解学生思想状况,采取切实可行的措施,善于发现新事物,做好学生思想发展中的引导工作,处理好教育和管理的辩证关系。当然,辅导员工作也离不开学校党政领导的重视和支持,只有这样才能不断使工作走上新台阶。

专家点评:

改变源于关爱,成功源于细节。周全营老师从一个内向但有特长的学生的怪异行为出发,真心关爱学生,包容、鼓励、引导学生发挥特长,走上了成才成功的道路。

周老师的成功在于:首先,能够以包容的心态去看待新一代大学生。马克思之前,就有人提出了人的个体差异性问题,后来马克思又提出了"自由个性"的概念,只有张扬个性,才能激发个人的创造力。对个性鲜明的学生引导得法,可能促使他做出更大的成绩。

正如作者自己思考的那样，许多"80后""90后"大学生的思想很新颖，往往会有不同寻常的行为、思想。这就要求思想政治教育工作应与时俱进，兼容并包，作为辅导员能听得进新一代大学生的新思想新言论，能用包容的心去理解学生，对待学生个性，这是沟通的第一步。

其次，如何去改变学生，尤其是弱势群体的贫困学生，就是要在细微中体现关爱，并帮助他们解决实际问题。遇到生活困难的学生，一要注意维护其自尊，二要及时争取利用好各项资助政策，帮助其解决困难，三要持续不断地给予关心，无论是精神上的关心，还是物质上的帮助，都将会启发学生的感恩之心，从而促使他主动上进。

最后，由点及面，广泛地思考学生面上带有普遍性的问题。如学生心理健康、家庭贫困等问题，这就不仅仅需要辅导员自己去发现问题、解决问题，更要学生工作部门牵头建立健全本校的心理健康教育等体制，从制度层面去帮助更多的学生。

（陈　新）

通过和刘玲的促膝交谈，她完全放下了思想负担，解除了心理压力，更加积极努力地做复习准备，在期末考试中依然取得了综合第一名的好成绩。

化危机于平淡之中

——优秀学生考试前准备小抄怎么办

□耿云亮

马上就到期末了，同学们都在进行着紧张的复习准备。这一学期的课程特别多，学习任务非常重，很多同学都担心考试挂科，为此我也在年级会上多次强调今年的学习问题，要早着手，早复习，避免挂科。但是在考试前不久的一个晚上，一条短信让我大吃一惊，短信上说："我们年级学习最好的刘玲，晚上在大家都休息时偷偷做小抄，她都这样了，我们还怎么考啊！"

刘玲一直都是班上最优秀的学生，又是学生干部，连续几年的一等奖学金获得者，几次作为学习的标兵给大家交流学习经验，是老师、同学们心目中公认的学习楷模，怎么会想作弊呢。我私下了解到这几天晚上，刘玲老是在电脑前偷偷地做些什么，一有同学靠近，她都会马上把文档关掉，有同学看见她可能在做小抄。

当我得知这个情况时，简直不敢相信，这是真的吗？就是在不久前，她还作为本年级优秀学生代表，给学弟学妹们做学习经验的交流发言呢，短短的几天怎么会出现这么大的反差呢？一定有什么特殊的原因。

在一个其他同学都不在的时候，我找她耐心地谈话。首先，为了不引起她的警觉，我并没有直接提及小抄的事情："上次你的学习经验交流发言太好了，学弟学妹们听了都受益匪浅，有不少同学按照你的学习方法去学习,今年的学习特别顺手,学习效率也高多了。今年咱们年级不少同学都感到这学期学习的压力非常大,不知道如何更有效地进行复习,大家都期盼着你给大家做一次精彩的学习经验交流呢,介绍一下自己的学习方法。对了,你这次复习准备得怎么样了?"

我一边说着一边观察她的表情,发现她的表情有些不自然,回答问题也不像以前那么自信十足了,我进一步积极引导,"我听说不少学生,因为今年课程太多,复习不过来,有考试作弊的倾向,有人已经开始制作小抄了,你作为大家学习的榜样,你能帮我想想该怎样去给学生们谈这个问题,让大家都文明考试,认真复习,不去冒险作弊呢,这万一被抓住了,可就是要受处分的啊……"渐渐地,刘玲把头低下了,几度欲言又止,似乎有很多心事想说又不敢说。在我循循善诱下,刘玲终于说出了自己准备小抄的事情,其实并不是害怕自己考试挂科,上次作为学习代表给学弟学妹做完经验交流后,特别担心自己今年的学习成绩不能继续保持第一名,害怕自己会考得不好,因为今年的课程特别多,也担心复习不过来,听说其他同学也有做小抄的,而自己如果没有准备,考试时会"吃亏"的……

对此,我首先强调学校的纪律,考试作弊、违纪都是要受处分的。考试不要存在侥幸心理,一时的冲动可能会造成无法弥补的损失,即使考试时没有被发现,但是因此而在学生中留下一个不好的印象,会在以后的学习生活中抬不起头来,又怎么能做学习的表率、给同学们做学习经验交流呢?

做人最起码的要求是诚实,何况考试是老师检查教学,学生自我检测的重要手段,如果作弊那就是掩耳盗铃自欺欺人,于人不公于己不利。就算让你作弊拿了好成绩,还拿了奖学金,又能怎么样?只不过是一时的虚荣,但是丧失了做人最起码的诚信,总是件不光彩的事情,什么时候想起来都会内疚的,做人还是要踏踏实实的好。

不要管别人怎么能做,别人想要违反纪律,是他们的事情,考试出了问题是要自己承担责任的。你要做的就是自己做好考试的准备,学习是给自己学习的，不是给别人做样子的，不要"书到用时方恨少"啊。

最后，我鼓励她，要相信自己。"以前你是学习最棒的，只要认真复习，精心准备，这次一定也会是最棒的，一定要有信心。即使考不了第一，只要是真实的成绩，同样还是会受大家尊重的，还是同学们学习的榜样。老师相信你！"

通过和刘玲的促膝交谈，她完全放下了思想负担、解除了心理压力，更加积极努力地做复习准备，在期末考试中依然取得了综合第一名的好成绩。她用自己的行动再次赢得了大家的掌声，在同学们心中，她依然是大家学习的楷模。

专家点评：

看着耿云亮老师写的案例，我感到在目前的高校中这样的实例虽不普遍，但是对学生工作还是很有借鉴意义的。刘玲一直都是班上最优秀的学生，又是学生干部，连续几年的一等奖学金获得者，几次作为学习的标兵给大家交流学习经验，是老师同学们心目中公认的学习楷模。这是大家对刘玲的评价和定位，其实也是大家对刘玲的希望和要求。

刘玲出现问题后，在耿老师的循循善诱下，刘玲终于说出了自己准备小抄的事情，她其实并不害怕自己考试挂科，但自从作为学习标兵给学弟学妹做完经验交流后，就特别担心自己今年的学习成绩不能继续保持第一名，害怕自己会考不好。这是刘玲做小抄时的真实想法，从中我们可以看出她心理上的微妙变化。

从案例中我们也可以看出，对学生抱有较高的期望值，对其进行积极的评价对激发学生潜能，激发学生内在动力都有非常积极的意义。但我们也可以看到，过度的期望和压力有时也会对学生产生消极影响。刘玲想要维护自己在大家心目中的学习楷模形象，已经代替了良好的学习动机成了她当下的目标，因此，可以看出过度的期望和表扬，有时会模糊学生的学习目的，反而使学生的行为产生偏差。在实际工作中我们也常常发现这样的现象，就是教育者把受教育者"典型化"了，造成的结果往往是让"典型化"的学生被舆论或外部的要求所左右，失去应有的价值判断，进而失去个性发展的自由和空间，结果甚至会造成像刘玲那样险些出现严重后果的情况。

因此，教育者在教育管理过程中，为学生创造一个公平、向上、宽松、和谐的人文环境，使学生在此环境中，去寻求思想的解放、去探讨价值的标准、去寻求人生的真谛，是每一个教育工作者需要认真思考的问题。教育者在实际工作中一定要尊重学生的个性和发展需求，成为学生的引导者和领路人，把学生造就成为一个有思想会思考，有能力会实践，有个性会创造的高素质的人才。

（张东伟）

当学生在实践中发现自己的能力,他会尝试肯定自己接受自己,并愿意为了自己的形象而去努力奋斗。自此,教育管理就由被动教育管理上升到自我教育管理,可以推动教育管理工作向更高的层次发展。

关注学生特长　激发内在动力

——遇到"问题"学生怎么办

□ 王世燕

程思斌是我们学校服装设计专业的一名学生,学习成绩较差,没有养成良好的学习习惯。学校规定,学生每周要上 3 次早晚自修,时间可以自选。程思斌很少参加早晚自修,偶尔兴致来了也会到教室来,却总是穿着拖鞋去。在座位上,他不是歪着就是靠着,并把脚翘得老高,不仅坐不直,还直往同伴的怀里钻。同座位的男生觉得影响不好,就把他推开,不一会儿,他又死皮赖脸地伏过去。学生们看不惯纷纷抗议,但他依然我行我素。——心理折射:破罐子破摔,不爱护自己的形象。

学校要开运动会了,我要求同学们踊跃报名,不报名参赛的同学要做好后勤和拉拉队的工作,到操场上现场感受气氛,把他们的爱心和鼓励及时传达给参赛的同学。运动会当天,我发现程思斌同学不在操场,同学们说他在宿舍。我就让同班同学给他打电话,要求他到操场上来。半天过去了,他没有出现,后来让两个学生到宿舍喊,30 分钟后,去喊的同学回来说:"喊了,他不愿意来。"我问:"他在干什么?"学生说:"他在打游戏。"后来我给程思斌打电话问他为什么不参加运动会,他说:"运动会是自愿参加的,我又没有报名参赛,为什么要我去参加运动会?"——心理折射:集体观念差,不关心他人。

每学期辅导员都要在学生的成绩单上写学期评语。如何才能写好学期评语呢？以前都是学生考完试离校后由我来挨个地写评语,费时费力,由于学生太多,有的学生评语写得不是很到位。今年我琢磨着让学生也参加到写评语中来,这一方面有利于掌握更多情况,评定更加有说服力,另一方面,也给学生一个仔细审查自己的机会。我利用开班会的时间,给每位同学发张纸,让他们写份自我评定,包括自己的闪光点、缺点和一学期以来所取得的进步。班会有几个同学没有到,其中有一个就是程思斌。没到的同学第二天都把自我评定交了上来,程思斌一直没有交。——心理折射:主动性差,不关心自己的前途和发展。

　　每周三次走访宿舍,一段时间下来,我发现有几个男生宿舍的卫生状况很糟糕,程思斌的宿舍也很差。这学期我对这几个宿舍进行重点整治,包括带同班的女生对这些宿舍进行评分,借机激发他们的上进心,有的男生出于爱面子的心理确实有所改进,但唯独程思斌不为所动。每次去查寝,同寝的其他同学都知道站起来招呼一声,而他趴在笔记本电脑前,两眼放光,谁也不理,桌子上的垃圾堆成山,都是吃剩下的一些方便面的包装袋,还有满桌的烟蒂。为了防止互相推诿,我要求这些卫生状况较差的宿舍排好值日表张贴上墙,每次查寝我就直接找当天的值日生,宿舍卫生有所好转。但后来我又了解到,程思斌等两名男生不参加值日,轮到他的时候,他也不做,同宿舍的同学实在气不过,就单独在他桌子下面放个垃圾桶,要求他自己的垃圾自己处理,宿舍的卫生不要他打理。——心理折射:生活自理能力差,不善于与身边的人沟通与协作,有封闭倾向。

　　针对程思斌的情况,刚开始我经常找他进行谈心教育,发现他总是逃避,收效不大。为了找到有针对性的办法,一方面我找同学和家长从侧面了解情况,另一方面从他本人的档案和新生登记表中寻找相关信息。根据其父亲描述,程思斌中学时就沉迷游戏,有时在网吧一泡就是一个星期。读大学后,程思斌要求父亲给他买笔记本电脑,他父亲担心孩子到网吧玩游戏容易出事,于是想给他买台笔记本电脑,让他在宿舍里玩算了,这样至少可以保证孩子的安全。他父亲就买电脑的事征求我的意见,我的建议是:先别买。一天下午,我决定找程思斌面谈一次。为了避免抵触情绪,首先我肯定了他这学期所取得的进步,然后我告诉他家长很关心他,打电话询问他的情况。一番迂回,谈到了买电脑的事,我就问他:"想不想买电脑?"他说:"想!"我紧接着问:"买电脑准备怎么用?"他说:"上网!"我进一步引导:"上网有很多用途,可以学习查资料、看新闻、打游戏。"他不说话了,我就告诉他:"你正处于十八九岁的黄金岁月,青春很美好,可不能沉迷游戏。一旦沉迷游戏,就没有多少时间和精力来学习发展自己,没有时间关心他人和社会了,同样,他人和社会也会疏远你。"程思斌还是没有说话,但看得出心里有所触动。最后我说:"如果实在想买电脑的话,我希望能和你约法三章:一是保证正常上课出勤,二是每天上网时间不超过三小时(除去上课时间,晚上10点半熄灯,三小时是可行的),三是如果做不到以上两点,家长有随时收回电脑的权利。你可以回去考虑一下,如果同意的话再到办公室找我。"两天以后,程思斌到办公室来找我,我让他写了一份书面承诺并签名,一式三份,本人保存一份,家长保存一份,我保存一份。程思斌如愿以偿地拿到了自己想要的电脑。以后,程思斌进步了很多,对老师的态度也改善了很多。

整体来说,程思斌成就动机缺乏,所以动力不足。造成这种状况的原因是多种多样的,可能在早期教育的过程中,缺乏正面的引导,在学习上遭遇过挫折,当时没有得到及时的帮助,学习进度跟不上,潜意识里感到自卑。成长过程中受到鼓励较少,家长和老师对他训斥过多,导致他在内心排斥老师和家长,这就使得后期的教育很难得到程思斌本人的配合。经过苦苦思索,我觉得程思斌需要成就感。每个人都会有自己的闪光点,程思斌也不例外。所以平常我就多留意,决心创造机会帮助他认清自己,增强自信。

学校即将举办五月歌会,这是我们学校比较大型的学生活动,各个班级都在积极准备着。利用晚自修的时间,我对程思斌所在的班级进行了赛前总动员。我从侧面了解到程思斌歌唱得不错,所以我找他做思想工作,希望他能和班级另外一名男生负责主唱,又找一名同学根据所唱歌曲设计台词,文体委员则负责动员全班积极参与,保证每个同学都能参加班级合唱。自接受主唱的任务之后,程思斌开始忙碌起来,并提出了一些很好的创意,根据需要我让班长和团支书全力协助他,这一场比赛下来,程思斌所在的班级取得了不错的成绩,同学们都反映,程思斌进步很大,像变了一个人似的,变得积极了,愿意负责了。五月歌会之后,程思斌所在班召开了一次主题班会,设立了积极参与奖、最大贡献奖、最佳台风奖、最大进步奖和最佳组织奖,对表现突出的同学予以表彰。班会上,程思斌众望所归,获得"最大进步奖"。

在大学生德育工作中遇到不少像程思斌同学这样的例子,这样的学生需要倾注更多的耐心和爱护。对于这样的学生要注意工作方法,大道理要讲,但更多的时候是要关心他们于细微之处。取得他们的信任非常重要,一旦取得了他们的信任,还要不失时机地安排他们做事,放手让他们组织各种活动,帮助和支持他们完成各种任务,给他们表现和负责的机会,培养他们的成就感,激发他们的内在动力,增强自信。当学生在实践中发现自己的能力,他会尝试肯定自己接受自己,并愿意为了自己的形象而去努力奋斗。自此,教育管理就由被动教育管理上升到自我教育管理,可以推动教育管理工作向更高的层次发展。

专家点评：

给学生以尊重。生命的力量只有在得到尊重、激励和鼓舞时才会被激活。学生如果感受到尊重,再严厉的批评都会感到亲切;如果学生感受不到尊重,再亲切的话、再温和的态度都将变成"作秀"。因此,尊重是教育的起点。这是我看到王世燕帮助程思斌的案例后想到的一段话。

抱着尊重和爱护的态度,帮助学生养成良好的行为习惯,需要我们从学生的思想认识、自我意识、信念信心等多个方面进行综合性的心志培养。在这个过程中，来自外界的持续帮助和不断鼓励是有效教育的关键因素。我们一是帮助学生树立信念，让学生正确认识自己，增强自信心，帮助他们发现自身的潜能和智慧。二是帮助他们确立目标，引导学生选准参照物，确定要完成的目标。三是及时鼓励，激励学生的上进心，促其优良品质和行为得到巩固发扬。

良好习惯和行为的形成并非一朝一夕之功，它需要学生长期努力，需要老师不断地督促引导，使之变成学生的内在需要。著名学者余秋雨有这样一句话："所有的希望都能实现，只要你态度诚恳并且做好准备。"是的，只要你付出努力，那么，每一个真诚的守望都能结果，每一个愿望都能实现。

也正如王世燕老师在文中最后总结的那样，在工作中会遇到不少像程思斌这样的学生，这些学生需要我们倾注更多的耐心和爱护。对于这样的学生，更多的是要关心他们于细微之处，取得他们的信任，培养他们的成就动机，激发内在动力，增强他们的自信。教育学生需要教育者的耐心和执著。

（张东伟）

教育学生是一门技术，更是一门艺术，医治学生"刁难"老师的"良药"，必须根据教育教学实践中的具体问题而定，并注意用"药"的方式方法，这样才能够增强"药"的疗效。

查找原因　对症下药

——遇到学生的"刁难"怎么办

□闫广涛

　　学生"刁难"老师，会让老师感到尴尬，是许多老师的一块心病。该如何"医治"这些故意"刁难"老师的学生，去除老师的心病呢？

　　这是发生在我班的一件事情。一次，我观察到一个学生经常上课不专心，对生活缺少热情，很自卑。下课后，我把这个学生叫到办公室。我问道："今天的课，你有什么收获？觉得应该如何克服自卑？"这位学生大声说："克服自卑就去上网吧，在网上没有人知道你是一条狗还是一个人！"我没有想到他会这样回答。顿时，我脸涨得通红，冷笑一声，回了一句："那你就去当狗吧！"很显然，我对他的"刁难"恼羞成怒，所以才出此下策——针锋相对。

　　事后，我认真思考了一番。我认为这样的"治"法是不明智之举，是病急乱投医的表现，消极应对学生的"刁难"不但不能够解决问题，而且还有可能使师生间的矛盾进一步升级。我认为，还是冷静地思考解决问题的对策，比如说召开一个专题研讨会，要求学生围绕"学生'刁难'老师"这一话题畅所欲言、展开讨论。俗话说"当局者迷、旁观者清"，来自全班同学对这一问题的看法，能够使"刁难"老师的学生对这一问题有一个全新的认识，在班级舆论的压力下，迫使他审视自己的所作所为，重新认识自己，从而不再故意"刁难"老师。

之后,我又冷静地思考了一下。"人非圣贤,孰能无过",况且他还是个学生。"人非草木,孰能无情",学生故意"刁难"老师绝非偶然,作为老师应该与学生多沟通、多交流,从自己和学生的身上寻找原因,找到了原因也就找到了解决问题的关键。我在课后和那位学生谈及课堂上发生的事,学生说:"我错了吗?这可是比尔·盖茨说的。老师是个老古董,超女、QQ,他都听不懂。他总是叫我们在书上划杠杠、背书,背不出来就罚抄20次,我就不喜欢他的课……"学生故意"刁难"老师的原因很清楚了。我想,任课老师在平时的教育教学中如果能够多关心学生,放下所谓的老师的"自尊","蹲"下来与学生多沟通、交流,深入全面地了解学生的需求,并试着去改变自己的教育方法,也许就不会发生尴尬的一幕。

通过这件事情,我认为学生故意刁难老师,除了查找原因、对症下药外,还有以下对策。

对策一:以"毒"攻"毒",排出"毒"素。学生故意"刁难"老师,老师不妨以毒攻毒"刁难"学生,"杀杀"学生的锐气。学生一旦受到挫折,在与老师的"较量"中败下阵来,自然而然就不敢再故意"刁难"老师。

任课老师说"学生自认为见多识广,经常讲些怪里怪气的话,在课堂上尽捣乱。学习成绩倒还可以,就是一点儿都不听话,自以为是";学生说"老师是个老古董,超女、QQ都听不懂"。由此可见,这位学生打心眼里瞧不起老师。我想,任课老师如果能够针对这一点,在课堂上有意识地、艺术性地向学生抛出一些难题,以"毒"攻"毒""刁难"学生,"杀杀"他的威风,可能会使学生在挫折中清醒地认识自己,明白自己知识的贫乏,从而不再敢目中无人、自高自大、自以为是,故意去"刁难"老师,并且从此虚心地向老师学习。

对策二:研讨病情,自我诊治。学生故意"刁难"老师,公然向老师示威、挑衅的行为确实令人气愤,但是作为老师千万不可一时气急乱了阵脚,而是应该冷静面对,讲究应对策略。

现实中,一个班级,既有学习好的学生,也有学习差的学生。既有遵规守纪的学生,也有调皮捣蛋的学生。作为辅导员,我们不可能用一个模式去管理班级。对那些学习差、纪律性差的学生,我们要花费更多的心思,有针对性地去解决在他们身上发生的一切。韩愈说"师者,所以传道,受业,解惑也"。由于受家庭教育等因素的影响,现在的学生一般都不好管教,所以作为老师在学校就要像父母一样,不仅仅是传授知识,更主要的是要能跟学生们打成一片,也是把孩子当成朋友一样,不要把自己抬得太高,现在的孩子叛逆心理太强了,他们需要的是多一点心理上的沟通。

作为一名普通教师,或许我们个人的能力非常有限,无法改变整个社会大环境,但我们可以通过改变自己的处事方法和态度来达到教育学生的目的,而不是仅仅抱怨。

当然,教育学生是一门技术,更是一门艺术,以上医治学生"刁难"老师的"三剂良药",还必须根据教师在教育教学实践中的具体问题而定,并注意用"药"的方式方法,这样才能够增强"药"的疗效。

专家点评:

闫广涛老师在案例中谈到了学生"刁难"老师问题的一些处理方法,很有独到见解,从这个案例中也折射出了一个大家还在广泛争论的问题:老师和学生的关系定位问题。

关于学生在教育过程中的地位,在教育发展史上有两种相互对立的观点,一种是"教师中心论",以德国教育家赫尔巴特为代表,他认为在教育过程中:"学生对教师必须保持一种被动状态",强调教师的权威,忽视学生的积极性、主动性,我国几千年的教育历史也是"师道尊严"的发展史,只把学生看成教育的客体,无视学生在学习和发展中的主体地位。另一种是"儿童中心论",以美国教育家杜威为代表,他认为教师应该放弃向导和指挥官的任务,而只充任一名看守者和助理者,教师不要站在学生前面的讲台上,应该站到学生背后去，只在学生有困难时去帮助他。针锋相对的观点似乎看到从理论上讲教师和学生的关系就存在矛盾。我们再来看看社会现实，现在社会上很多教师在感慨，严格管理好像过时了，宽容到了没有底线的程度，可以看看如今还有多少教师愿意批评学生，教师与学生之间似乎蜕变成为一种纯粹的商业关系。

我个人认为，现代教育中师生关系既不是传统的"师道尊严"的关系，也不是顾客与商家的经济利益关系，他们应该是一种相互平等、教学相长的关系。在教育过程中应该发挥教师的主导作用，教师教学组织过程中要使学生成为主体，充分发挥其积极主动性，引导学生沿着正确的方向，获得良好的发展。教师主导作用发挥得越好，学生的积极主动精神越强，教育的效果就越好。

即使是这样理解，我还是想强调一点，教育是离不开一定程度的强制的。不要说心智尚未发育成熟的青年，就是成年的受教育者，如果不施以一定的强制措施，一味和风细雨般地诱导，教育同样不可能成功，通往真知的道路注定是崎岖艰辛的。我们在真诚地对待学生的过程中，需要严格，需要一些强制，这是从教多年的老师会有的深切感受。这也是为什么当初受到严厉批评的学生，多少年后会饱含深情地对老师讲："师恩如海，谢谢老师当初的严格教诲。"

（张东伟）

详细了解情况；取得信任，激励心志，重新开始；找出症结，取得家长支持；营造环境，放宽期限，逐步发展。

解心锁、立心志、逐步发展
——遇到学生旷课怎么办
□董朝宗

李华，男，大一新生，内蒙古人，班级生活委员。有一段时间，我发现李华经常有旷课行为，于是与他进行了多次谈话，但是几乎没有什么效果。有一次他还提出不在本班教室上晚自习，我没有同意。这样，李华便以不能以身作则为由辞去班级生活委员职务，和我的关系陷入尴尬境地，而他依然我行我素，还时有旷课行为，即便上课也心不在焉。我意识到这并不是一个简单的旷课问题，为了有效改变这一状况，我制定了以下工作方案。

一、详细了解情况
李华的父亲是一名警察，工作很忙，经常出差；母亲是一名公务员，家境很优越。我和他父母通了电话，知道他高中时成绩还算可以，只是在高考前突然不知怎么心情不好，影响了考试，所以成绩不好，才上了预科。宿舍同学说他不讲究卫生，还不让别人动他的东西。一次学校检查卫生，舍友看他的床比较乱，就帮忙收拾了一下，结果他回到宿舍后大发脾气，还差点和舍友打了起来。同时，我还了解到，李华天天在宿舍嚷着让同学给他介绍女朋友，还经常浏览色情网站。

二、取得信任，激励心志，重新开始
利用偶然见面的时间，我和李华聊了起来。首先，我肯定他的积极表现,在入校初期,积极参与班委竞选,并被选为班级生活委员。其次,希望他走出高考没有考好而产生的不良情绪的阴影,要在新的环境积极表现自己。积极竞选班委,并被选上,说明他在同学们眼里是优秀的,至少现在是这样,已经有了良好的开始,应该进一步努力。我告诉他要认识到作为学生应该负起的角色责任,履行自己的义务,好好学习,让家长、老师放心。谈话中,我还特意提到他给奶奶买鞋子的事情,夸他有孝心。看得出他很激动,也很高兴。最后,我提出了要求:从小事做起,不迟到,不旷课,严格要求自己。并让他知道,我会一直关注他,相信他会做好。

三、找出症结,取得家长支持

我还趁他父母来校看望的时机,和他父母进行了沟通,取得了他们的支持。和他父母的交谈让我很吃惊,也让我理解了李华的行为。母亲说孩子和高中时相比已经有了很大进步,可以自己洗衣服了,生病了也知道怎么去吃药,会过集体生活了。听到这些,我明白了李华借口生病不上课的原因了:像他这样初次离开父母来到异地求学的学生很多,环境、生活、学习、同学等的陌生带来的焦虑才造成现在的状况。

说起李华经常浏览色情网页和叫嚷着让同学介绍女朋友的事情,其父母都低下了头,说孩子高考成绩下降,就是这个原因,以前谈恋爱,高考前女友突然提出分手,他深受打击,以致高考失利。他们不忍心看着孩子遭遇感情和学习的痛苦,才选择让孩子读预科的。

其实在学生成长的关键时期,出现这样的问题是很正常的。为了引导他不因失恋而沉迷于色情网络,我建议家长配合老师,多鼓励他努力学习,积极参加班级活动,主动与老师、同学沟通,培养兴趣和特长,转移注意力。

四、营造环境,放宽限期,逐步发展

营造良好的人际环境。我和李华的舍友、同学就李华旷课行为进

行了多次谈话，希望大家多关注、关心他，要看到他积极的一面，日常生活中互相帮助，为李华的改变营造良好的环境。

放宽期限，严格要求。我再次找李华进行了谈话，说起了他父母对他的期望，鼓励他作为独生子，承载着家人的热切期望，应该严格要求自己，积极追求进步。同时，我把他以前所有旷课和不良记录全部勾销，让他有信心重新开始，争取在预科一年级有好的成绩。

引导鼓励，转移注意力。在开展班级活动时，我鼓励甚至直接要求李华积极参加，以此促使他多接触人和事，从中发现自己的优点和特长，转移注意力，享受生活、学习的乐趣。

及时提醒，逐步发展。看到李华兴奋的表情，我知道他接受了我的建议，可是对于他这样问题很多的学生来说，只通过一次教育就让他有很大的转变是不可能的。我就让班长及时关注李华的表现，一有问题及时提醒，允许他犯错误，逐步引导，慢慢改变。一个学期下来，李华有了很大的改变，虽说学习成绩提高不快，但是在和同学相处方面进步还是很大的。

对于像李华这样有心理障碍的学生来说，培养他们拥有其他的兴趣、及时转移注意力是一个非常好的方法。现在李华已经上本科了，我为他感到高兴，毕竟他在改变、在进步，也许在一个新环境里，他会做得更好，成长得更快。

专家点评：

耐心细致是辅导员应具备的品质。一名辅导员要具备良好的观察力，能够及时观察到学生身上所出现的问题，并在此基础上追根溯源、深入分析，提出解决问题的办法。

本文从学生旷课引入，但进一步阅读我们会发现，该学生身上存在的问题已经不仅仅是厌学旷课的问题，而是涉及他的成长环境、生活经历、学习环境、个人心理等诸多方面的较为复杂的综合问题。针对该问题,董朝宗老师采取了"了解情况,多方协力,稳步解决"的策略,有计划地引导学生走出心理阴影,恢复信心,找到自己的兴趣,融入集体的氛围中。

本例带给我们诸多启示:心理问题是深层次的问题,解决学生的心理问题不是一朝一夕的事情,而需要长时间的努力,在这个过程中,策略性和计划性特别重要,这是对辅导员素质和能力的一大考验。

(刘正浩)

辅导员是大学生的第一任老师，也是学生在校期间学习、生活和管理方面的导师和引路人。因此，辅导员只有将爱心和责任永记心头，常常与学生进行沟通和交流，才能真正成为广大学生成长过程中的指路明灯。

为学生引路做明灯
—— 遇到学生声势浩大地在校园过生日怎么办
□张红涛

作为辅导员，在教师与学生的关系上，应以学生为主体，以教师为主导；在教育与管理的关系上，应以教育为主，管理为辅；在德育与智育的关系上，应注重德育首位与智育本位的统一。我是学院 2007 级学生的辅导员，同时又是安全单招 07(1)班的班主任。我深感肩上的责任重大，因为单招学生年龄跨度比较大，大的 34 岁，小的 17 岁，参差不齐。如何更好地发挥辅导员和班主任双重角色的作用，成为我工作的中心和重点。

2007 年 11 月 10 日，07(1)班一名学生为自己新交的女友过生日，在婚庆公司租赁了一辆装饰豪华的奔驰车，浩浩荡荡地开到了女友所在的宿舍楼下，引得很多同学驻足观望，并且很快在我院的学生中间传开了，一定程度上造成了不太好的影响。

在我第一时间得到关于本事件的报告的同时，我就及时上报给学院主抓学生工作的副书记，在征得学院领导的同意后，我及时通过该班班长和团支书进一步了解事情的真实情况。随后，我把事情的策划者和参与者全部找来与他们面谈，以全面了解他们这样做的理由和出发点。

经过谈话，我了解到该学生就是我班年龄最小的那个学生，由于年龄偏小,很多事情都是在宿舍同学的帮助下完成的,包括这次事情在内。当我知道该学生并不是明知道不可为而为之的时候,我耐心地对他进行了说服教育,为他仔细地分析了这样做的利害关系。我说,你们这样做虽说并没有违反学校的有关规定,但是却违反了作为一名合格大学生所应具备的基本道德素质,并且也给自己和他人,以及本班和学院造成了不好的影响。通过我的分析,该同学深刻地认识到了这样做的错误以及所造成的不良影响,并且也写出了深刻的书面检查。而对另外两名组织策划的学生,由于他俩年龄要比当事者大,并且又是他的老乡,所以,我认为他们的错误更大,他们没有为自己的小老乡做出一个好的表率或者说好的指导,因而对他们进行了严厉的批评和教育,同时也责令他们做出深刻的书面检查。事后,我发现这三个人的认错态度基本上还算不错,在之后的表现也值得肯定。对此事件的及时处理,让不良影响降低到了最小程度。

这件事情发生在 2007 级学生入校后不久,算起来已是两年有余,却仿佛发生在眼前一样。事情说小也大,对全体学生来讲,也许只是一个笑话,可以一笑了之。但是我始终认为对于事情的当事人来讲却是很大的一次提醒和启发。我相信,并且事实也充分证明,每件事情,不论大小,对学生来说没有小事,我们都要认真去对待。因为稍一不慎就可能伤害一个学生的一生。责任感和使命感时刻要求辅导员要想学生所想、急学生所急,在工作中要时刻注意自己的工作态度和说话方式,以免伤害一颗还未完全成熟的心。

通过这次事件,我时刻提醒自己,在今后的工作中要努力做到以下几点:

1. 做学生工作,预防教育很重要,要防患于未然。对学生要提早进行校风、学风和安全意识教育。等到学生已经出事了,才去做工作,为时晚矣。

2. 遇到学生突发事件,要及时向主管领导汇报,并请示下一步的工作对策,从而使事件得到及时有效的处理。

3.对学生突发事件的处理,不能一味地站在领导者和管理者的角度思考问题,也应该站在学生的立场上为学生想想,设身处地地为学生多考虑。只有这样,才比较有利于事件的最终圆满有效的处理。

4.做学生的引路人。学生虽然已经成年,但不够成熟,有时难免会做错事。这就需要辅导员或班主任多深入学生中间,多为学生想想,成为学生的良师益友。只有做到了这一点,才能真正和学生打成一片,才能做好学生工作。

专家点评:

"学生的事没有小事"是本案例的一个鲜明观点,这里面至少包含两层含义:一、辅导员应该倾力关注学生的学习和成长,尽一切努力为学生的学习和生活提供指导和帮助;二、辅导员应该有敏锐的洞察力,从学生工作中遇到的小事入手,透过现象看本质,分析其中所反映的深层次问题。

租赁豪华轿车开进校园为女友过生日,是虚荣的表现,如果不加教育,势必助长虚荣之风气。绝大多数大学生虽已成年,但心智未必成熟,易受不良风气的影响,引导学生确立正确的价值追求是辅导员的重要使命。张红涛老师先对三名学生的错误进行了中肯的分析,而后区分处理,而不是简单地进行批评教育。这种防微杜渐的意识和科学的工作态度是值得我们借鉴的。

(刘正浩)

要做好学生工作，就必须深入、细致地了解学生，以真诚和恰当的激励为切入点，认真分析每一个学生的特点，用心去体贴、感化学生。

学生工作须因势利导
——遇到学生自暴自弃怎么办
□汪顺生

张某是华北水利水电学院2004级农业水利工程专业的一名学生。由于入校时成绩较为优秀，入学之初就被任命为所在班学习委员。但在接下来的大一的生活和学习中，其自身的缺点逐渐显现：性格较为偏激，自高自傲，心胸不够宽广，心理承受能力较差。在入学初的摸底考试中成绩不理想，结果其整个大一上学期学习情绪一直受此影响。

到了大一下学期，该同学开始迷上网络游戏。刚开始时，他只是在课余上网，之后便开始旷课去上网玩游戏。为此，大一期末考试后他挂了两科，其中包括挂科率较低的大学物理。由于学习成绩原因，大二开学后，该同学不再担任学习委员的职务。为此，他更加自暴自弃，不但经常旷课上网玩游戏，而且不参加集体活动，也几乎不与他人交流，连同寝室的同学都不愿多说几句话。同班的同学感觉到了他的变化，作为辅导员，我更是注意到了他的改变。于是，我先是让班干部做他的思想工作，但收效不明显。于是，我直接找到他，深入、细致地了解他的情况，并努力改变他。

在思想方面，我放弃周末休息时间陪张某谈心。张某告诉我，因为学习上的失意，他现在对大学生活和学习完全失去了兴趣，所以沉溺于网络游戏来逃避。了解到这些情况后，我告诉他在学习中偶尔的失意是很正常的，关键是不能轻言放弃，大学处于学校到社会的过渡阶段，作为当代大学生应该学会接受生活和学习中偶尔的失意，而不是选择逃避。我有时将张某叫到系辅导员办公室,有时直接到他的宿舍,真诚、耐心地与其沟通交流,让其在心理上改变对大学生活的态度。

在学习上,我特意安排了两名成绩优秀的同学帮助他,从课堂笔记到课后作业对其进行全面辅导,给他耐心地讲解学习上的疑问。同时,我还专门请相关任课老师为其提供帮助,比如在课堂上对他多提问一些,对其作业相对严格批改等,通过这些方式促使其学习进步,树立对自己的信心。

在生活上,我从身边的每一件小事关心张某。比如,我每天都会向张某所在班学生干部了解张某当天的学习、生活情况,或是直接到教室询问张某的情况。在我的带动下,一大批热心的同学也开始帮助他,让他感受到集体的温暖。此外,我还积极推荐张某加入学院团委宣传部,参与到学生集体活动中去。

在近三个月的耐心开导与帮助下,张某重新找回了自信,对学习和生活又充满了信心,不再沉溺于网络游戏,成绩也有了很大的起色。在大三时,张某顺利通过了大学英语四级和计算机三级考试,并连续两次获得学院三等奖学金;大四时,还光荣地加入了中国共产党。毕业时顺利签约到深圳一家著名的水利规划设计院工作。

以上案例使笔者深深地体会到,在新形势下,尤其是在建设和谐校园的今天,要做好高校思想政治工作,就必须积极探索高校教育工作的新途径、新方法。

第一,要做到对学生真实情况有切实深入的了解。长期以来,高校辅导员一直都十分重视大学生各个方面的发展,但有时或是教育方式的不甚恰当、或是耐心程度不够,收效甚微。因此,笔者认为应该在辅导员教育过程中更多地侧重于实践环节。

第二,落实辅导环节,更多侧重于进行"一对一"的帮助。比如,了解到某一位同学生活或学习中存在困难,辅导员要主动找到该同学真心诚意帮助他;同时要调动班委成员和周围同学,对其生活和学习提供必要而及时的帮助。同时,要与学生平等沟通,"一对一"地帮助其解决实际问题,这样不仅有利于赢得同学们的信任,也有助于问题的解决。

第三,认真分析学生个案,总结学生个案中的问题与解决问题过程中的经验。很多学生个案并不是个别现象,而可能会是一部分学生均会出现的问题,辅导员要认真分析学生个案,分析问题出现的原因,在深入、耐心地了解学生真实情况的基础上,防患于未然,尽量避免同类学生相似个案的再次发生。

通过这一案例,笔者深深地体会到,要做好学生工作,就必须深入、细致地了解学生,以真诚和恰当的激励为切入点,认真分析每一个学生的特点,用心去体贴、感化学生。只有这样,才能真正做好学生工作,使大学生思想政治教育工作贴近学生实际,从而取得更好的效果。

专家点评:

医生治病要"对症下药"方能"药到病除",辅导员工作也体现了与之同理的法则,只不过辅导员工作中的"对症下药"是指针对学生的困难和问题选择适当的解决方式和可行的操作方案,汪顺生老师的思考和总结反映了这方面的内容。

学生自暴自弃的诱因往往不是单纯的"学习问题",其根源可能在思想方面或生活方面。辅导员不仅是学生的日常管理者,也是学生的思想教员和生活顾问。从学习、生活、思想等综合方面分析和解决学生的问题,是辅导员工作的特点之一,也是辅导员的优势所在。

学生自暴自弃的问题是一个严重的心理问题,如果解决不好,将给学生的一生造成消极的影响。辅导员应动用一切有利的因素,为自暴自弃的学生营造和谐、温暖的人际关系和环境,让他们看到更多的希望,早日恢复自信,恢复积极进取的精神状态。

辅导员的大量工作是"一对一"性质的,即解决个体学生的问题,在积累个案经验的基础上,辅导员还应探索和总结普遍意义上的学生工作规律,更加科学地完成工作任务。

(刘正浩)

当我们对作弊、违纪深恶痛绝时，应首先多研究研究学生作弊的动机和心理，做到动机上纠正、心理上疏导，使学生树立正确的考试观，进而形成正确的生活观、价值观和道德观，从源头上切断作弊滋生的土壤。

从源头上切断作弊滋生的土壤

——遇到学生作弊怎么办

□王旭光

2007 年圣诞节，我收到了一条学生发来的短信。翻看短信，不仅使我回忆起了历历往事，更使我陷入了深深思考……

短信是我带的 2004 级专科班一名学生发来的，她已经毕业一年了，现在北京一家网络公司上班。短信的内容是这样的："尊敬的王老师，圣诞节快乐！还记得我吗？毕业的时候，我再三要求请您吃顿饭，可您就是不肯，您说我还没有拿到工资，等拿到工资的时候再让我请您。可您是否知道，我当时是有一些压抑了三年的话想对您说的，可最终没有机会。今天我告诉您，我很感激您，并且会感激您一辈子。因为大一上学期末考试的时候，我考场上作弊，您看到了，小纸条就在我的手里，您不动声色地走到我的身边，冲我笑了笑，却没有惩罚我、没有把我报到学校。我把您的笑当成了对我的警告、信任和鼓励，我收起了小纸条……从那以后，我就再也没有作弊过，我努力学习，在后来的考试中，我连续获得了多次综合奖学金。现在工作了，我更对自己严格要求，从不马虎。我从心眼里感激您，您让我慢慢懂得了：生活中任何事情都不能作弊。明年北京就要举办奥运会了，有时间的话您一定要来北京玩，一来看看奥运会，二来让我再和您谈谈心……"短信好长，传到我这里被手机系统分作了十来条，但我一条一条、一遍一遍看了又看。

考试，本为学校检查教学效果、改进教学工作的手段。然而，现在的大学考试中作弊现象却屡禁不止，作弊的心态、手段也更加复杂。为此，所有高校都出台了严格的管理措施，作弊者被处分者有之，被取消学位甚至勒令退学者有之，但作弊消失了吗？没有。而我的这位学生，让我对学生思想政治工作有了新的思考，尤其是对考试作弊，也有了新的思考。

考试作弊，每位老师都深恶痛绝。学校的严格要求，被我们的一些监考老师理解为学生作弊都要抓个现行，而不论在什么情况下，对作弊学生的批评越深刻越好，惩罚越严厉越好。不然，就好像自己是一个监考不严、工作不负责任的老师。为了证明自己的责任心、证明自己对作弊的深恶痛绝，有些老师在考虑问题时无意中脱离了学生的年龄段、脱离了学生的心理感受，最终也脱离了育人的理念。结果是什么呢？学生逆反心理增强，作弊现象依旧屡禁不止。同时，师生间也往往会因此矛盾加深。

考试作弊有很多的客观原因，也有很多的主观因素。

从客观原因上说，首先，考试作弊，表面上看是一种校园现象，但深层追究，却是和社会上的不正之风有着千丝万缕的联系。学生考虑问题简单、自控能力差，容易受到外部环境的影响。其次，现行的一些教育模式陈旧。学生入学不管基础的差异，忽视因材施教，缺乏对学生个性的关注，使学生产生"学非所用""学也无用"的思想，冲动的学生就用作弊来对现行教学模式进行抵触。最后，考试中监考老师执法尺度难以统一，导致学生心态不平衡；学生的评价体系不科学，综合奖学金、单项奖学金、优秀学生、组织发展等无不和考试成绩密切挂钩，个别学生通过不正当的手段获取高分实不为怪。

再从学生的主观因素简单分析一下：其一，当代大学生从小被家庭、学校包办过多过细，他们对道德观、人生观缺乏思考，觉得考试作弊和道德品质没有多大关系，再看到有的同学考试作弊却轻而易举过关，甚至还可能有好成绩，获得老师和同学的认可，从而产生盲从心理，身不由己加入到作弊队伍中来。其二,有些同学由于学习基础差,学习不得法,一个学期下来,多门课程严重积压,面对家庭和前途的压力,试图蒙混过关,如果再有个仅凭义气、不加思考、害人害己却学习优秀的同学朋友的"慷慨相助",就会很快模糊了作弊的危害性,把考试当成了儿戏。

作为一名教育工作者,当我们还想着自己要做一名负责任的教师的时候,我们就不应该对作弊中的学生不顾其外部环境和心理原因一味地抓、一味地批、一味地惩戒。当我们对作弊、违纪深恶痛绝时,我们应首先多研究研究学生作弊的动机和心理,做到动机上纠正、心理上疏导,使学生树立正确的考试观,进而形成正确的生活观、价值观和道德观,从源头上切断作弊滋生的土壤。

我给我的学生回了短信:"生活不能作弊,人生不能儿戏;作为老师,我不为抓你作弊,为的是让你再不要作弊,不作弊的人生永远自由快乐。"

专家点评:

惩罚作弊仅是手段,育人才是目的。王旭光老师深刻分析了现存的"为单纯惩戒而狠抓作弊"的现象,进而呈现出其"手段性与目的性被倒置"的实质。紧接着,王老师从主客观双方面分析作弊现象产生的原因,为探索根除作弊的途径提供了有益的思路。

任何一个现象都是"冰山一角",其背后都隐藏着必然性,隐藏着深刻复杂的联系,我们解决一个问题首先要以现象之间的联系为基础,以整体的、综合的、系统的视角来进行思考。譬如,学生考试作弊现象至少涉及现行教育评价制度,社会的价值观念和风尚,学生的心理特点、道德观念、学习态度和学习方法等诸多方面的因素。只有放眼于问题所涉及的整体和系统,才能避免认识和实践的局限性,才有可能避免手段性和目的性的倒置。王老师为我们提供了有价值的线索,对学生作弊现象的根除,仍有赖于进一步的探索和研究。

(刘正浩)

第二章　班级建设篇

BANJI JIANSHE PIAN

点评专家：

洛阳师范学院学生处处长　　　　　曾　涛

安阳师范学院学生处副处长　　　　王宝玲

班委出现问题是辅导员经常遇到的事情,团队健康度诊断和团体辅导为我们解决这一问题提供了有效的途径。

班委团队健康度和团体辅导

——当班委不和谐时怎么办

□冯军芳

2007年9月,我开始担任2007级7个班的辅导员。在经过军训期间的认真观察和了解后,我通过民主选举组建了第一届班委。当时,我对这一届班委满怀期望和信心,也对他们倾注了大量的时间和精力。但是经过一段时间后,我总觉得个别班干部在某些方面出了问题,但一时又找不到问题的症结到底在哪里。经过一段时间的摸索,我结合所学专业,通过对班委进行团队健康度诊断和开展有针对性的团体辅导,比较好地解决了上述问题。

首先,采用量表的形式对所带的7个班委进行了团队健康度诊断,以寻找班委存在的具体问题。一般来讲,评价一个团队可以从成员共同领导的程度、团队氛围、团队工作技能、凝聚力、团队成员的贡献水平这五个方面入手。同样,诊断一个班委的健康度也可以从上述五个方面进行。在这里,我介绍一种简便的诊断团队健康度的方法——量表法。我所采用的量表由25条陈述和一个得分表组成。这些陈述语句主要有:1.每个人有同等的发言权并受到同等重视;2.把团队会议看做头等大事;3.我们的目标、要求明确并达成一致;4.团队成员践行他们的承诺;5.对于实现目标,大家有强烈一致的信念;6.每个人都表现出愿为团队的成功分担责任;7.团队成员不允许个人事务妨碍团队的绩效;8.每个人都让大家充分了解自己;9.大家感到能自由地表达自己真实的看法;10.如果让每个人列出团队的重要事宜,大家的看法会十分相似;11.在决策时,大家能顾全大局,分清主次;12.每个人都努力完成自己的任务。在做测试之前,我先讲清楚量表的填写方法,要求班委成员依据自己的实际感受来对每一条陈述进行打分。具体要求是:用1～4分评定各条陈述是否符合自己所在的团队,其中1分表示"不适合"、2分表示"偶尔适合"、3分表示"基本适合"、4分表示"完全适合"。然后,班委成员将各题得分填入表格,这样便可以计算出各列分数及总得分。

其次,根据测试结果来具体分析每一个班干部所存在的问题。比较团队在不同方面的得分,就可以迅速地了解团队的优势和不足,将每个团队成员的总得分进行平均便得到团队成员对团队的整体评价。根据测试结果,7个班委的总得分有高有低,最高的为86分,最低的为64分。从各列平均得分来看,多数班委成员在共同领导和团队工作技能方面得分偏低。这说明,各班委的团队健康度存在显著差别,普遍性的问题存在于共同领导和团队工作技能方面。

最后,根据班委所存在的具体问题开展有针对性的团体辅导。团体辅导主要是采用小组工作的理论和方法来帮助成员和团队解决问题。在辅导中,"团队健康游戏"是一种极具吸引力和效果突出的辅导方式。"团队健康游戏"主要是通过"体验——分享——交流——整合——应用"的过程来增强团队成员的心理适应能力,增进队员之间的沟通、交流、理解和合作,进而提高团队的凝聚力。

针对多数班委成员在共同领导和团队工作技能方面的不足,我设计了一套专门的团体辅导方案,主要包括:1."破冰"部分,主要是打破成员间的隔阂,提高成员的参与兴趣,如玩"从蛋到人""串名字""猜猜我是谁"等游戏;2.信任部分,主要是让成员体验建立信任的过程,树立勇于负责、相互信任的意识,如玩"信任背摔"等游戏;3.沟通部分,主要是让成员在非正常的沟通环境里寻找沟通渠道,从而领悟沟通的重要性,如玩"盲人摸号""蒙眼三角形"等游戏;4.协作部分,主要是在协作训练中,让成员领会合作在团队中的巨大作用,如玩"坐地起立""过电网""合力吹气球"等游戏;5.挑战部分,重点是培养成员坚韧不拔、积极向上的优良品质,并充分挖掘成员的潜能,如玩"雷区取水""运水接力"等游戏。在团体辅导的每个训练项目结束之后,我会及时引导成员进行总结和分享,这有助于提升成员的感性认识,并使他们将感悟应用到实际中去。

需要强调的是,针对班委开展"团队健康游戏"一定要明了其需求以及你所要达到的目标,这样才会有针对性地组合不同的游戏项目。目前,大多数辅导员都带有多个班级,还可以集合不同班级的班委成员在一起做"团队健康游戏",这样不仅能够解决某一团队的问题,还能够促进整个班委成员之间的交流。

班委出现问题是辅导员经常遇到的事情,对此,团队健康度诊断和团体辅导为我们解决这一问题提供了有效的途径。对7个班委开展团体辅导以来,不仅班委的凝聚力不断得到增强,个人的活力不断被激发出来,而且还促进了班级之间的合作与交流,使得整个年级呈现出一种积极向上的精神面貌。

专家点评:

团体辅导是近年企业团队管理方法在班级建设中的运用,也是学生干部培养走向科学化的一条有效途径。如何科学地评估自己的团队状况,是管理好这个团队的前提,健康度诊断能够准确快捷地帮我们发现问题。当代大学生相当一部分是独生子女,小时候少有同龄的玩伴,也没有一群人游戏的机会。父母的宠爱往往让他们养成了独立、自我而又脆弱的人格。因此,别说团队合作,他们甚至连和别人发生冲突的机会都没有。选择寓教于乐的团体辅导,让学生们在平等宽松的游戏中感悟与人相处之道,发现自我和他人的价值,就能主动去寻找自我的位置,最终归属自己团队。

(曾　涛)

把这种权力变为保护学生利益的一种责任，学生才会认同这种权力，这种权力才会有效。

当权力变为一种责任
——学生违反纪律怎么办
□王　颖

新生刚军训完，我正在办公室整理学生资料，一阵急促的电话铃声响了。我一看是个陌生号码，心想一定是新生班的学生找我。一个弱弱的声音："是王老师吗？我是新生班的刘小丽，我有点事想请一星期假。"我当时就有点不高兴，因为学校有规定，我只能批一天以内的假，而且新生才刚刚上课一周，没有特殊情况是不该准假的。我尽量耐心地问："为什么啊？"她支支吾吾地说："嗯，我想家了……"

"那得让家长过来，因为你请假时间长，又没有特殊情况，必须得到家长同意。再说，马上周末了，不能双休日回去吗？"

"我，呜呜……"顿时，一阵抽泣声传了过来。

"别，别哭啊，我又没有批评你，就是告诉你请假的程序。你有什么困难就说吧。再说，你这样没有原因就回家了，父母也会担心的，是不是？"

"嗯，老师，我再想想。"

挂上电话，我还挺得意，看来我做的思想工作还是非常有效的。直到第二周的周一晚上，我才发现原来是自己大意了。

晚自习我进班查看学生的出勤情况，发现刘小丽没有来。我马上找到班干部询问，得知她从上周五下课后就再也没有出现过。我一下傻了，一个学生"丢"了这么长时间才发现。我马上找出她家的电话，她的家长说她周末根本没有回家。这下，我是又恼火又担心，一个小姑娘家能跑到哪儿呢，一连几天没踪影。我越想越怕，赶紧和她的室友联系，让她们有任何线索立即汇报。

我忐忑不安地躺在床上，心里不断寻思任何可能跟她相关的线索。忽然，我想起上次她生病，她的哥哥曾给我打过电话请假。我赶紧拿出手机，找到了他的电话。我问他刘小丽的下落，他很吃惊："你怎么知道我的？你找她干什么？"

"我是她的辅导员，她有一天没来上课了，你上次帮她请假不是说是她哥吗？她在你那儿不？"

"我只是她的一个朋友，对不起，我也不知道。"

"如果你是她的朋友，就应该关心她。她这样旷课，就算安全回来也是要受处分的。何况现在我们连她是否安全都不清楚。如果你能联系上，请转告一声，让她回个电话。如果联系不上，请协助我们一起找，明天上午还没有音讯的话，我就会报警的。"

"没有这么严重吧，要不，我试着联系联系，她应该跟她男朋友在一起的。"挂掉电话后不久，我收到一条短信，是她"哥哥"发过来的，说她明天会给我回电话的。

第二天上午，刘小丽果然打来了电话，而且在外地，她小声地解释着缘由。我一点也听不进去，敷衍了一下，催促她赶紧回来。

下午，她来找我。我抑制着心中的怒气，毕竟安全回来了，这比什么都重要。"不管你是怎么想的，你能听听老师的感受吗？首先，你的那个哥哥，是不是你找来敷衍我的，好批给你假？再有，为什么昨天不给我打电话请假，全班同学都在找你，你想过大家为你担心的感受吗？"

"老师，我错了。"说完，她就哭了。

"有什么事不能告诉老师，我也不勉强。只是，你不能因此而违反纪律啊！"其实我想知道真实理由，但是我知道如果硬逼，她是不会说实话的。

"我知道老师的好意和关心，我愿意说。"她这么一说，我的心中反而突然有一种感动和暖意,被人信任的感觉是很美好的。

原来她跟高中时的男朋友闹情绪了。按理说,大学是不提倡谈恋爱的,至少不公开提倡吧,但是我们面临的是"80后"甚至是"90后",早熟、自负是他们的通病,如果直接批评不会收到好的效果,也不合时宜。

我换了一个角度,以一个朋友的身份跟她交流了很多我对于感情的看法。"这个世界上,除了你的男朋友,还有很多人都在乎你,关心你,你的父母就不用说了,还有我,还有全班同学。所以,我希望你能正确处理你的感情问题,让它作为你向上的动力而不是违反纪律的借口。多交几个好朋友,有困难时才有人跟你分担;多学点知识才能让他不敢小瞧你,更加尊重你;还有一点是最重要的,无论你碰上什么情况,都要第一时间告诉我,因为在校期间我是你的第一负责人和监护人,我会像你的姐姐一样关心你,对你负责,所以咱们之间应该有绝对的信任。"我坦诚地说出我的希望。

以后的日子,只要她有什么事就会第一时间和我商量,再也没有管理者与被管理者之间那种不信任和隔阂了。而且,她还加入了学生会,积极参与各项活动,再也不是那个为情所困的哭哭啼啼的女孩子了。

从这件事情中,我深深地体会到辅导员在一个学生心中是多么重要。对辅导员来说,虽然你有管理的权力,但是不能依仗手中的权力去强行管制,而应该把这种权力变为辅导员保护学生利益的一种责任,这样学生才会认同这种权力,这种权力也才会有效。

专家点评:

高校都有严格的管理制度,从表面上看,这是一种刚性的管理制度,辅导员必须严格执行。但是如果在实际工作中,真正这样执行起来未必就能产生好的效果,甚至会酿成恶果。应当在帮助学生确实认识到自己的错误,并做好承受处罚,想好出路的前提下,再启动处分的程序。绝不能简单粗暴,搞"从重从快"的"严打"。可贵的是案例中的辅导员已经在积极反思自己的工作了。教育者要放低自己的姿态，真正与学生交朋友，平等沟通，倾心交流，润物细无声，把思想工作真正做到学生的心里，把刚性管理和柔性管理有机结合起来，切实把权力变成保护学生、关爱学生的责任，这样，你手中的权力，才会产生更大的社会效益。

（王宝玲）

这次之所以能顺利过关，是基于以下 24 个字：出其不意，欲擒故纵；以静制动，以退为进；分化瓦解，各个击破。

当他们向我要"自由"时

——学生和辅导员叫板怎么办

□陈　新

我万万没有料到的是，作为辅导员，我组织的班干部竞选，却成为全班性的"自由化"呐喊；我动员上台演讲的曹大军同学，却成为"反对派"领袖。他的第一句话就给我当头一棒。

"我不是来参加竞选的，我不想当班干部。"他说，"老师非要我上来，我就上来说几句话吧。我们都是大学生了，不是中学生。取消纪律！我们要自由，不要考勤！我们会管自己！"

"好！好！"台下掌声雷动，嗷嗷乱叫，很多人都兴奋得站了起来。"取消早操！取消早操！"

我简直不敢相信自己的耳朵和眼睛。此时，面对这样一个狂躁不安的群体，面对他们对自由的"呐喊"，面对他们对校规校纪的公然违反，站在主持人位置的我该怎么办——竞选就这样不欢而散？在我们师生间留下一道深深的伤痕，影响我们今后近四年的相处和工作？

我静静地看着他们在下面拍手、呼喊。等他们的手拍疼了，等他们的嗓子喊哑了，一切都静下来了，所有人的目光都盯着我，有的脸上还挂着一丝坏笑——幸灾乐祸，等着看我怎样出丑。

在寂静中，我开始鼓掌。他们不解，愣愣地看着我。我说："感谢曹大军同学道出了我多年来的心声。我想在座的没有一个人比我更愿意取消考勤了。考勤，会数数儿就行了，还用我这样一个大学教师来数吗？

我更愿意用这段时间做些更有价值、更有意义的事情，就是坐在办公室里读读书、读读报，还能增长知识呢。给你们点名，我能提高什么？"

"但是，大家想一想，考勤不是我发明的。即使我同意你们班取消考勤，系领导能同意吗？即使系领导同意，校领导能同意吗？所以，要取消考勤我做不到。但是，现在我宣布：从明天起，曹大军可以不出早操、不上课，可以自由地安排自己的作息时间。因为他是上学期全班学习成绩第一名，他的学习进度超出一般，而老师的讲课进度和考勤都是按照一般同学的一般水平来设计的，对于个别优秀的同学的确成为一种妨碍。"

"我再扩大一步，如果你认为你本学期学习成绩能够进入班级前五名，也可以写申请享受曹大军同样的待遇，限明天一天向我递交申请，我去向系领导积极争取。但是这绝不能成为某些同学放纵自己的惰性、睡懒觉不出操、不好好学习的借口。"

当我宣布散会的时候，我看到脸上曾带着坏笑的学生带着非常失望的表情走了。第二天，早操照常进行，曹大军并没有不来，他还是照常上课出操，更没有一个人向我递交申请。

回想起来，辅导员工作的确具有很大的挑战性。你不知道下一分钟会发生什么，每天面对这么多人，每一个个体都是不同的。如何应对突发事件，对辅导员来说，的确是一种考验。总结一下，这次之所以能顺利过关，是基于以下 24 个字：出其不意，欲擒故纵；以静制动，以退为进；分化瓦解，各个击破。

对学生的错误言论、群体性事件苗头，当然是要"镇压"的，还要解决在其萌芽状态，应迅速采取措施，避免事态进一步扩大和恶化。但是一定要讲究艺术，一定要讲究方法。方法不对，甚至一句话不妥当，效果可能就会适得其反。

如果当时我立即命令曹大军住口，命令同学们不许叫、不许喊，可能会正中他们下怀。法不责众，一些人浑水摸鱼，他不听你的，你也没办法。况且对着学生大喊大叫，实在有失师道尊严，只能给人一种气急败坏的印象。而我在他们大喊大叫的时候以静制动，没有做出过激的反应，令学生颇感意外。越想看我的反应，我越是不动声色，他们也很难有针对性地采取进一步的行动。

欲抑之，先扬之。不妨以理解、谅解的心态，先赞成同学们的行为中合理的一面。追求自由是人类的理想，每个人都在追求着更大的自由。所谓退一步海阔天空。但是自由是有条件的，你们"自由"了，影响了其他人、其他班怎么办？

曹大军的确很有典型性，在学生中很有号召力。他上学期全班成绩第一名，而且他确实说了部分学生平时想说而不敢说的话。只不过他是采取了一种公开的方式，言辞较为激烈，并没有什么本质上的错误。立即从口头上给他以所要求的待遇，就把他与其他同学划分开来，再把范围扩大到学习成绩前五名，又分化了一批人，使得他们产生了不同的利益，"瓦解"了这个原本团结统一的群体。除了极少数特别不守纪律、特别爱睡懒觉的，多数同学只是随大流、跟着起哄而已。没有人领头，就没有人起哄，平时不守纪律、不爱出操的个别人自觉理亏，其身不正，根本不敢站出来领头，不像曹大军，喊出来理直气壮。大家只能随着我的一声"散会"而散去了。

专家点评：

随着教育体制改革的不断深化，"90后"大学生逐渐成为大学校园的主体，辅导员和大学生这种特殊的师生关系受到考量。"90后"大学生具有鲜明的个性特征，他们对传统的管理方法有着几分反叛，而他们缺乏自理能力，又急于表达自己的不满想法，这一切都考量着辅导员的管理水平。本案例中的辅导员具有高超的管理水平和艺术，出其不意，欲擒故纵；以静制动，以退为进；分化瓦解，各个击破，树立了良好的形象，让大学生心服口服，收到了很好的教育效果。

（王宝玲）

对学生要做到以理服人、以情感人、以真情的丝雨达到"润物细无声"的效果，做到既有情感中的教育，更有教育中的情感。

真情化丝雨,润物细无声

——学生干部没有威信怎么办

□张　亮

　　辅导员工作是一项富有挑战性的工作。三年下来,我收获了很多,体验到了这项工作的乐趣,也体验到了它的艰辛。时间让我对辅导员工作有了自己的理解,我认为"辅"就是辅助帮扶,"导"就是引导,主要是引导、促进学生内在的自我成才。尤其是作为研究生的辅导员,工作方式主要应该用在"引导"上,通过引导使学生形成内在的成才理想,促进学生形成自我管理、自我教育和自我服务。

　　学生干部是学生工作的基石,也是学生工作的核心和灵魂。辅导员要引导学生走自我管理、自我教育和自我服务的道路,关键要做好学生干部培养工作。做辅导员的第一年,我一个人面对四百多学生,每天忙得不亦乐乎,但效果并不理想,所以我把工作重点定在培养一支高效率的学生干部队伍上,让他们去处理学生中的一些琐碎事情。辅导员、学生干部及学生三者之间的关系如同伞柄、支架和布,一个再好的伞柄如果没有支架的支撑是无论如何也撑不起一片天空的。对待学生干部,我采用的是交朋友的管理方式,严要求与适当的"戴高帽":我刚走出校门不久,年纪比自己所带的学生大不了多少,如果以一种高高在上的姿态去对待自己的学生,很可能会令学生产生反感,所以我在生活中以一种平和的姿态去与学生相处,做他们生活中的朋友,尤其是学生干部几乎都与我成了无话不谈的朋友。这样收到的正面效果是很好的。

当学生干部与普通同学一起犯错误时,我对他们毫不留情地提出批评,在批评干部的过程中对其他人旁敲侧击,也让他们意识到自己的错误。对干部严格要求,于是其他学生也就不会对干部的管理产生抵抗情绪。当然,学生干部在工作中遇到挫折时,我会及时帮助他们恢复信心。当他们取得成绩时,我会适当地给他们"戴高帽",使他们更有信心做好自己的工作。这种方法在学生工作中起到了很好的作用,使学生干部得到了锻炼,同时我也感到了一丝轻松。我在工作中也会碰到许多棘手事,让人一时不知如何处理,但当静下心来,从为了学生的角度和便于做好工作的角度来考虑问题、处理问题,许多困难就迎刃而解了。即使当时不一定立即看到效果,之后很快就会收到好的效果。

　　记得我参加工作的第二年,兼任研究生辅导员。经过一年学生工作的历练,我成熟了许多,知道了要想做好学生的思想工作,与他们成为朋友,就需要遇事多从学生的角度思考,处理问题时多替学生考虑,关心爱护他们,所以我与许多学生成了好朋友。尤其是学生干部更是把我作为他们可信赖的朋友,当他们有了烦恼或开心的事都愿意向我倾诉。当时 2004 级研究生 1 班班长高磊与我就是这样的朋友,他平时生活中有什么烦心事、高兴事,工作中有什么困难也愿意告诉我,而我也尽我所能在思想上开导他,在工作上帮助他解决实际困难。他为人坦诚,工作努力,因此我们配合默契,使他们班的学生工作开展得很好。不过一件小事却差点破坏了我们之间的和谐关系。一天,高磊拿着一张纸急匆匆跑到我办公室说:"张老师,你看看这个,都贴到我寝室门上了,这个事你一定要帮我说说话"。我接过那张纸,看到上面不知是谁写的关于班长高磊私吞班费的内容,言辞很尖刻,要求他向大家作个交代。"张老师,收班费这件事你是知道的。由于我们班没有活动经费,大家又想多举办一些文体活动,所以经过你同意,我们班委才收的,而且全部用在学生活动上。我那儿有账本,每项花费班委全都知道,而且上学期还在班上公布过,现在说我私吞班费,这不是无中生有吗?"高磊有些激动。我安慰他说:"你别着急,身正不怕影子斜,咱们好好想想如何处理。"他稳定情绪后说:"张老师,这回你一定要替我出头。我准备开个全班大会,到时请您参加,会上你帮我把整件事向大家说清楚,同时帮我震慑一下那些乱说话的人,告诉他们如果谁不愿参加集体活动我可以把钱退给他。"我认真考虑了一下,认为这件事极可能是某个人的行为,因为对于高磊的人品,大多数学生都是认可的。对于这件事情,他自己完全有能力解决,只要他在大家面前把事情说清楚,大家一定会支持他的,而且他在同学们心中会更有威信。如果我过多干预,对他树立威信不利。想到这,我就没有同意他的办法,并把我的想法告诉了他。可他没有理解,还以为我不愿为他出面。同事张老师也没有理解我,还替他向我说情,"你一出面,事情就解决了,高磊工作做得也不错,这点事我们应该帮他!"当时面对高磊恳请的目光和同事的情面,我很为难。我知道,如果我出面问题一定会解决,而且也会让同事和高磊满意,但是我转念一想,我并没有做错,能有机会帮助高磊树立威信,能让他提高自己的工作能力,我宁愿暂时"得罪"他们。我装作生气地说:"这点问题自己还不能解决,就别当学生干部了!"高磊带着埋怨的目光看看我,什么也没再说,转身走了。同事叹了口气:"何苦呢!"我没有作声,只有自己知道,现在他们不理解,以后会理解的。

两天后,高磊面带羞愧找到我说:"老师,我才明白你的苦心,那时还以为你是怕麻烦不愿帮我,我没办法只好自己向同学们解释,没想到我刚解释完,大家都纷纷表态支持我,对乱说话的人表示谴责,而且后来写纸条的同学还主动找我,向我道歉,现在我才知道你是真正在帮我!"这件事让我更体会到了作为一名辅导员从爱护学生、有利于搞好工作的角度考虑问题是非常关键的,对学生要做到以理服人、以情感人、以真情的丝雨达到"润物细无声"的效果,做到既有情感中的教育,更有教育中的情感。

专家点评：

　　正如龙应台在《目送》里谈到的："所谓父女母子一场，只不过意味着，你和他的缘分就是今生今世不断地在目送他的背影渐行渐远。你站立在小路的这一端，看着他逐渐消失在小路转弯的地方，而且，他用背影默默告诉你：不必追。"有时候我们也需要"目送"一个学生干部的成长，看着他们的背影在你面前越走越远，步伐也越来越坚定。学生干部的角色是双重的，在老师和同学面前他既是学生又是干部，就看他在做什么了。如果是处理与班级有关的事务，那他就是干部，而独自面对工作，正确处理问题是他必须学会的，威信也正是这样树立的。对于我们信任的、有能力的干部就要放手让他们工作。我们培养学生干部的目标，就是要让他们学会独立地完成工作。

（曾　涛）

及时引导学生干部使用正确的方法处理问题，使他们乐于工作，体验到工作中的成就感，就成为培养学生干部工作的重中之重。

理解　支持　引导

——学生干部不配合工作怎么办

□缑西梅

时间：2007年11月，一个星期六下午

地点：中原工学院西教学区2#401多媒体教室

参与人：2006级全体学生

事情起因：面临就业，2006级学生（两年制大专）上课情况不好，每次都有15％的学生逃课，但本学期的专业课又非常重要，所以作为辅导员，通知召开2006级全体学生会议，目的是加强学习纪律，让学生了解本学期专业课在今后就业中的重要性。

因为已经有部分学生提前得知了本次会议的起因，知道是一向不训人的我要在全体学生面前强调学习纪律，而且提前通知各班班长清点不到会学生名单，所以当我在开会的时间进入会场时发现，能够容纳256人的教室已经基本坐满了，仔细一瞧，只零零散散的还空有五六个位置，这就说明有几个人没有来（本届学生共254人）。

会议准时开始，我非常严肃地讲了目前他们的学习状态，提出了具体的学习纪律以及今后的处罚办法，另外通知了一些关于实习实训的事情。会议的最后，我要求各班班长提供未到会学生的名单。

"测试专业？"

"全到。"

"日文专业？"

"胡峻岭未到。"

"信管专业?"

"一班王泽明未到,二班何亮未到。"

"编码专业?"

……

"编码专业?"

我接连问了几声,无人应答。"梁栋林到了吗?"依旧无人应答,这时会场中出现窃窃的笑声。班长未到,而且没有向我请假,这确实让我尴尬,想了片刻,我没有再多说什么,只是让他们班的团支书通知梁栋林周一上午到办公室找我。

周一上午,梁栋林到了我的办公室,进门的时候,脸上带着那种无所谓的表情,身上还带着烟味儿。

"周六为什么没有来开会?"

"我临时有事出去了。"

"那为什么没有向我请假呢?"无语,接连问了两次,仍旧没有回答。

这和以前的梁栋林完全是两个人,其中肯定有原因。但在这种情景下,他不可能很好地与我交流,于是我就对他说:"这样吧,把你的想法好好写一写,不管是班级的还是你个人的,你现在肯定有难言之处,写出来我们好好交流一下。"听了这句话,梁栋林抬起头,目光中带着意外。

第二天一大早,梁栋林手里拿着几张信纸来到我办公室,脸上既有兴奋,又有一些紧张,隐隐的还有些疲劳。"老师,这是我连夜写出来的,您看看吧。"我非常认真地把几页纸看了一遍,从字里行间能够看出他是下了一番工夫写的。他首先写了为什么没有尽到责任:在本学期开学后,特别是国庆节后,班级中有一部分学生因为专业课学习难度的增加和即将面临的就业压力,产生了放弃学习的念头,天天无所事事,作为班长的他也曾想努力扭转这种局面,但几次努力未果却又因此得罪了同学,过后又想到马上就要毕业,有必要这么用心去做吗?而且做了有效果吗？从他对班里问题的分析可以看出，平时他还是非常关心班级的，只是感到有些力不从心，而且担心影响自己的学习，信中还列出了几个学生的名字，他们是影响班风的主要人员。其次，他非常有针对性地提出了几点建议，保证能有效改变班级的学习风气。在信的最后，他将自己近一个多月的学习工作状态作了检讨："我不应该像其他同学那样遇到问题听之任之，我没有认真地去想解决的办法，没有尽到一个班长应尽的责任！"看完信，再看梁栋林，他已经完全不是前一天来找我的样子。"老师，给我两个星期的时间，我肯定让你看到一个全新的班级。"这正是我想要达到的目的。随后，我们用了近一个小时的时间，探讨了如何扭转班级目前的状况，共同管理好即将毕业的班集体。

几天后的一个下午，编码班的一位同学来到我办公室说："老师，我们班长当着全班同学的面做了检讨，说没有把班级带好，自己没有以身作则，要求我们监督他的工作，还动员我们共同把班级搞好，学好专业课，争取全部顺利毕业。"

听了这些话，我真的非常欣慰，如果当初不问青红皂白简单地批评梁栋林，能把他的工作热情重新调动起来吗？这次我不仅是引导了一个学生干部，而且带好了一个班级。

目前，辅导员都面临着一个相同的问题：所带学生的情况越来越复杂，日益严峻的就业形势要求培养的学生素质越来越高，因而工作量越来越大。如何充分调动他们的积极性，帮助他们完成日常的工作，同时有效地锻炼他们的能力，是一个重要的问题。除了根据他们的个人素质和态度选拔出称职的学生干部以外，在平时的工作中还要随时关注他们情绪的变化，避免因压力过大产生一些不好的倾向，毕竟是学生管理学生，会出现一些我们想不到的问题，所以及时引导他们使用正确的方法处理问题，使他们乐于工作，体验到工作中的成就感，就成为培养学生干部工作的重中之重。

专家点评：

给他人留余地，也就是给自己留余地。学生干部相对年轻，存在一时糊涂的情况十分正常，而往往出现问题的时候，正是他内心挣扎转型的时候。这时候选择宽容鼓励，在学生面前要给他留有余地，让他自己去面对、去解决他的问题。缑老师选择没有当面直接批评，而是让他书面认识问题，给学生干部足够的空间来面对自己的问题，不仅能够让他理性而又充分地认识自身问题，而且会心存一份感激，这种理解与支持他何尝不知，做好工作的动力和责任便油然而生。

（曾　涛）

面对举报,不要害怕、躲避,匆匆把矛盾上交,也不要习惯性地去捂、去压或者去拖。而要勇敢面对,迅速调查核实,据实秉公作出结论和处理意见。这样,才能快刀斩乱麻,令当事各方都满意,真正平息事态。

她在保研即将成功之际被全班同学举报
——学生被举报怎么办
□冯圣兵

学院 2005 级某专业一个班只有 12 名学生。在学生毕业时,学校出于多方面考虑,给了该班 1 个保研指标。提出申请并通过专家考核的只有 C 一个人。2008 年 10 月 9 日上午,即再有半天就公示期满的时候,班上另外 11 名学生联名画押举报 C 有论文抄袭、考试作弊、评优时贿赂同学和删除竞争对手资料等问题。与此同时,还把复印件寄给了拟接收 C 的中国人民大学和中国传媒大学。一时间,各方矛盾集中到一起,不可开交。举报者要求查明事实,取消 C 的保送资格,而 C 大喊冤枉,要求主持公道,还她清白。中国传媒大学也来电询问真伪,要求学院给出答复,其他专业学生也提意见,说本来就不该照顾该专业,现应收回指标分给他们,也有专业教师认为举报不实,要求处分"诬告者"。

说实话,当辅导员拿着举报信给我看时,我十分恼火。当即就想质问辅导员工作是怎么做的,怎么会发生这样的事。转念一想,事已如此,我责问谁都于事无补,关键是要搞清楚举报是否属实。于是,我强压怒火,开始考虑如何处理此事。

经过冷静思考,我觉得首先还是要赶紧给学院书记、院长汇报,听取他们的意见。恰好当天下午学校开大会,我们三个都要参加。我就趁会前给他们做了汇报。他们听后非常重视,要求我具体负责调查处理这件棘手的事情,并马上告诉教学副院长。会场上,我就让辅导员把涉及的论文在网上查到打印下来,交给教学副院长,并请该专业以外的教师进行鉴定。散会后,又通知该班学生晚上到我办公室进行分别谈话,并做笔录。结果了解到,他们反映的作弊问题发生在她大二上学期期末考试。由于已经过去了一年多,谁也拿不出真凭实据。有的说夹带,有的说抄袭。C说根本没有这样的事。关于请客吃饭一事,C承认有这个想法,但因老师批评和干部抵制,她不仅没有请成而且导致她没能评优、入党。至于删除Y存放在实验室电脑中的资料问题,则需要实地核查。第二天,我们打开实验室,通过现场查看使用记录和电话询问相关人员,确认Y的资料为研究生X所删。10号下午全院教工大会时,专家的鉴定意见也出来了。几位老师都作出了C的文章不存在抄袭的结论。至此,事实已经全部查清。我再次向书记、院长汇报,经商议,一致认为没有切实理由取消C的保送资格,但C也存在一些品质问题,比如获得保送后又目中无人,应予明确指正。于是,我先找C谈话。她表示完全接受。而后,利用周末时间,我又开了两次座谈会。第一次邀请了专业教师参加。我向举报学生通报了调查过程和初步处理意见,真诚地希望他们进一步提供线索和证据。专业教师则站在自己的角度,对何为论文抄袭做了说明,批评了他们没有搞清事实就签名画押和向外邮寄的莽撞行为。结果,11名学生都无话可说。第二次邀请了学院书记和教学副院长参加。我感谢大家对学院工作的关心和监督。同时,宣布了调查结果:专家认定论文抄袭问题不实;考试作弊没有证据,无法认定;C在评优和入党时想请大家吃饭而没得逞,但说明她思想不够端正,品质不够纯洁;删除竞争对手资料另有其人,非C所为。最后,我表示将上述内容全部吸收,形成函件,寄给北京的两所高校。我校不取消C的保送资格,由两所高校决定是否接收她。Y代表举报的学生发言,表示了歉意和对处理意见的认可。

既然双方都赞成我的调查处理,我便趁热打铁,快速落实。10月

13日,周一,我上班后就找来 Y,请他向中国人民大学和中国传媒大学发去了《关于不取消 C 同学推荐免试研究生资格的函》。中国人民大学就传真认同了我院的反馈意见。就这样,经过努力,我调查清楚了事实,提出了公正的处理办法,得到了各方的认可,圆满解决了此事。C 从中受到深刻教育,变得低调和踏实多了,她最终被中国人民大学录取。

从处理这件举报事件中,我总结出了以下三条经验。第一,辅导员对举报事件一定要正确认识,高度重视。应调集一切力量,必要时要求领导亲自从速调查处理。绝不能为贪图所谓的名声和工作便利,简单地进行压制或敷衍了事。只有这样,辅导员才能取得主动,防止事态的蔓延和扩大。第二,辅导员要一切从事实出发,实事求是地下结论。兼听则明,偏听则暗。不可只听信举报一方,也不可只听从被举报一方,更不要盲从他人。要根据多方面的情况对比,逐个问题具体分析,能够确认和否定的决不含糊,不能确认或否定的必须注明"无法认定"。切忌感情用事,仅凭主观臆测妄下结论,或用词不慎,有失公正。第三,辅导员要集中精力解决主要矛盾,别纠缠细枝末节。本案举报 C 的四个问题,抄袭和作弊属于主要问题,必须重点核查。而请客吃饭、"贿赂同学"则难以定性,不能较真。同样,对举报人也是如此:他们早就发现问题,却迟至 C 保研将成之际才突然举报,说明只为发泄私愤,非为正义;未等调查核实,就向外校邮寄材料,损害了集体声誉;反映 C 删除资料不实,有诬告之嫌。但若追究,必致辩驳,甚或误解为偏袒 C,影响大局。所以辅导员只可敲打、警告一下,适可而止,不宜多加批评。学生领会到学院和 C 的宽容后,心存感激,会推动问题的解决速度。

(注:作者系 2008 全国高校辅导员年度人物)

专家点评:

无疑,这是一次成功的危机干预案例。领导高度重视,学院多方配合,处理冷静果断,双方留有余地,成功地化解了这次危机,既保障了学生的权益,又维护了学校的声誉,同时也使矛盾的双方都受到了教育,可谓一举多得。学生工作中对于学生关注度极高,关系到学生切身利益的事要慎之又慎,公正无私在先,才能有足够的空间来应对危机。在工作中学生拿这类事说事的并不少见,几乎每次重要推荐都会面临举报。这既反映出学生对切身利益的关切,也同时说明了做好这类事情的重要意义。但是仅仅看到这些还远远不够,弱势群体的反抗很多时候都是非理性的。正如最近探讨较多的网络民主中"网络暴民"现象,它所标志的不仅仅是网络民主时代的到来,而是它正在颠覆我们的思维模式和传统的权威力量,我们对此显然应该要有足够的准备,包括指导思想、思维方式、工作机制等。

（曾　涛）

可以说，一个年级有了一个好的学生干部团队，就有了一种精神。

个性学生干部的培养和使用
——面对有个性的学生干部怎么办
□张立进

众所周知，素质高、能力强的学生干部可以帮助老师做好学生工作，同时也能锻炼自己。作为辅导员，必须懂得：有才华的学生往往都是有个性的，正确地使用这些学生，发挥他们的才华，可以提高学生工作效率，甚至对于保持学生群体的稳定和及时处理突发事件都具有重要的意义。

首先，善于观察和选拔。新生报到后就存在学生管理问题，所以辅导员要及时确定临时干部。确定临时干部也要有根据。这时师生之间互不熟悉、学生之间也互不熟悉，辅导员确定临时干部就要侧重考虑做过学生干部的学生和学生党员。辅导员可根据高考录取信息临时指定年级长、年级团支书、各班班长和团支书，重要的是看学生有无做学生工作的意愿。学生干部需要对工作有激情和热情。确定临时干部后，辅导员要多观察。例如：军训期间就是一个很重要的观察期。我当时确定了一名外省的学生党员做年级长，他在军训场上尽职尽责，他的行为后来证明他是非常称职的。另外，学生干部要思维活跃、责任感强、有领导能力。所以，我认为重要学生干部可以不直接通过民主选举产生，而直接任命，等时机成熟后再进行民主选举。这样，学生干部既会对老师负责，又在学生中有威信，也避免了有个性的学生干部的落选。

其次，加强教育引导和锻炼。有才华的学生干部也会有各种各样的缺点或毛病。我确定的这个年级长就有情绪不稳定、遇到挫折"撂挑子"的缺点。他说一些学生总是不配合他的工作,例如:他早操时总是去得最早,而一些学生拖拖拉拉。我就先严肃地批评他,告诉他做任何事情不能遇到挫折就打退堂鼓,然后找时间和他谈心,解决他心理上的困惑。我还帮他分析每个学生的特点,帮他摆正自己的位置,处理好和同学的关系。当然,辅导员要以身作则,用自己的人格和精神去感染学生干部。去年新生军训的时候,我就一直守在训练场。训练时大雨突然而至,学生们冒雨训练,我在旁边冒雨陪着学生,带领学生喊励志的口号,学生士气空前高涨。有学生干部说,这样的事情对他们触动很大。一年后当我从原来工作的系调出时,这位年级长还组织学生给我开了一个欢送会,在会上动情地回忆起冒雨军训的细节。辅导员应当让学生干部明白,在他们遇到困难的时候,辅导员一直和他们在一起。尤其对于那些有个性的学生干部,辅导员没有足够的人格魅力和对学生的一片赤诚之心是感化不了他们的。有才华的学生干部常常有一种"良禽择木而栖"的心态,如果能让他(她)心服口服,他(她)就会把自己的才能充分地发挥出来。从这个角度来说,辅导员抓住了这部分学生干部就等于化消极为积极,转被动为主动,大大增强自己学生工作的预见性,减少潜在的不稳定因素。此外,还要选拔一些稳重、细致的学生干部与之配合,这样可以做到取长补短、相得益彰,这就是学生干部配备的艺术。

最后,相信学生干部,大胆使用,发挥他们的积极性。辅导员一旦确定学生干部,就要大胆使用,给他们创造锻炼的平台,因为保持了学生干部的稳定性,也就保持了学生工作大局的稳定性。记得有很多学生向我反映年级长的问题,说他脾气暴躁、批评同学不留情面等,我就耐心地做这些学生的工作,多讲年级长为大家所做的工作。然后,我又用心引导年级长的成长,告诫他"政策和策略是党的生命",也是工作的生命。在他工作中,我给他最有力的支持,努力创造宽松的环境,避免他受到伤害。在公共场所,我帮助他树立威信,增强学生对他的认同感;私下里,我指出他的缺点,帮他改正。曾经,有一段时间系领导对他的工作很不放心,我也动摇了继续让他做年级长的念头,但我认真分析后认为,他的最大优点是有责任感和工作能力强,他需要的是引导,而不是打击和排斥。我一直坚持这样的意见,我们之间也一直保持着亦师亦友的关系:他信任我,我也非常信任他。正是由于这些"左膀右臂"的作用,我体会到了做辅导员工作的轻松和幸福。教师最大的幸福莫过于"得天下英才而教之",其实英才到处都有,问题在于我们发现了没有。

当然,这种非常好的私人关系是通过彼此的信任和默契换来的,不是一朝一夕培养起来的。我想说的是,辅导员只要能透过这些学生表面上"不讨人喜欢"的一面,深入他们的内心深处,发现他们内在美好的一面,并把他们放在恰当的位置上,信任他们,给他们用武之地,就会发现美好的风景。辅导员通过这些主要干部源源不断地把学校的办学精神传递给每一个普通学生。可以说,一个年级有了一个好的学生干部团队,就有了一种精神。

专家点评:

尊重人说到底就是尊重人的个性。赢得尊重在人的需求层次中处于较高层级。对一个踌躇满志、渴望成功的学生干部来说更需要尊重,尤其是老师的尊重。老师要善于利用学生的个性,扬长避短,发挥他们特有的聪明才智,才能使自己的干部队伍八仙过海,各显神通。其实,尊重个性最重要的不是尊重学生表面上的特点,而是善于发现这些特点背后的文化和价值取向,进而有针对性地开发引导,才能使学生健康成长。

(曾　涛)

一个年轻的学生总会在成长的过程中面临彷徨，面对选择，有时候，他们会鬼使神差地选择歧途，而一个辅导员应该做的，就是要用宽容和责任拉他们走上正途。

办公室里的"冲突"

——面对学生的抵触情绪怎么办

□刘正浩

　　按照正常的逻辑，一个辅导员是无论如何不应该和自己的学生发生"冲突"的，因为，从老师的角度看，教育和引导是天职，耐心与宽容是必须具备的育人品质。从学生的角度看，服从老师的管理和教育也是一种以尊为先的基本要求。遵循这样的规律，在我担任辅导员的很多年里，也多是抱着为人师表、凡事多做换位思考的态度面对我的学生，从未与学生发生过冲突，但事情总会有例外，特殊的环境下总会有特殊的情况发生。

　　新学期开学，我照例要找上学期考试不及格的学生谈话，李振（化名）就是其中的一位，他竟然有 5 门必修课程不及格，而且成绩低得有些离谱，我怀着探寻原因的急切心情给他打去电话，他接电话的声音却显得异常平静，似乎已经准备好了面对我的心情，很爽快地答应来我办公室。

　　在等他来办公室的时候，我翻看了他的学生登记表。因为我的确对他不是很熟悉，他所在的这个大三年级的辅导员调到其他院系工作，刚刚由我来接手。我需要慢慢去熟悉这个在接下来的两年时间里将要共同相处的陌生群体。而就学习成绩情况谈话，是我熟悉这个群体中后进学生的一种方式。李振，贵州人，申请了勤工助学贷款，因大一学年成绩不合格,银行终止了贷款协议。特长,电脑网页制作。看过他的基本情况,我已经感觉到这是一个很特殊的学生。

他面无表情地走进我的办公室,我让他坐在我的对面,我开门见山地问他成绩如此糟糕的原因,他说,我不喜欢上课,不喜欢现在学的课程,准备自学计算机,参加计算机四级考试。我说,你父母了解你的成绩情况,同意你的决定吗? 他说,我是成年人了,做这样的决定是我自己的事情,不用征求父母意见了。我说,你父母给你拿学费供你上学,你的决定有必要让他们知道。他说,我办理了助学贷款,生活费靠家教赚得,没用父母的钱。我说,你在大一结束的时候已经被银行停贷,学费还是要父母来拿,所以你的情况必须告诉父母。他说,那我可以退学,但留在学校学习计算机,等同学们毕业了,我再离开学校。我说,这样的决定你父母必须知情,你没有权利让父母蒙在鼓里。

没想到三两句话的交锋,我已经被他如此不负责任的偏执态度搞得热血沸腾了,失望和愤怒的情绪难以抑制,我抓起电话,问他父母的手机电话,我对他说,你的这些话必须要跟父母说,如果你父母同意,我无话可说。他说,你不能打电话,我找时间自己跟他们讲。此时,我已经按捺不住激动的情绪,坚持要他在办公室给父母打电话。就这样,我们僵持起来,更没想到,他竟然扭头就走,我顺手去抓他的胳膊,他用力甩开我的手,夺门而出。我一时间不敢相信这样的事实,久久地愣在那里,不知如何是好。短短的几分钟时间里,一次我期待中的耐心细致的谈话竟然如此收场,我始料未及。

在激动的情绪渐渐平息过后,我静静地坐在办公室,开始思考如何解决这个棘手的问题,如何面对这样特殊的学生,之后的几天时间里,我做了这样几件事。

1. 树立坚决不能让李振放弃学业的决心,绝不放弃对他的"挽救"。凭我多年的工作经验判断,他的决定是偏激的,是一时的"走火入魔",我不能让他的大学时光,因为一时糊涂而留下遗憾。

2. 放弃跟他父母联系的想法,或许他含辛茹苦的父母无法承受这样的消息。他远在贵州农村的父母,即使知道了儿子的决定,可能也没有办法改变现实,还会给他们造成巨大的心理负担,远水难解近火。

3.请他先前的辅导员帮忙,让有感情基础的沟通发挥作用。他原来辅导员对他的情况更熟悉,没有距离感,会让他感觉更亲切,更容易倒出心里话。

4.找他的女朋友帮忙做思想工作,再坚固的堡垒也可以从内部攻克。他的女朋友是全年级英语最突出的学生,学习成绩也名列前茅,又是他的老乡,我告诉她,如果你们真的相爱,你就有责任拉李振一把,帮他走出这个暂时的困境。

5.给他写了一封电子邮件,晓之以理,动之以情。基本的道理是,爱好可以等毕业后继续追求,而荒废了学业的爱好,注定没有发展。基本的情理是,我所做的每一件事情都是为学生负责,毫无私心。

事实表明,我在这几个方面的积极努力很有成效。首先,他知道我没有跟他父母联系后,清楚地意识到,我还算比较仗义,不是一个喜欢向家长告状的辅导员。他也在充分地调整好心情之后,和父母进行了充分的沟通。其次,他通过电子邮件表达了他对自己鲁莽行为的歉意,放弃了退学的打算,希望能把落下的课程赶回来,他会继续找时间坚持自己计算机的爱好。在这样很长一段时间的直接和间接的沟通中,我也高兴地发现,他开始认识到自己的偏激,也开始为自己能否毕业感到忧虑,表现出了迷途知返的愿望。

接下来的两年时间里,我帮助他合理安排重修课程,把落下的课程赶了上来。在学分制的条件下,他有更充分的时间把原本四年结束的课程延期到了五年,顺利地拿到了毕业证和学位证。同时,我尽可能地为他争取勤工助学岗位,保证他能有一个正常学习和生活的条件。也经常找他谈心,时刻关注他的思想变化,鼓励他满怀希望地学习和生活。

一次办公室的冲突,让我和李振,这个曾经迷失方向的学生,有了更多的接触和交流的机会,他让我更清楚地知道,一个年轻的学生总会在成长的过程中面临彷徨,面对选择,有时候,他们会鬼使神差地选择歧途,而一个辅导员应该做的,就是要用宽容和责任拉他们走上正途。

专家点评:

冲突往往离问题的解决最近。解决冲突是辅导员工作中的主要内容。在辅导员工作中不要害怕面对问题,更不要害怕面对有问题的学生。因为要想赢得学生就要帮助他们解决问题,尤其是难题。而往往在解难题时容易发生冲突。每当冲突来临的时候,要想击倒对方就激怒他,要想引导对方就宽容他。尤其是对于经济或者学习困难的学生,表面的冲突恰恰反映他们内心的脆弱和无助,也正是他们最需要关爱和帮助的时候。刘正浩老师站在学生的立场上采取几条有效的措施,既尊重了学生的隐私,又体现了心灵的关怀。爱的指引,让我们不要放弃任何一个学生!

(曾　涛)

不管大事还是小事，作为与学生距离最近的辅导员，都要认真对待，时刻保持脑勤、嘴勤、眼勤、腿勤，做到以理喻人，以德服人，以情感人。

辞职风波
——面对班干部的"挑战"怎么办
□赵传文

一天上午课间，二班班长到办公室找我，递给我一封信，说："老师，这是我给你的信，等我走后你再看。"看着他一脸严肃认真的样子，我略感意外。信里是什么内容，他如此严肃？他走后，这封信的内容让我大吃一惊，原来他要辞去班长的职务。大意是说：凭他的能力，做个班长有点大材小用，施展不了自己的能力；当班长费力不讨好，为同学付出很多，却经常得不到同学的理解；当班长压力大，经常受到老师的批评和指责，而且所有的荣誉都要先让给别的同学，觉得当班长很委屈；等等。

看了他的信，我一时有点不知所措。他是个聪明、有能力的学生，人长得帅气，工作起来干脆利索，对老师交代的任务从不打折，理解力和执行力非常好。这样有能力、懂事的学生，又没有犯错误，怎么一下子要辞职呢？更为棘手的是，当时正好赶上学校本科评估前期准备的关键阶段，班级的工作大都是由班长负责的，一旦临时换班长耽误了工作，影响到学校的评估结果，责任就大了。辞职这事一出来，就引起了不小的风波，其他各班的班委也知道此事，私下里有不少议论，似乎也在关注我的具体举动和处理结果。

我并没有马上找他谈话，也没有急于问他辞职的真正原因，而是在反复思考他这样做的理由。为什么早不提晚不提，恰在这关键的时候提出辞职呢？对于学生的思想和心理问题，我是非常关注的，平时也很注重这方面的教育。经过分析，我觉得他辞职大概有两个方面的原因：一是他确实觉得自己的能力没有得到很好的施展；二是他思想上出现了偏差，想给老师出个难题，看看老师能不能处理好。根据他的性格，很有可能是他出这个难题来试试我处理问题的能力：如果我处理得好，就好好端正自己的认识，努力工作；如果我没有处理好，或者他觉得我的能力不如他想的那么好，那他就可能走向一个极端，不与老师配合工作，自己想特立独行。

鉴于对他性格和心理的掌握，我对这件事采取了"冷处理"的方式，他越想早看到我对这件事的处理结果，我就越推迟处理。整整过了一周我都没有理会此事，好像什么事也没有发生一样。每次他到办公室来，仍旧按照以前的工作程序，该怎样给他分配任务就怎么分配，和平时没有什么两样。这期间，他每次见到我都觉得很不自在，而且似乎总想找个理由跟我单独说话。

看着"火候"差不多了，大约在一周以后的一个晚上，我约他到办公室谈话。这时已看不到他傲气十足的样子了，看得出的就是他想听听我的看法。这也正是我需要的，只有将他的不良气势消磨掉才是教育说服他的最好时机。于是，我就把我对他的分析讲给他听。他听后，几乎惊讶得不知如何回答我，只是小声地说："您说得对，我当时就是这么想的，就是想看看您是如何处理这件事的，看看您的能力如何，想跟您挑战一下。如果您当时找我谈话的话，我肯定要跟您争论的，而且也会不服气的。看您好几天也没有找我，我就知道您很厉害，一定是看透我的心理了。老师，我向您承认错误，不管给我什么样的处分我都接受。"趁此机会，我对他思想上的偏差进行了有针对性的引导，指出他的不足，告诉他要注意日常行为的重要性：日常行为养成习惯，习惯形成性格，性格决定命运。同时，我还告诉他一个人如果不注意自己的平日行为和性格的养成，将来走向社会必将遭到挫折和打击，那个时候再悔悟可能就晚了。不论做什么，都要尽力去做，不要计较得失，不能眼高手低。要学会老老实实做人,踏踏实实做事。

这次谈话彻底改变了他的思想和工作作风。在以后的工作中,只要有机会他就会找我聊天、谈体会,谈如何提高自己的能力,谈如何学会处理问题的最佳方法。现在,已经上大四的他凭自己优秀的成绩,出色的个人能力,被中国水利十三局录用。在签订协议的那天下午,他找到我,真诚地对我说:"谢谢老师,没有您的帮助和教诲可能就没有我的今天,看着昨天幼稚的自己,真是不知该怎样向您表示歉意。以后一定会记住老师的话,努力工作,给学校争光、给老师争光。"

这只是我工作中遇到众多棘手事件中的一件小事而已,但不管大事还是小事,作为与学生距离最近的辅导员,都要认真对待,时刻保持脑勤、嘴勤、眼勤、腿勤,做到以理育人、以德服人、以情感人。

专家点评:

做人的工作贵在相知。"知己知彼,百战不殆。"辅导员是学生的贴心人,只有真正了解了学生,才能解决他的问题,也才能掌握他的心理,进而引导他的行动。谈话是近距离的平等沟通,是辅导员做好个别学生工作的重要手段。谈话的秘诀是把握火候,让他说出心里话,而随后的沟通和教育就会顺理成章、事半功倍。恰当的时机、合适的环境、关怀的话语,能让很多复杂问题迎刃而解,这恰恰是做好辅导员工作的真功夫。每当你看见学生在你面前或滔滔不绝、或开怀大笑、或痛哭流涕、或握手不松的时候,你应该知道:you make it!

(曾　涛)

一个团结奋进、积极追求进步的班集体可以让学生自信地成长，让他们理解和谐人际关系的意义。

让学生自信地成长

——学生不团结怎么办

□王光星

我刚走上辅导员工作岗位，就碰到了一件令人苦恼的事。我所带的一个班级有 46 名学生。在学生入校之初，我通过学生自荐确定了该班的班长、团支书、副班长、生活卫生委员、文体委员等学生干部。在学生进入正常学习生活秩序后，一些班干部性格上的问题和做事上的不足渐渐显露出来，特别是在一次评选奖学金、评选困难补助金、评选优秀学生干部的活动后，很多学生开始不信任班干部，致使班级内部不团结、班级秩序混乱、整体成绩下滑。班级内部团结的情况也使我的学生工作难以开展。

因为刚参加工作，我面对这样的局面没有好的思路，以为班级不团结就是由个别学生干部造成的。我在了解班级学生情况后，开始深刻思考如何建立起一个团结奋进的班集体。我认为，学生干部的配备在班级管理中具有极为重要的影响。学生干部是辅导员开展学生工作不可缺少的助手，而且学生干部"岗位"应该面向每一个学生。因此，鉴于该班第一次学生干部竞选后出现的种种问题，总结出学生干部的产生应该更加合理化、规范化。

一段时间之后，我具体组织了该班第二次学生干部评选，并努力将该班的学生干部评选作为试点。评选之前，我对全体学生加强了关于民主评选的意义、学生干部"岗位"的设置等方面的宣传，使他们都认识到这次民主选举是公平的竞争,认识到自己有能力做好某项工作、能胜任某一职位,从而激发他们的参与积极性,端正他们对学生干部的认识。然后,学生干部竞选者登台发表竞选演说,回答同学质询,回答我的提问,并采用记名投票的方式进行民主投票。第一轮投票后,产生了11名候选学生干部。紧接着进行第二轮竞选,即11名候选学生干部就竞选的岗位发表竞选演讲,回答同学质询,回答我的提问。这次竞选顺利产生了7名学生干部,宣告该班新一届班委产生。但是,当我宣布班委名单时,学生们并没有表现出很高的热情。通过仔细调查,我了解到很多学生对竞选成功的学生干部抱着观望态度,对他们是否"言必行"、能否做好工作还存在疑问。于是,我意识到仅通过班委的改选还远远达不到建立团结奋进班集体的要求,还需要进一步加强班委建设。

首先,努力培养班委的核心。班委的核心就是班长和团支书。我从班长和团支书入手,精心指导他们开展工作,让他们制订工作计划并积极完成,使学校、院系安排的工作得到落实。这样,该班班级面貌得到了一定的改变,学生干部也成为我的得力助手。其次,努力培养学生干部整体队伍。我每两周给该班召开一次班委会,共同探讨班级近期出现的问题,查找原因,加大班委的领导力度,从源头上杜绝问题的出现,以实际行动带动整个班级面貌的改变,同时,我要求学生干部积极收集同学反映的问题,对同学提出的问题尽快解决,对同学提出的好建议及时采纳。另外,我鼓励班委组织同学们在节假日开展郊游等活动,活跃班级内的氛围,强化同学们的凝聚力。这些工作的开展,解决了学生的实际问题,使全班学生对班委的工作表示认可。自然而然地,班级渐渐形成团结奋进的氛围。再次,培育学生们的集体荣誉感。我指导该班班委把学生分为若干小组,配备小组长,使大家在各项具体工作学习中形成比、学、赶、超的精神。指导班委根据同学们的爱好组织各种活动小组,使他们在校园文化艺术节、社团科技文化节中获得荣誉,增强学生的集体观念,培养学生的集体荣誉感,形成"班荣我荣、班耻我耻"的新气象。最后,加强思想政治教育。我开展学生工作的基本方式就是与学生谈话、交流。我定期开班会、举行座谈会,给学生认真分析大学教育与中学教育的不同以及新时代对大学生的要求,使他们有信心圆满完成自己的学业。我还利用到学生公寓值班的便利条件,将思想工作场所搬到学生宿舍,深入了解学生的思想、学习、生活状况,掌握学生的思想动向,对有不良倾向的学生及时予以纠正,对家境困难的学生及时给予关照,使他们能安心完成自己的学业。在班会上,我对学生进行人生观及恋爱观的教育,使学生对自己的事情及处境有充分的认识,也使他们树立起了正确的人生观、世界观和恋爱观,使他们有信心将自己的大学阶段变成长知识长本领的"黄金"阶段。

通过以上的措施,这个班级的整体面貌有了巨大变化。在以后的评选奖学金、评选困难补助金、评选优秀学生干部等涉及学生切身利益的事情中,以往争抢的局面不见了,取而代之的是互相帮助、团结奋进的班级氛围。更为重要的是一个团结奋进、积极追求进步的班集体给学生的成长带来了自信、添加了动力,让他们理解了和谐人际关系的意义。当然,对我来说,这种肯定远比某种奖励更让人欣慰。而且,有了这样的经验,我对辅导员工作有了更深的理解,对班级建设有了更多认识。

专家点评:

了解是理解的前提,理解是信任的基础。对于一个新组建的班级,能够让成员之间尽快了解,彼此信任,建立起和谐的人际关系非常重要。新学期的学生干部无论是竞选的还是委任的,在公平性上都容易出现问题,委任的自不必说其合法性,即便是竞选的干部,靠一两句话是很难检验其实际工作能力的。因此,王光星老师的可贵之处在于不以为学生干部队伍一经选出就万事大吉了,而是把选拔、使用和培养相结合,持续不断地在工作中去发现问题、解决问题,让学生干部和他们的团队在实践中融为一体,共同成长。

(曾　涛)

第三章　学生资助篇

XUESHENG ZIZHU PIAN

点评专家：

郑州大学公共卫生学院党委副书记　　　付晓丽

安阳师范学院学生处副处长　　　　　　王宝玲

只有用严谨、全面的方案来进行奖学金评定工作，不断审定和完善它的各项评选规则，才能更好地发挥奖学金的导向和激励作用，从而营造学生间和谐竞争的氛围。

奖学金评定风波

——奖学金评定中出现不和谐情况怎么办
□陈秋余

奖学金制度作为我国奖、贷、助、补、减资助体系中的重要组成部分，其激励作用的充分发挥对调动学生学习的积极性、充分发展自己有着重要的意义。但若未能全面、公正地做好奖学金的评定工作，则会影响奖学金在学生群体中的正确价值导向。

一年一度的奖学金评定工作开始时，由于没有考虑周全，加之其他工作任务繁重，我只是简要地对年级学生会主席 w 说了一下要求，就直接把奖学金评定工作交给她全面负责。过了两天，w 来办公室找我，表情淡漠地说她不想再继续负责这项工作了。我先让她坐下把缘由讲清楚。原来在奖学金评定工作制定测评细则时，部分学生干部为了加分项目、加分限度吵得不可开交，而一些普通同学则认为奖学金评定都是学生干部内部操作，存在黑幕，对他们很不公平，于是对 w 和某些学生干部的闲言碎语就开始在宿舍间流传。这使得 w 感到很委屈，因而也就不想再负责下去。了解到这些，我开始意识到奖学金评定工作的重要性和复杂性,的确单由 w 一个人去应付是行不通的。于是,我认真地进行了思考,先做了 w 的思想工作,让她分别从学生干部和普通学生的角度进行换位思考,引导她运用正确的态度去面对这些问题,同时和她就奖学金评定工作做了深入探讨、研究,并在学院领导的指导下,我们重新制订了一套更加稳妥的方案,以确保奖学金评定工作的公平、公正、公开,让大多数学生对最后的评定结果心服口服。我们的具体工作措施如下。

第一阶段:宣传和发动。1. 召开年级大会,由我向全年级学生讲解综合测评工作的程序,使每一名同学都了解各个环节的操作规程,做到公开透明化,并要求学生严肃认真地对待综合测评工作。2. 召开学生干部会议,请院领导做主讲,要求学生干部增强集体荣誉感,以大局为重,发挥模范带头作用,以高度的责任心认真组织和完成综合测评工作。

第二阶段:制定组织方案。1. 为规范综合测评工作,我们成立了年级综合测评小组委员会。该委员会由辅导员、团委、学生会主要干部以及各班派选的同学代表组成,其任务是负责综合测评的各项具体工作。2. 组建综合测评小组委员会,总结一年来的学生工作,根据德智体美劳等各方面要求,初步拟定学院综合测评评分标准。经反复收集同学们的意见,反复讨论研究调整,定稿后进行公示。3. 在公示期间,再次收集同学们的意见,并采纳好的建议和看法,以此对标准再做调整和完善,直到全年级同学基本无异议为止。此细则确定后不再做更改。

第三阶段:具体执行。1. 进入正式评议阶段,经过个人小结,罗列个人学年工作,向班级提交奖励或者惩罚申请。2. 由班委和两名普通同学再组成审议小组,负责核实个人评分中的基本分、奖励分、惩罚分,评出最后的班评分。3. 进入年级评审,年级评审职责由年级综合测评小组委员会承担。以学生综合素质提高为指导原则,结合一学年年级学生的综合表现,年级评审委员会经过多次会议讨论,根据该学生的各项工作表现、参与活动情况以及贡献情况进行奖励,同时根据各部门的年度原始记录,对一些违纪行为进行惩罚,基本达到表彰先进、惩罚违纪的目的。

　　第四阶段:公示确认。1.年级评审过后,考虑到学生会因为最后彼此间的总评成绩差距微小而有再次想方设法加分的念头,我们决定先对同学们的思品文体加分公示两天,直至同学无异议,再把学业成绩和体育成绩以学号排名的方式打印成纸质文档在宿舍传阅进行核对。2.在成绩无任何差错后,根据学校规定的测评成绩公式统计最后的测评成绩,并对此测评成绩和各项荣誉的评定结果公示三天。

　　在这一既定方案的指导下,此次奖学金评定工作得以顺利完成,奖学金评定风波也随之平息。同时,此次奖学金评定普及面广、参与讨论面广,得到了学生们的广泛支持,采纳了不少学生好的建议,而且综合测评小组是由学生干部和普通学生共同组成的,民主性的增强加大了工作的公平性、透明性,也增进了学生干部和普通同学的沟通与交流。经过这次奖学金评定工作的开展,我深刻认识到,只有用严谨、全面的方案来进行奖学金评定工作,不断修正和完善它的各项评选规则,才能更好地发挥奖学金的导向和激励作用,从而营造学生间和谐竞争的氛围。

　　专家点评:

　　从表面应付到深入细致,从杂乱无序到公开透明,严谨、全面的工作态度使奖学金评定的工作模式发生了重大转变,更加透明化、民主化、人性化,最终形成了"按章理事、和谐发展"的良好氛围,同时引导广大学生对国家奖学金评定有了更理性的认识,激励同学之间提升综合素质、和谐竞争,师生之间、同学之间架起了心灵沟通的桥梁。这种工作态度、工作方法,是适合当今大学生特点的一种工作方式,值得我们在今后的奖学金评定工作中不断省察、追问、深入思考。

(王宝玲)

如果我的学生是蜜蜂，我甘当酿蜜的花朵；如果我的学生是花朵，我一定做好护花绿叶；如果我的学生是幼苗，我一定当好称职的园丁。

我们共撑这片天

——面对家境贫困的学生怎么办

□张巧风

开学的第一天，在几百个新来的学生中，我就记住了平凡的陈兰：因为她的懂事，一直在帮忙接待后来的同学，言语不多，但一直在微笑；也因为她的贫困，她是唯一要求全额贷款的学生。接下来就是紧张的军训，九月的太阳，火一样炙烤着操场上一排排的绿军装。许多学生相继生病，有的甚至找各种借口离开了队列。但陈兰一直坚持着，一声不吭；即使在她晕倒的那次，也只简单地休息了片刻便重新归队。经过近一个月的认真考察和比较，十一国庆后的第一周，我就宣布她为团支书，让她来做学生思想政治工作。

陈兰在担任团支书期间，表现一直特别好：学习成绩优异，期末成绩班级第二；工作按时完成，抽空还来办公室帮我处理一些简单的事务。也就在我办公室里面，我隐约地知道了她家里的一些情况：父亲早逝，患有高血压和糖尿病的母亲带着他们姐弟三人再婚，本想找个人支撑一下这零落的家，谁料继父是个酒鬼，好吃懒做，喝醉后还拿母亲和他们姐弟出气。在这种家庭环境下成长的孩子，情况的糟糕程度可想而知……

从那时起，我就经常捡些好点的衣服送给她穿，偶尔改善伙食也会喊她来吃。刚开始时她有点不自在，好在我经常夸她帮我的忙，并以此为借口邀请她，慢慢地，她也习以为常了。

大二开学了,陈兰没去办公室帮忙,我也因为开学工作繁忙忽略了这事情。直到第四天的下午,她宿舍的几个学生跑到我办公室里面,我才知道陈兰出事了:母亲经常吃药,兄妹上学,早已使家里债台高筑,父亲又因为饮酒过度胃出血做了手术,现在还在医院疗养;母亲又听说初中毕业生现在在广州打工一月就能挣 1000 多元,于是就决定让陈兰退学随邻家姐姐一起去广州打工。陈兰这次来校就是来收拾行李并向同学们辞行的。重归校园,陈兰感觉一切都是如此的亲切:美丽的校园,明亮的教室,可敬的老师,亲爱的同学……一切的一切都如此地令她留恋,于是她决定违背母亲的意愿,坚持要留下来,直到第四天的上午她妈妈催促的电话声再次响起……

找到陈兰,我问她有什么打算。她语气坚决地说:"张老师,我理解家里的难处,可我真的想把书读完,毕业以后我会找到更好的工作,挣更多的钱,更好地支撑这个家,我从上大学的第一天就开始打工挣钱……"看着这个如此懂事、面对贫困的家境又如此倔强的好学生,我拨通了她家的电话。一番简单的介绍后,我阐明了我的观点:1.应该把大学上完。农村的孩子上大学的确不容易,但这么多年都供应了,马上就要到瓜熟蒂落有收获的时候了,现在辍学实在太可惜! 2.兰兰的学费问题我们一起想办法。国家开通了绿色通道,专门针对那些品学兼优而又家庭困难的学生,在校期间国家无息贷款,毕业后可以慢慢偿还。3.生活费也会慢慢解决的。除了学校的奖学金外,国家也设有贫困助学金,兰兰可以依据自己的实际情况向学校申请;双休日,节假日兰兰可以出去打零工,学校也会尽量给她提供一些助学岗位.4.一切都会好起来的。兰兰很快就毕业了,到时候她会有好点的工作,会更好地为家里挣钱,国家政策这么好,大家都会富起来的,一切问题都会解决的。

好在陈兰的妈妈也相当明理,毕竟她还是很爱女儿的,她终于同意了让陈兰继续上学,还说如果女儿真的没钱家里还可以帮忙凑点,希望我多照顾一下她的女儿。听到这话,陈兰高兴得抱着我,久久没有松开。再看时,她早已泪流满面。这个为生活所迫而又不屈的女孩子,第一次,我看到了她的眼泪,喜悦的泪,感激的泪!

鉴于陈兰的出色表现,后来学校又减免了她一年的学费。这对陈兰来说,对陈兰的家庭来说,那是多大的喜悦啊!

现在陈兰依旧担任团支书,年前成为第一批入党对象,光荣地加入了中国共产党。成绩依然那么优秀,虽然为了生计她有点忙碌,但还是会抽空来我的办公室,帮我处理一些事务,也会经常和我一起吃饭。所以,在我住的地方,你常会看到一个衣着朴素但很利索的女孩子,扎着高高的羊角辫子,她身上的衣服会让人觉得很熟悉。呵呵,那个人一定是陈兰了!

如果我的学生是蜜蜂,我甘当酿蜜的花朵;如果我的学生是花朵,我一定做好护花绿叶;如果我的学生是幼苗,我一定当好称职的园丁。作为一名辅导员,我会用我毕生的精力来爱我的选择,用我的诚心来爱护我的学生,用我最大的努力表示我对教育事业的忠诚,我不后悔我的选择。因为,我和我的学生用爱共同撑起了一片天——专属于我和我的学生们的蓝色天空!

专家点评:

读过本案例后,得到的不仅是工作方法的启迪,更是内心深处的震撼,作者展现了"育人为本、无私奉献"的人类灵魂师形象。对家庭经济困难的学生的"赏识教育"使学生个体的"闪光点"得到肯定和鼓励,个性发展得到关注和爱护,内心需求得到充实和满足。每一位热爱、关心学生的辅导员都有责任让学生树立信心,懂得感恩,在"我可以、我能够"的心态中觉醒,最终达到育人的目的。愿广大辅导员携起手来共乘赏识之风、播下希望之种,关注大学生在心理成长高峰期表现出的显著特点,不断理解、肯定学生,使每一位家庭经济困难学生都能沐浴在师生的共同关爱之中,促进他们的成长、成才、成功。

(王宝玲)

作为辅导员，在家庭经济困难学生工作中应更多地彰显人文关怀，做到物质救助和精神救助齐头并进，培养受助者的感恩意识和自立自强意识，并将救助精神和爱心发扬光大。

家庭经济困难学生工作要注重精神救助

——面对家庭经济困难学生家庭的突发事件怎么办

□雷延峰

2006年9月初，学院派我担任2004级学生辅导员。9月15日下午我正要下班时，一名贫困学生哭哭啼啼地给我打电话："雷老师，我妈妈刚打过来电话，说我父亲被诊断为肺癌晚期，家里准备放弃治疗……"

学生的事高于一切。我接到电话的第一反应就是，家庭突发的不幸对没有经验的学生来说可能是个沉重的打击，肯定会影响其正常的生活和学习。我必须在第一时间从精神和心理上安慰这名学生，引导她坦然面对。我刚刚接手这个年级只有几天，加之大部分学生外出实习，对于学生的具体情况不太熟悉。该生能在第一时间给我联系，是对我的极大信任。此时，该生心理肯定特别痛苦，需要我的关心、帮助。找到该生，与其谈心、稳定其情绪是我首先要做的。

全面了解学生信息。放下电话，我一方面急忙查阅该生在校的相关信息，另一方面与班级学生干部取得联系，了解该生的家庭经济状况和在校生活、学习、心理状况。另外考虑到该生近期可能情绪不稳定，我还安排学生干部和宿舍成员关注该生，配合做好思想工作。

给学生一个倾诉的空间。该生到办公室后，不断地哭泣。我非常理解她此时的心情,于是请她坐下,给她端上一杯水,然后一言不发,为她营造一个安静的宣泄环境。情绪稳定后,她开始讲述家中的情况以及自己的心理压力:出身农村,家里兄妹三人,姐妹两人在读大学,家庭经济十分拮据。父亲突患重病入院,又被确诊为肺癌晚期,需要动手术,仅手术费就需要近4万元。她没有办法帮助家里解决困难,又面临失去亲人的可能,心里极度痛苦。

解决实际问题与精神问题相结合。学生情绪基本稳定之后,我试探地询问需要我做点什么。学生讲述了自己的愿望:一是要请假回家看望父亲;二是希望给自己安排一个勤工助学岗位,以解决生活问题;三是申请缓缴学费。考虑到该生此时非常需要帮助和关心,第一时间解决其实际问题是稳定情绪的关键。我同意她回家看望父母,并立即着手给她安排勤工助学岗位,缓解她现阶段的生活压力,关于缓缴学费问题,我马上向学生处汇报,争取贷款指标。

想学生之所想,急学生之所急。影响该生的主要因素是家庭贫困,无力医治其父亲的疾病。所以,我决定在学校组织捐助活动。为尊重她的意见,我婉转地给她提出这个想法,起初她有所顾虑,担心欠同学们的太多。了解到这种心理,我给她讲互帮互助不存在谁欠谁的问题,关键是让爱延续下去。思想工作让她减少了顾虑,同意接受捐赠。我建议不公开她的姓名,仅对学生通报事情本身。我立即与系党支部、团总支、班委一起商量解决办法,大家一致同意采取募捐的形式帮助她走出困境。

及时进行感恩教育。捐助工作安排后,大约是当晚10点,该生突然打电话,说经过考虑,同意公开姓名,以便使捐赠者知道捐赠对象。我经过考虑,建议暂时先不公开,但要选择适当时间和方式安排她对捐款的学生表示感谢。第二天,该生所在的班级捐款完毕,考虑时机成熟,我通知该生以短信形式对同学们表示感谢。全年级捐款完毕后,我从每班抽出学生代表,安排专门捐赠仪式,该生公开向献爱心的同学表示感谢。

从细处着眼,做好后续工作。捐助活动之后,我继续关注该生的生活学习情况和思想动态。当知道其父亲病情恶化后,我主动找她谈话,劝她回家后要控制情绪给父母以安慰,做好父母工作,积极配合治疗,争取早日康复。该生在离校前跑到我的办公室,深深地向我鞠了一躬,表示感谢。她顺利到家后,又给我发了信息:"谢谢老师的关心和鼓励,我一定会做一个懂事的孩子。我们全家都由衷地感谢您和所有帮助关心过我的人。"

如今,贫困大学生的问题已经成为政府高度重视、社会普遍关注、家长揪心、学校担心、学生忧心的普遍性的社会问题,甚至影响了当前高校的发展与稳定。作为辅导员,在家庭经济困难学生工作中应更多地彰显人性关怀,做到物质救助和精神救助齐头并进,培养受助者的感恩意识和自立自强意识,并将救助精神和爱心发扬光大。

专家点评:

富有的人值得尊重,但不值得炫耀;贫穷的人同样值得尊重,但不应该感到惭愧。贫困并不可怕,可怕的是被贫穷所击垮,以致弱小变得更加弱小。精神"脱贫"是很重要的。辅导员面对家庭经济困难学生家庭的突发事件,最重要的是要有爱心,只有真正地关心学生、爱护学生,才能了解他们的实际困难,发现他们存在的实际问题。在工作中应坚持"以生为本"的原则,牢固树立"服务学生"的意识,在学生遭遇挫折、坎坷时,设身处地地为他们着想,尽可能地帮助他们解决一些实际困难,并且帮助他们重建信心,和他们一起渡过难关。唯有这样,才能尽到一个辅导员的义务和职责。

(王宝玲)

每年贫困补助评定的时候，都是有人欢喜有人忧。拿到贫困补助的如愿以偿，拿不到的委屈失望。把贫困补助当做天上掉的馅饼吧，砸到自己是幸运，砸不到也要以一颗平常心去看待。

把贫困补助当做天上掉的馅饼

——家庭经济困难学生没有评上贫困补助怎么办

□贾艳丽

2006 年 7 月，我开始从事高校辅导员工作。9 月，在迎接新生入校的过程中，我对家庭经济困难学生有了初步了解。之后与学生逐个谈心，掌握学生基本情况，并根据个人意愿、资格审查、民主评议等程序建立家庭经济困难学生档案。10 月，学校下发评选奖学金、助学金文件。文件指出：评定奖学金、助学金的程序为个人先写申请，班级进行民主评议，院系评定小组最后裁决。奖学金主要强调品学兼优，个人不奢侈浪费；助学金强调家庭贫困。每人只能申请一项。这使家庭经济困难学生面临选择的矛盾：奖学金名额少，金额大（国家奖学金每生 4000 元，省政府奖学金每生 3000 元），助学金名额略多，金额少（每生 1500 元）。比如，一名学生申请了奖学金，他便不能申请助学金，他在奖学金申请者中可能不占优势，但他如果申请助学金很可能胜出。

在给学生传达评选办法时，我特意强调了奖学金和助学金的侧重点，并让同学们结合自己的情况慎重申请。有一名新生家庭十分困难，父亲常年卧病在床，但这名同学性格内向，与人交往少。审查申请书时，我发现他写的是奖学金申请。申请奖学金的还有其他人，他是里面最贫困的，但各方面综合来看，他并非最优秀的。于是，我私下里问他，确定申请奖学金吗？他确定，认为自己还可以。在我的意料之中，评议结果奖学金获得者为该班班长。该生学习刻苦，成绩优秀，乐于助人，家在农村，家里有两个大学生，哥哥的学费也基本靠助学贷款。第二名家庭条件中等，积极上进。第三名便是这名家庭经济困难学生。

奖学金名额只有一个，是完全民主还是适当集中？这是一个大一班，班风比较纯正，民主评议比较公正，如果定为班长，是同学们投票的结果，但那名特别贫困的学生便不能得到任何资助。如果定为该家庭经济困难学生，资助了最需要的人，但奖学金侧重品学，兼顾贫困，综合条件他不如该班长。如果将他调为助学金，则要去掉另外一名申请助学金又通过民主评议的家庭经济困难学生，对其非常不公。我把情况报告评定小组，评定小组一致决定维持原评议结果。

公示评选结果后，该同学有些失落。我找他谈话，告诉他在做一件事的决定前要先分析好各种因素，一旦做出决定就要对自己的选择负责。以后要多和同学交流、沟通，让自己融入集体。最关键的是，要以一颗平常心来看待贫困补助。接着，我为他安排了勤工助学岗位，还为他联系了家教。

这名家庭经济困难学生刚安定，又有一名原本家庭贫困但因名额有限未能获得补助的女学生父亲因故身亡，这名学生来到办公室向我哭诉。我安慰她，要面对现实，自立自强，本次贫困补助名单已经上报，无法再进行评选，以后有机会会考虑她的情况。

这两名学生一边做校内勤工助学，一边积极寻找周末兼职。既然馅饼没砸到自己身上，那就自己挣饼吃。

几个月后，有人送来温暖，要资助我校40名家庭经济困难学生，每生每年2000元，连续资助4年。按规定，以往获得过国家及省政府奖学金、助学金的同学这次不能参评。这次评选，那名单亲女孩获选。当时我想，有时事情的发展真的难以预料，如果上次那名女孩获得资助，也仅能得到1500元，这次连续4年共计8000元的资助便没有了可能。

第二年的助学金评定中，那名贫困男生顺利当选，资助金额也从1500元变为2000元。尤其令我感动的是，一些已经获得过资助的家庭经济困难学生考虑到自己已经获得过一次资助,还有和自己同样的学生需要帮助,他们没有再写申请,而是把机会留给同样需要的其他学生。我想,以坦然的心面对助学金评定,对任何人来说,都很重要。

每年的贫困补助评定工作,都会让辅导员感到矛盾、棘手和心酸。家庭经济困难学生数量多、资助名额少;学生家庭变故多,资助不及时。目前我的基本做法如下。

1. 及时更新家庭经济困难学生档案。大部分学生家庭情况比较稳定,或一直贫困,或一直中等,但有一些本来情况一般的家庭如遇上突然变故,也会出现难以支撑的局面。要经常了解学生,及时更新家庭经济困难学生档案。

2. 先评奖学金,再评助学金。未获得奖学金但符合助学金评定条件的可重新申请助学金。这样可避免品学兼优的家庭经济困难学生未获得奖学金同时又失去助学金评选机会。

3. 评选结果以民主评议为主,同学们的心还是公正善良的。但如发现拉票现象,评定小组要再次进行评议并要适当集中。

4. 对家庭经济困难学生进行感恩及自立教育。教育家庭经济困难学生把贫困补助当作天上掉的馅饼,以一颗平常心看待它。这次掉不一定年年掉,关键要学会自己挣饼吃。

专家点评:

每个高校里都有为数众多的家庭经济困难学生,他们申请助学贷款,平常跟家里只要很有限的生活费,生活简单、节衣缩食,利用课余时间和假期打工,甚至过年都不能回家和父母团聚,这是很多家庭经济困难学生的真实生活写照。他们中间的大多数都能够自强不息,刻苦上进,但也确实存在着一定数量因经济贫困而导致"心理贫困"的"双困生"。扶助家庭经济困难学生,除了物质帮助之外,更重要的是给予家庭经济困难学生真正的心灵慰藉以及具体方法

第三章 学生资助篇

和技巧的指导,我们应该坚持"真正改变一个人的不是金钱,而是自己"的辅导原则,更要充分发挥家庭经济困难学生之间相互协作的精神,达到共同应对困难、共同成长的目的。正如西哲有言:上帝只助自助者。引导学生学会自立,能够自己挣饼吃之后,还要及时进行感恩教育,使其树立正确的人生观,以积极的态度面对人生。

(王宝玲)

家庭经济困难学生评定标准的认定与执行是学生资助工作中的难点，根据学生情况制定出的标准既要符合实际，也要简单明了、易于监督，但在按照普遍认可的标准进行认定时一定要注意深入调查走访，否则就可能犯"一刀切"式的错误。

笔记本电脑引发的思考

——家庭经济困难学生认定出现问题怎么办

□杨　强

　　2007年，国家出台了新的奖助学金政策。新政策出台后，约有20％的学生可以享受到可观的贫困助学金，其中成绩特别优秀的贫困学生还可以拿到一笔不菲的励志奖学金，国家对贫困学生的资助力度空前加大。面对这项新政，全国各高校就助学金、励志奖学金的认定与发放似乎并未做好充分的准备，以至于出现了种种问题：有弄虚作假的，有拉关系走后门的甚至还有同学间为此反目成仇的，等等，不一而足。而这时我所带级的学生户籍所在地民政部门的贫困鉴定表也一下增加了许多，面对鲜红的政府印鉴，究竟如何才能较为客观地认定家庭经济困难学生？什么样的标准既简单明了又便于群众监督？

　　经过广泛征求意见，根据学生的实际情况，当时系里制定的家庭经济困难学生标准之一是不能有配置较高的电脑，特别是笔记本电脑，如果有的话则一票否决。大家对这一标准普遍认同，执行起来也就比较顺利。

　　标准宣布不久，有一个学生找到我，他一副欲言又止的样子，还不停地搓着手。当时正是评家庭经济困难学生的敏感时期，我也知道他有笔记本电脑，就猜他是不是要说电脑的事情。"嗯，老师，我笔记本，嗨，算了，不说了。"话未说完，他转身就要走。我赶紧喊住他，这孩子扭头说"没事了,没事了",只顾往外走。我想莫非出什么差错了,干脆跟他到宿舍看看吧。这个男孩没想到我会跟他来宿舍,显得挺不好意思地说:"老师,这笔记本电脑是我打工挣钱买的,我不想打工了,这学期课多,耽误学习。"然后没多说什么,我仔细看看这台笔记本电脑,不算太旧,于是便问他:"为什么不买台式机呢?台式机相对便宜啊。""笔记本用起来比较方便,而且用同样的钱买台式机配置高,打游戏方便,我怕自己打游戏,就买个这(笔记本电脑)。老师,既然大家都同意有笔记本电脑不能被认定为家庭经济困难学生,我也就认了。"虽然心里有些触动,但我没再多说什么,标准既然制定了,就得按标准来。

因为名额的限制,第一次初审名单后要去掉几个,当时我就按照几条比较直观的标准进行筛查。结果就因为有个女孩有台笔记本电脑,我就把她从拟资助名单去掉了。这个女孩的家庭情况一般,符合资助的基本要求,但班里同学普遍反映她最近开始用笔记本电脑,我虽然也曾犹豫过要不要问问她怎么回事,但是想想女孩子都比较爱面子,这事情也不好多问,也就没再调查。

我当时把她的名字勾掉的时候还觉得自己办事挺公平磊落的,也就没多问。结果到系里进行第一次名单公示后,这个女生给我打来了电话。因为在开会,我就挂断了电话,准备会后打回去。但是没有想到的是这个女孩不间断地给我打电话,我挂断几次,她就给我打几次,好像有点儿赌气的意思。我一看这情况,感觉不对头,走出会场给她打过去电话,电话那头那女孩泣不成声地说:"老师,你也不问问清楚,我那台电脑是怎么回事。我……我那台电脑是我同学的,而且是借给我的,目的就是为了帮我学电脑,这学期我们开设有电脑课,我……我家里条件……"

后面的话我就听不大清楚了,大概是"如果是因为这台电脑不能如实反映我的家庭情况的话,我现在就可以还给同学",我感觉脸上一阵红一阵热的,她的话像鞭子一样抽在我身上。当时我就开始反思自己,为什么不能把调查做得再深入一些呢?为什么不能把工作做得再细致一些呢？事后经过调查,这个女生说的情况属实,最后我给她申报上了贫困补助。

笔记本电脑的事情对我的触动很大,贫困认定关乎资助工作的成败,制定了普遍认可的标准以后,在执行过程中既要严格执行,又要根据实际情况深入调查走访,避免犯"一刀切"式的错误。

专家点评:

家庭经济困难学生的界定是一项相当复杂的工作,复杂就在于有各种各样的表面现象,这些表象具有迷惑性,使辅导员一时雾里看花辨不清真假,这就需要我们要用系统的、全面的方法来看问题,要在全面调研、走访的基础上,全面了解情况的前提下,制定可行的认定标准,在执行的过程中具体问题具体分析,透过现象看本质,避免不顾实际情况,形而上学,看问题非此即彼,用固定的方式一律处理问题的"一刀切",要采用辩证的观点看问题,真正通过一丝不苟的工作,把好事办好,把党的关怀真正送到家庭经济困难学生的心坎里。

（王宝玲）

除针对问题突出的学生制订个性化的解决方案外，还通过设立"年级爱心基金"的方式，帮助家庭经济困难学生解决经济上的燃眉之急；又通过在各宿舍设立"心理观察员"的方式，密切关注家庭经济困难学生的心理动态，并给予适当的心理干预。

心灵助困
——家庭经济困难学生特别敏感怎么办
□范媛媛

作为一名辅导员，做好大学生健康成长的指导者和引路人，为学生的成长保驾护航是第一责任。在实际工作中，由于地域差异、家庭背景差异和性格差异，学生中易形成一些特殊的小群体，家庭经济困难学生就是这些特殊群体中最引人关注的一个群体。科学而细致地做好家庭经济困难学生的资助与帮扶工作，特别是对高度敏感、自尊心强的家庭经济困难学生采取适当的帮扶措施，在生活上给予细致的照顾，在心理上给予科学的疏导是辅导员的一项重要工作任务。家庭经济困难学生的帮扶工作，除需要贯彻落实国家资助政策、落实经济助困之外，更需要辅导员对其倾注爱心与鼓励，以实现心灵助困。

我刚带学生的时候。一天下午，一个班级的班长过来找我，向我反映了他们班上一名同学小 A 的事情：在一次班会上，为了做好家庭经济困难学生鉴定的事情，该班长组织召开班会，对家庭经困难的同学进行摸底调查，采用了集体讨论的方式，将家庭经济困难学生资料拿到桌面上公开讨论，确定贫困等级。事后，小 A 对班长表示了不满，并且从此以后对班级集体活动丧失积极性，学习成绩也明显下降，甚至逐渐远离集体，变得孤立起来。该名班长还反映，小 A 平时自尊心特别强，内心敏感，虽然家庭经济十分困难，但不愿意甚至反感同学们在公开场合向其提供帮助,也不愿意大家提起他的家庭情况。

听了这名班长的叙述,我的心骤然一紧:一方面对小 A 的处境十分担忧,另一方面对这名班长采取的家庭经济困难学生摸底方法也进行了深入的思考。借着这个机会,我首先向这名班长谈了对他工作方法的一些看法,强调在做好家庭经济困难学生摸底工作的过程中,一定要顾及他们的个人隐私,要在尊重家庭经济困难学生个人隐私的基础上科学地开展工作。同时,我也鼓励这名班长开动脑筋,开创性地做工作。在这位班长走后,我思考了良久,决定先从深入了解小 A 做起。

在随后的日子里,我在进行宿舍走访后,约小 A 在办公室、教室等地方多次谈心,对他的情况有了比较深入的了解。他来自贫困山区,家有六口人,年迈的爷爷、体弱多病的母亲、苦苦撑家的父亲、正在狱中服刑的哥哥和一个上高中的弟弟。家中一贫如洗,高中时一袋干粮就是其整整一个月的口粮,有时饿得只能用水充饥。上大学后,面对自身与周围同学的经济差距以及本身学习基础比较差而造成的学习差距和能力上的差距,让他逐渐产生强烈的自卑感和被边缘化的感觉。这种感觉逐渐在差距中被放大,他慢慢变得高度敏感,自尊心被放大,往往把同学的帮助当成“施舍”,逐渐对生活失去信心。很明显,小 A 的情况属于“抑郁自卑心理的反应”。这种心理反应面对种种挫折,不是想方设法去解决,而是害怕、焦虑,进而情绪抑郁、行为退缩,导致严重的自卑和敏感甚至绝望。

为了能够有针对性地解决小 A 的问题,在深入了解情况后,我与小 A 进行了一次深入的长谈,以朋友的身份拉近我和他的距离,用谨慎的语言和轻松的方式帮助小 A 分析了他所面临的这些情况的根源所在:1. 从特困地区山村考到省会城市上大学,城乡经济水平的反差给他带来了经济上的压力(如看到室友提着笔记本电脑,全身名牌坐着家长的小车来报到,自己会情不自禁地想起久病的爷爷、拖着病躯苦苦撑家的父母),形成巨大的心理落差;2. 作为山村里走出来的大学生,他是全村的骄傲,而现在在激烈的竞争中发现自己学习和能力都很平庸,由此产生自卑;3.家里有服刑的哥哥这一特殊情况使他在思想上背负有沉重的包袱,害怕别人的议论,自尊心很强;4.家庭情况危急急需帮助与自己无能为力的矛盾冲突。我指出他已有头痛、抑郁等轻微躯体症状,告诉他运用合理情绪疗法作具体辨析,既能提高他的自我意识水平,又能增强他解决自身问题的迫切度。

通过持续一个月来的谈心与这次长谈后,我与小 A 已经建立起一种相互信任的关系,并且也使他对自身的问题有了正确的认识,确立了积极应对的态度。通过分析,我认为解决小 A 的问题首先要帮助他建立自信。了解到小 A 爱好长跑并且耐力很好的情况,我鼓励小 A 参加学院运动会,并且在他参加长跑比赛的时候,从初赛到复赛,我一直都精心组织同学们为其呐喊、加油,借助竞赛,让他体验到同学们对他的欣赏和真心的鼓励。最终,小 A 在自己的拼搏和同学们的鼓励下获得了这一项目的冠军,后来还通过竞选成为学生会成员。这些都为他去掉边缘化的感觉、找回自信、重新回归同学们当中起到了至关重要的作用;同时,在面对同学们的帮助时,他也能坦然地接受,因为通过来自同学们的鼓励和欣赏,他看到了同学们的真诚。

在帮助其找回自信后,接下来,心理帮助从认知转向行为:1.与他一起制订学习计划,注意对弱势项目重点突破,帮助他提高学习成绩;2.为他联系勤工助学,缓解经济压力;3.注重对其持续关注,经常与他谈心,了解生活、学习情况,经常请他到我的办公室和我一起谈心,让他感觉到来自老师的关心和爱护。

随着心理引导的深入和现实具体帮助的跟进,小 A 的心态越来越乐观,面对现实困难的行动也越来越积极,与同学们的关系也越来越融洽。在学生会工作很投入,得到同学们的认可和尊重。

通过小 A 的事情,我对家庭经济困难学生的资助工作做了深入的总结,确定了经济助困和心灵助困"双管齐下"的帮扶策略。除针对问题突出的学生制订个性化的解决方案外,我还通过设立"年级爱心基金"的方式,帮助家庭经济困难学生解决经济上的燃眉之急;又通过在各宿舍设立"心理观察员"的方式,密切关注家庭经济困难学生的心理动态,并给予适当的心理干预;还注意利用团学活动深入开展励志教育,帮助家庭经济困难学生树立自强不息的精神。这些做法取得了不错的效果,为家庭经济困难学生的健康成长作出了贡献。

专家点评:

家庭经济困难学生已经成为高校特殊、敏感的群体,巨大的经济压力给家庭经济困难学生带来了自卑、多疑、焦虑、孤僻等诸多心理问题,是辅导员重点关注的对象和思想政治教育工作的重点。部分家庭经济困难学生与人交往经常抱着一种防御的心理,不但将自己紧紧封闭,并且对别人的评价特别敏感,在交往中经常表现出害羞、害怕、拘束、紧张、回避的现象,自卑心理严重,害怕被人知道自己的贫困而受到歧视,他们常常为捍卫自己的自尊和形象,消耗大量的能量,将贫困的事实和痛苦不安深深压抑在心底。长此以往,当强烈的自卑感,极度敏感、脆弱的自尊心,拘谨压抑的性格,尴尬的人际关系,因期望值过高而产生的学业压力等因素共同作用的时候,就会引发严重行为,轻则影响心理健康,重则导致人性的扭曲。本案例中辅导员采用经济助困和心灵助困"双管齐下"的策略值得大家学习。同时,根据家庭经济困难学生情况,有针对性地制订个性化、切实可行的解决方案,通过"年级爱心基金"、宿舍"心理观察员"的方式,真正给家庭经济困难学生以人文的关怀和心理的疏导,使他们找到了自信。平时多给家庭经济困难学生提供活动锻炼的平台,感受师生大家庭的关爱和温暖,使他们不仅得到了经济和生活上的帮助,更重要的是得到了心理上的支持。更难得的是辅导员积极研究家庭经济困难学生创业的课题,培养创业意识,为家庭经济困难学生将来创业奠定了很好的基础,这都是值得大力推广的。

(王宝玲)

家庭经济困难学生大都有一定的自卑心理，只有真正走入学生的心灵深处，才能建立起和谐的师生关系，才能用最温柔的力量去推动一个人最自信的成长。

打开心门，收获希望

——家庭经济困难学生有自卑心理怎么办

□郭亚红

　　从事辅导员工作已经 6 个春秋了。在这 6 年的时间里，一直见证着大学生们的成熟与成长，每一次与学生接触，都是一次心灵与心灵的沟通，而这些沟通带来的不仅仅是思想上的洗礼，还有心路的延展与铺陈。有一件事情始终提醒我，只有真诚地打开心门，才能赢取信任，收获希望。

　　2005 年是我上班的第一年，新生辅导员的角色让我从新学期一开始就忙个不停，在迎新的那天，我起了个大早，来迎接我工作生涯中的第一批学生。广场上彩旗飘飘，热闹非凡，当我刚把一批学生安排到宿舍时，在来来往往的人群中，走过来一个头发凌乱、皮肤黝黑的男生。或许是因为坐车太久的缘故，提了一大包行李的他显得十分疲惫，他低着头走到我跟前，从书包里翻出几张证明，跟我说他没带够学费，要贷款。我招呼他坐下，半个小时的谈话中，他始终低着头，说话声音非常小，我得把头凑近他的脸才能听到他说话。原来家里为了省钱，父母为了把几百块钱的车票钱省下来，让他这个从没有出过远门的男孩一个人从甘肃坐了几天几夜的火车来到学校。从此，我对这个学生有了很深的印象，也开始关注他的生活。

　　开学一个月后，我把他们宿舍的人叫过来问他的近况如何，他们告诉我，他平常学习、吃饭都是一个人独来独往，上完课就待在教室上自习,班级活动也不参加,晚上回到宿舍后,大家都是谈天说地,无所不聊,唯有他从来不插话。我明白这是他的自卑和自闭在作崇,于是中午我把他单独叫到辅导办,问他最近的生活、学习情况。坐在凳子上,像刚开学的那天一样,依旧低着头,不论问到什么都只是咬着嘴唇,说还行还行。我让他抬起头来看着我的眼睛,他的目光却始终在我的脸上游移,不敢看我的眼睛。我告诉他,在大学除要搞好学习,还要培养人际交往等各方面的能力,而要培养这些能力,就必须多与人沟通,多参加学校组织的各类活动,如演讲比赛、征文比赛之类的活动,在一次次的活动中不断锻炼自己、认识自己。他很用心地听我的讲话,也许这一个多月来,从没有人跟他说过这么多的话。

接着,我又给他们宿舍人打电话,要他们没事时跟他多拉拉家常说说话,培养他与人沟通的能力,平时多带他去参加一些打篮球、乒乓球之类的体育活动,培养他的协作精神。

又过去了一个月,我再一次把他叫过来问他的近况,他这次能主动抬起头来看着我的眼睛说话了。他说他的计算机学习不好,上大学以前从没见过电脑,想让别人帮他学习可又怕同学们不乐意。听到他说这些话,我心头一喜,他能想到有困难求助于他人,而不是把困难压在心里,就说明他现在性格较之当初已经开朗了很多。我就问他:"你平常有没有想过要去帮助他人解决困难啊?"他很吃惊地看着我说:"我能帮助别人什么啊?"我说:"你可以在很多方面帮助别人啊,如咱们学院组织篮球比赛,你可以当拉拉队啊,可以给球员们倒水喝啊,同学有人生病了,你可以给他买饭啊,给他补课啊。"他听了若有所思地点点头,也许他明白了他不只是别人同情、帮助的对象,他还可以帮助其他同学做点事,他也有自己的闪光点。随后,他宿舍的同学惊喜地告诉我,晚上聊天时他也能跟着插两句话了,有次他还给寝室长说他有很浓重的方言,让寝室的同学纠正他的发音,教他学说普通话。听到这些我很欣慰,他现在已经一点点放下了心里的包袱,不再惧怕别人的耻笑,不再封闭自己的心灵,不再拒人以千里之外了。

过完年的第二个学期，我惊喜地在他们班的新班委名单里见到了他的名字，他当选了班级的生活委员。当天中午，他主动找到我说，此次竞选这个职位，是因为在上学期的学习生活中，同学们给了他很多关心，他现在要用更好的服务来回报大家。他告诉我，在上学期，他的高等数学还考了全班第二名的好成绩，他现在正在为英语四级和计算机二级作准备。看到他从刚入学时的不能与人正视、不愿开口讲话到现在的积极乐观，我真的很欣慰、很高兴。因此，每次见到他时，总觉得有一束阳光洒在他脸上，也照在我的心里。

作为辅导员，我们从事的是以心育心、以德育德、以人格育人格的精神劳动。所以，与学生的情感沟通绝不是简单的三言两语、浮于表面的交流。家庭经济困难学生大都有一定的自卑心理，只有真正走入学生的心灵深处，才能建立起和谐的师生关系，才能用最温柔的力量去推动一个人最自信的成长。

专家点评：

辅导员的工作是一项富有挑战性和创新性的工作。带大一新生，是一个由陌生到熟悉的过程，学生来自不同省份，有着不同的家庭背景，而每个学生也有其自己的生活阅历和性格特点，这些都需要细心的观察和良好的沟通才能逐渐把握。郭亚红老师通过细心观察和多方面了解情况，很好地把握了这名家庭经济困难学生的性格特点和生活学习情况，这也是其后面能够针对其自卑心理对症下药的基础。

对家庭贫困的学生来说，一般都存在一定的自卑心理，郭老师用无比的耐心，无私的爱心一步步走进学生心灵，和学生做知心朋友，通过言传身教，逐渐让学生打消自卑心理。这正是对"爱的教育"的实践。意大利作家亚米契斯《爱的教育》中特别提及："办学校好比挖池塘，若只在制度上改来改去，则就好像将池塘方方圆圆地变来变去,那是无法改变教育的,因为池塘重要的不是其形式,而必须要有水;而教育的水就是情感,就是教育爱。只要有情感、有爱,教育的池塘就不会空虚。"

对有自卑心理的家庭经济困难学生来说,作为教育者的我们与这一群体的最大障碍就在于自卑心理给他们筑起了一道墙,并把他们脆弱的心紧紧包裹。这种封闭式的自我保护正是其心灵脆弱的体现。正因为其生活在贫困之中,生活中的捉襟见肘,生活中的各种由于贫困而产生的"想而不能",使他们心灵受到伤害,因为这一群体往往比同龄人更难获得其所应该获得的东西。于是一种低人一等的想法将他们封闭在自卑的围墙里。而作为教育者,冲破这堵自卑的墙的最好办法就是爱。试想,在爱的教育下,师生之间一方面传递、分享与创造知识,共同努力求取真理,而另一方面又能够遵循学生成长的规律,兼顾人伦和彼此呵护、照顾和共同勉励的伦理关系,加上教育者能够运用适当的教育手段来对学生的心理问题加以矫正,则学生稚嫩的心灵将不会因为风吹雨打而凋零,更不用怕人生可能遭遇的挫折与苦难,因为爱的滋润有助于其内在意志力的提升。

(付晓丽)

大学生要从贫困中走出来，走向健康、走向成熟、走向成功，靠的是引路人的指导，而这里的"第一引路人"就是辅导员。

当好学生的引路人
——新生缴不起学费怎么办
□赵敬兰

小崔，女，河北经贸大学旅游学院 2005 级会计学二班学生。2005年 9 月，新生入学报到的最后一天，小崔和她的父亲急匆匆地从老家赶来，到辅导员办公室的第一句话便是："没有钱缴学费能不能上学？"我马上意识到这是一个因无钱而不能按时报到上学的学生。经交谈得知，其母亲因患癌症住院治疗花光了家里的全部积蓄，她考上大学后，无法筹到学费，只好先来学校问问情况，抱着试一试的心态，不能上就回家。此时的小崔既缴不起学费，又无生活费，两手空空。

我首先稳定小崔和她父亲的情绪，引导他们正视现实、面对现实，困难是暂时的，一切都会逐渐好起来的，必须从困难的阴影里走出来，看到光明和希望，选择有利于家庭发展的路子。要想彻底改变家庭贫穷，就要下决心，克服一切困难让小崔读书，学技能，练本领，掌握真才实学才能改变家庭的境况。经过我的劝说，他们父女认识到上大学的重要性和迫切性，进一步坚定了求学的愿望。然后我给他们介绍了学校关于家庭经济困难学生的政策，让小崔写了缓缴学费的申请书，报各级领导批准，走"绿色通道"办了入学手续。入学后，我又为小崔安排了勤工助学岗位，解决了她每月的生活费来源。还把她列入班里第一号特困生，帮助她办理了国家助学贷款申请，解决了她第一学年的学费和住宿费等问题。

平时,我还经常和小崔聊天,以了解她的学习和生活,关心她的衣、食、住、行,每个冬天都要帮助她解决棉衣、棉鞋,让她感到集体的温暖。尤其是她母亲病逝后,她在精神上受到很大打击,在此时,我更加关心呵护她,让她感到慈母般的温暖,使她从生离死别的痛苦中摆脱出来,坚定了生活的信心。平常我还关心她的学习,帮助她业余补课,告诉她怎样去学习,讲究学习方法,追求最佳学习效果,告诉她怎样才能获得奖学金,鼓励她争取拿国家奖学金和特困生获励志奖学金。由于我日常的关心,她既坚定了学习的自信心,明确了奋斗目标,又找到了科学的学习方法。经过三年多时间的刻苦学习、勤奋努力,终于赢得了一个又一个丰硕成果:第一学年获得两个一等奖学金,奖金800元,第二学年获国家奖学金4000元,第三学年获励志奖学金5000元。三年里,她以优异的成绩为家里赢得了1万多元的收入,按时交了后三年的学费,解决了因家庭贫困而交不起学费的困难。而且她思想上进,积极要求进步,取得了党课的结业证,成为入党积极分子。在进入大四后,她还主动要求退出特困生的名单,把名额让给了更加需要的同学。

通过小崔的案例,我深深体会到,大学生要从贫困中走出来,走向健康、走向成熟、走向成功,靠的是引路人的指导,而这里的"第一引路人"就是辅导员。辅导员必须有对国家、对人民、对社会的责任感和使命感,多培养和造就一名优秀大学生,就是对国家、对社会的贡献。特困生是大学校园一个特殊群体,我们必须认真分析他们的普遍性和特殊性,具体学生具体对待。

第一,辅导员必须加强特困生的思想教育工作,尤其加强对他们的爱国主义、爱家乡、爱父母的传统教育,使他们树立对国家、对社会、对家乡、对父母、对师长感恩的情怀,建立起正确的世界观、人生观、价值观。要把理想信念、远大目标教育放在重要位置,把这些教育寓于日常的管理之中。

第二,要加强对大学特困生"奋斗观"教育。人的家庭出身和生活环境不是个人能左右的。但是,在同一环境中造就的人却可以不同,有的人不甘贫困、不甘落后,逆境中奋斗、抗争,最终走向了成功;而有的人恰恰相反,自暴自弃、怨天尤人,这种人一定做不出成绩。作为引路人,就是把他们"引向"正确之路,鼓励他们不畏逆境,不怕贫困,敢于同困难作斗争。

第三,要像父母一样关心和呵护他们的成长。要特别关心他们的衣食住行,教会他们怎样生活,怎样处理生活中的矛盾,鼓励他们靠自己的双手,通过勤工助学来挣钱养活自己,减轻家长的负担。要特别关心他们的学习,培养他们正确的行之有效的学习方法。

对大学生的教育还要有针对性,具体问题具体解决,不能千篇一律。尤其是特困生更加需要耐心的引导、热心的帮助,这样才能感动他们,使他们走快捷的路、走成功的路、走适合发展自己的路,这正是领路人的作用所在。

(注:作者系 2008 全国高校辅导员年度人物)

专家点评:

大学生是民族的希望,是祖国的未来,"不让一个学生因为贫困而辍学"是国家的承诺。在这里,学生小崔差点因为交不起学费就失去了学习的机会。赵敬兰老师用自己的爱稳定了学生的情绪,通过积极的引导、悉心的关怀重新点燃了学生的希望。让学生明白一切困难都只是暂时的,可以通过自己的努力而改变。赵老师在面对家庭困难学生时,不仅仅在学费问题上进行帮扶,更重要的是解决了学生的精神贫困,让学生以积极的心态去面对,全身心投入到学习中。小崔通过自身努力,不仅自己解决了学费问题,还取得学习上的成功,这告诉我们,在遇到家庭经济状况十分困难的学生时,经济帮扶固然重要,但是精神帮扶更不可少。上升到整个高校扶贫工作上,就是物质扶贫和精神扶贫需要齐抓共管。

赵老师与小崔的故事,不仅反映了一名辅导员在处理学生交不起学费问题上的良苦用心,而且赵老师和小崔的相处过程更是体现了一种难能可贵的师生之间在教育和成长两方面的和谐发展的境界。一方面是赵老师对小崔无微不至的关心和鼓励,而另一方面是小崔用自己努力取得的优秀成绩来回报老师的关怀。这就是一种"引路人"与"成长者"之间的良好的发展状态。也许。赵老师与小崔之间仅仅是个案,但试想,如果作为教育者的我们都能够以高度的责任感从做好学生成长引路人的角色出发,去引导学生进步,帮助学生成长,那么在我们的学生当中,将会涌现出许许多多优秀的"小崔"。

(付晓丽)

三十六计说到最后，其实只是四个字——随机应变。在处理学生问题的时候，虽要"比葫芦画瓢"，但也要具体情况具体分析。

国家助学金我是如何评定的
——学生对国家助学政策有认识误区怎么办
□范钦栋

　　光阴似箭，日月如梭，不知不觉间我的辅导员生涯已经走过 3 年，现在回头想想和 2007 级学生一起经历的事情，不禁心潮起伏，思绪万千，其中最难忘的莫过于前一段的第一次国家助学金的评定。

　　国家助学金寄托了国家和学校对贫困学子的关爱以及成才之愿，也为他们提供了一个来之不易的学习机会。作为一名国家助学金发放的基层工作者，我非常认真、谨慎地去对待这件涉及每一名家庭经济困难学生切身利益的事情。但是，牵涉到助学金的公平公正，这注定是一个不平静的过程。

　　在学院党总支书记的主持下，我们全院辅导员开了一次国家助学金评定会议。会议中，学院领导重申了往常的评比制度，确定了我们各个年级名额分配等具体指标。工作中，我根据学生的情况，以学院原有制度为基础，参照以往评选方法，制定出详细的工作方案：召开全体班干部大会，成立班级评定小组，在全体学生在场的情况下，公示具体评审条件和方法，让符合条件并需要者提出申请，随后根据评审办法，由班级组成评定小组根据学院所列的条件进行审核，对综合条件相差不大的申请者，由于名额限制原因，进行投票选择，最终结果交由我审定。

　　在这个过程中，我没有自己一个一个去定这些名额，因为我认为跟他们接触最多的人应该是他们最熟悉的人，如他们的室友、同学，所以在对这种事情的处理上我以班级为单位进行初评。我本以为这项工作制度严谨并延续已久，方式公平公开，应该是一件按部就班、水到渠成的事情，但是在这个消息向学生们传达的当天晚上，大概就有20多个学生给我打电话：有的学生说，我的家庭条件不好，我必须要一个；有的说，我觉得我和其他学生情况差不多，评他们的话，必须评上我；还有的开始公开在班里拉选票……如果不对这些情况进行及时处理，将会在学生中产生不良影响，同时也会影响整个学院国家助学金的评定工作。

针对这些情况，我冷静进行了分析并认为，不是规章和制度出现了问题，而是由于学生的理解不一样，加之班级之间的贫困情况也不一样，另外他们都是刚刚入学的学生。所以我觉得只能是具体问题具体分析，具体到不同的班级、具体到不同的个人。首先，我让学生明确，国家助学金的发放是有规定、有秩序的，谁有困难、有疑惑，可以给我们说明情况，我和班级评审小组将共同进行二次审核。但如何保证情况的真实性，又如何在其中进行筛选呢？我主要采取了以下几种方法。

1. 查阅学生档案。2007级的绝大多数学生档案在我这里存放着。通过查阅学生档案，我对学生的信息有了一个相对正确的、初步的了解。从这里我可以看出，学生大致的家庭情况。如有一个学生，父母都在城市工作，父亲还在当地政府部门，他却向我申请国家助学贷款，了解到这种情况，我就跟他谈了其他一些学生的情况，尤其是一些父母都是务农的学生家庭情况，后来他自己主动退出申请。

2. 查阅学生的国家助学贷款申请书。提交助学贷款申请书是每个申请国家助学金的学生必经的一步。我们学院大概有100多个学生递交了申请，但有的申请书只写了两三行，这些中的大多数成了我淘汰的第一批对象，因为我觉得如果真是家庭有困难并急需助学金的学生不会这么不认真。另外，这些申请书也作为了解申请者家庭情况的资料。

3. 查看新生入学时提供的县区、村镇、家庭三级贫困证明。这类证明是学生当地政府和民政部门共同公证的材料，真实性非常可靠，所以这是我的一个重要参考标准。有这份三级证明的学生是我的首要考虑对象。

4.查看申请者是否办理绿色通道。绿色通道是国家为帮助缴不起学费的学生顺利入学的一个政策。办理绿色通道与否也是我考虑发放国家助学金的一个指标,设想一个入学时连学费也缴不起的学生,家庭情况会好吗?这部分学生也是我优先考虑的对象。

5.平时的思想和学习表现。这也算是一个重要标准,如果一些学生家庭确实困难,但他在校却不好好学习,天天上网、逃课,对这样的学生我只能说声对不起,因为国家助学金是帮助家庭贫困而又努力学习的学生的。

6.区别对待,奖励分散原则。针对助学金名额少、家庭经济困难学生多的情况,我结合国家助学金发放政策对其进行具体分类,把困难学生分为一、二、三等,与之对应的金额也相应有所变化。结合勤工助学岗位,如果有些学生有勤工助学岗位的话,那么国家助学金可能会少给或者说是不给。

由于采取了这几种方法,接下来的家庭经济困难学生助学金评定工作进展顺利。其实,在国家助学金的具体评定过程中,实际遇到的困难还很多,没有完善的工作制度和现成的经验可供借鉴。孙子兵法包罗万象,归根到底也只是四个字——随机应变。也就是说,在处理学生问题的时候,虽要"照葫芦画瓢",但也要具体情况具体分析。

专家点评:

国家助学金是为帮助家庭困难学生顺利完成学业而设定的。辅导员在评定助学金的过程中,如何把握好"公正、公平、公开"的原则,把国家助学金及时发放到最需要的学生手中,是一份具有挑战性的工作。这里,同学们在对国家助学政策的认识上产生了误区,辅导员如何正确面对、及时解决是需要智慧和心血的。范钦栋老师从实际出发,认真调查分析,掌握学生真实情况,从细微之处着手,层层分析筛选，最终保障了助学金评定工作的顺利进行，体现了很强的随机应变能力，这些都是作为一名优秀辅导员老师所应具备的。

另外，从范老师的助学金风波反映出学生工作是一项复杂的工作，对学生思想状况的把握是一个需要不断深入的过程。一开始，由于在助学金评定发放工作上，其制度严谨并延续已久，因此，范老师轻松地以为这应该是一件按部就班、水到渠成的事情。但接下来的实际情况却显示事情远没有如此简单。在权衡自身利益的基础上，每个学生都对这一助学政策做了一番有利于自己的解读，这就是范老师所说的"误解"。在这"误解"的后面，不仅隐藏着每一个学生的思想状况，而且在其思想状况背后还联系到学生的家庭情况、经济情况以及学习生活情况。因此，学生一个电话、一条短信反映的是自己对助学金评定一事的看法，看似简单的不满或抱怨，实则是学生思想和生活情况的反映。做思想政治教育工作，就是要及时捕捉这种隐藏在现象背后的情况，可幸的是范老师在学生反映情况后，做了进一步的工作，了解了情况，并针对性地采取了措施，最后使工作得以顺利开展。

（付晓丽）

辅导员要重视新生入学教育，特别是要关爱贫困新生，有时你细微的努力会改变学生的一生。

用我的真情换你的真心

——遇到家庭经济困难学生要退学怎么办

□叶宏玉

2001 年，我担任了水产养殖专业的辅导员，并迎来了第一批新生。他们来自不同的地区，有着不一样的经历，藏着不为人知的心事，但他们陌生的面庞带着相同的渴望……

经过两个星期的新生入学教育后，学生们开始真正进入大学生活，我也为自己工作的顺利开展感到无比的高兴。然而有一天，一名男生跑来告诉我，他要退学。一个简单到不能再简单的原因："老师，我家在福建贫困山区，父母都是农民，以种地为生，家庭经济十分困难，我们家没有钱供我念完四年的大学，我也不想让父母过度为我操劳，我要像高中同学一样出去工作赚钱……"任凭我如何劝他，他都对我摇头。

水产养殖专业是我们学校的重点学科，有很多学生来自贫困家庭，与他有一样想法的学生应该还有不少。那段日子，我整理了一下自己复杂的思绪，对自己的工作进行重新定位：不应该只是整日机械地完成接到的任务，不应该只是以一个教师的姿态去对待这份工作，在我的工作中需要添加的应该是情感和对学生实实在在的关心。

那些天，我认真查看了所有学生的档案和资料，并对那位男生以及他的家庭情况进行了充分了解。在完成了这些工作后，我回到宿舍，静下心来，给这位让我心灵震颤的孩子写了一封长信。通过这封信，我要告诉他大学生活是如何的精彩，告诉他虽然眼前困难，但四年的学习和积累也是一份投资,告诉他经济困难可以通过贷款、勤工助学和奖学金解决,告诉他我自己的大学生活也不是一帆风顺的……第二天,我把自己的"真情"送给了这名学生。我一直相信文字和真诚是有力量的,希望他能够感受到我字里行间的那份关爱和支持。

作为辅导员,我并不希望这些学生在刚踏进大学校门就以这样的心态来对待人生中最珍贵的四年时光,他们应该自信、自立、自强,应该明白世上的一切辉煌与壮美,都需要在生命的搏击中才能体现,面对苦难和挑战,我们应该放下一切彷徨与顾虑,拿出勇气,去争取胜利与幸福。

考虑到水产养殖专业学生存在的共性问题,我打算通过"我的大学生活"系列活动来鼓励支持更多的学生。

在一个没课的晚上,我召开了一次"我的大学生活"主题班会。班会上,我把自己的大学成绩单发给学生们看,告诉他们没有念过高中的我一样可以通过努力取得好成绩,告诉他们通过勤工助学和奖助学金一样可以让经济困难的我过得精彩,告诉他们大学里有老师、有朋友真好。我把自己剖析给了这些孩子们,因为深知只有同样的经历才能引起共鸣,才能支撑起学生们走向美好未来的信心,我要用我的真情去爱他们,让每一个学生的学习和生活都与我的心扉紧贴。

接下来,我又请了优秀的高年级本科生、研究生来"传经送宝",让同龄人向我班学生讲述大学生活,最后让每名同学都做一份职业生涯规划来设计自己的四年大学生活。

正是这样一次次的悉心疏导与鼓舞,让学生找到了学习与生活的支点。让我欣喜的是,很多学生把我的成绩单贴在了床头,说要超过我。

不知不觉中,那个来自福建贫困山区的孩子依靠助学贷款和勤工助学顺利地走过了新生适应期和那本以为要放弃了的四年大学时光。其间,他也打工,也加入学校社团,也有朋友,也有了正常的大学生活,并且获得了学位证书,拥有了比正常孩子辛苦但却一样精彩的青春年华。走出校园的那一年,他怀揣着一份感恩的心走进了上海海洋水族馆,成为一名光荣的水族师。

辅导员在学生心中,不外乎有三种状态:把我们看做上级,仅按要求办事,并不透露内心——这是对我们的一种畏惧;把我们看做榜样——这是对我们的尊重;把我们看做朋友——这是对我们的理解、亲近与友好。如何才能达到第三种状态呢?那就需要我去关心身边的每一名学生,无论其家境是富裕的还是贫寒的,无论其智力是聪慧的还是迟钝的,也无论其个性是外向的还是内向的……我们都应该把他们看成自己的亲人,用心去抚平每个孩子身上的棱角,因为学生会从辅导员的话语及行为中重拾信心与斗志。我们只有积极融入学生的生活,与学生一起分担与分享,才能使彼此的心贴得更近,才能以恰到好处的方式教育学生。不求所得,因为付出本身就能获得快乐与满足。

专家点评:

大学生是十分宝贵的人力资源,是国家发展强大的后备力量。叶宏玉老师在遭遇大一家庭经济困难学生退学问题时,由点及面,意识到这不仅仅是个案,可能是一个共性的问题,如果处理不及时、效果不好,会产生一系列问题。因此,叶老师及时调整工作定位,把学生像朋友一样对待,通过一份信件传递关爱和支持,以自己的真情去感染学生。在大家面临的共性问题上,叶老师举自己的例子,更容易引起学生的共鸣;以优秀学长为榜样,谈如何度过大学生活,为学生指引了目标和方向,帮助学生度过美满的大学生活。

从叶老师解决家庭经济困难学生退学问题的工作过程来看,随着退学问题的一步步化解,她自身也经历了一个成长过程。从"只是整日机械地完成接到的任务"到"用自己的成绩单去鼓舞学生",再到"在工作中添加情感和对学生实实在在的关心",叶老师一步步走向了一名教育者的三重境界。"只是整日机械地完成接到的任务"是做教师的第一重境界。以简单的传道、授业、解惑为己任，一切都遵循工作安排来行事，把该做的工作做好，这是老实本分的教育；用自己的成绩单去鼓舞学生进步，这是第二重境界。作为教育者在传道、授业、解惑的过程中，不断地想方设法让学生更加上进，取得更大的成绩，"在工作中添加情感和对学生实实在在的关心"，这是第三重境界，也是最接近教育者"教书育人"本质的境界。在传授知识、能力、方法，以及不断启迪智慧的同时，更加注重对学生人格的关怀，能够在充分把握学生成长规律的基础上，激发学生，鼓励学生，帮助学生面对生命中的困难，这是点化生命的教育。

（付晓丽）

做学生工作一定要耐心细致，只有动之以情、晓之以理、导之以行，与学生心灵相通，才能最终赢得学生的尊敬与大力支持。

生命中的第一次

——助学金评定出现异议怎么办

□王自俭

2007年9月，我正式走上辅导员工作岗位。10月，我遇到了工作以来的第一件大事，即评定出班级的国家助学金名单。13日，我们开始了第一轮的初评。我先把申请书发给评议员，由他们认真阅读并归纳总结出最能体现该生经济困难的细节材料。然而在评定最后一个名额时，评定陷入了僵局，因为明、月、春、风4人家庭情况比较接近。先看她们的申请理由：明来自贫困县，月的家庭每月有600元的固定收入，春已在餐馆打工月余，风家里欠债一万有余。再来看他们的平时举止：明和月与普通学生差别不大，且月烫了卷发，打扮也不俗；春朴实乐观，整天笑呵呵的；风稍显内向，腼腆不爱讲话。根据这些情况，我发表了自己的看法：贫困县不足以证明是家庭经济困难学生；烫卷发说明家里还不是特别的糟糕；正在打工，已具备自我照顾的能力。所以，我们最后把名额给了风，家里有欠款，这是第一次评定最重要的依据。

然而，回办公室的路途中，我的小灵通响个不停，明说自己是贫困县的，此次初评结果她觉得想不通；月说老师有失公允，贫困没有写在脸上，希望我们再调查核实情况；春则情绪波动更大，一直在哭泣，要求在班级公开选举。看来，我们的初评结果不能服众，该怎么办呢？同事们建议深入调查，看看问题出在哪里。于是，我通知评定小组成员做深入细致的分析。同时，我分别到明、月、春、风所在的宿舍了解情况。慢慢地,问题浮出了水面:原来她们争议的焦点是风,他们说早知如此,还不如在申请书上写自己的学费也是凑来的,干吗要写自己曾经打过工。那么,事实又是怎样的呢? 据室友们反映明和月的消费与大家差不了多少;那么春和风呢? 评议员们又会带来什么新信息呢?

16日中午,在学校的草坪上我们进行了第二轮复议,评议员带来了新消息:原来开学初时,春曾跟室友们兑换整钱,当时并没有人在意,后来知道那200元毛票是她家里的所有积蓄,所以她只有自己赚取生活费。闻听此言,同学们再也没有其他的异议,全体通过把最后一个名额给春。可是,我又该怎样和风说呢? 她一直在询问"三级证明"的事情,原来初选了她,现在又否定掉,她会怎样想呢? 只能实事求是,寻求她的理解了,于是我拨通了风的电话,把结果告诉了她,她如有想法可再来找我。

当天晚上,我没有再收到明和月的短信。就在学校的大型文艺晚会"永远跟党走"将要开始的时候,我接到了风母亲的电话。她告诉我,已经费了一番周折开到了证明,且家在山区,很偏僻落后;风的父亲属于典型的老实人;风的衣服都是捡亲戚们的;风的学费也是凑来的……我耐心地听完了风母亲所讲的话,又把这次助学金评定的结果告诉了她,希望她们保留着开具的证明,以后还有学校的助学金,我会尽力为她争取的,希望她能理解和支持。7点,晚会开始了,节目很精彩,下面掌声雷动,我却仍然在思考这次评议的事,到底贫困表现在哪里呢? 我的工作做好了没有? 还会出现新的问题吗?

19日放学后,我在班里又召开了一次主题班会,并说了这样一番话:贫困不是罪恶,也不是耻辱,它仅仅是家庭某一时期的经济状况。我们有理由相信,这一切都会随自己的努力和奋斗而改变的。同时,贫困既不是也不能是一种攀比的资本,贫困固然没有写在脸上,也不可能只写在纸上,但是从我们的言行举止、穿衣打扮等细节,能找到它的影子。也许我们无法做到绝对的公平、公正,也不可能让写申请书的同学,在教室里演讲一番,看看谁的支持率高。但是,我们应该具备这样

第三章 学生资助篇

的素质:把这笔钱谦让给那些比我们更困难的同学,让这笔钱发挥它最大的功效,而不是互相的攻击。如果这次没有获得助学金的同学,通过自己一年的努力,能获得明年 6000 元的国家奖学金,那才是最大的荣耀。

许久,下面一片静寂。

后来,我要求申请的同学都要出具村里或街道电话,还要求获得助学金的同学制订出详细的消费计划。接下来,在 9 天的公示期中,我没有再听到任何异样的声音。12 月 6 日,学生的助学金银行卡发了下来。这是我初做辅导员工作遇到的第一件棘手的事,令我非常难忘。它时刻提醒我做学生工作一定要耐心细致,只有动之以情、晓之以理、导之以行,与学生心灵相通,才能最终赢得学生的尊敬与大力支持。

专家点评:

当前高校家庭经济困难学生资助管理工作面临着公平性、实效性和风险性等的挑战,做好家庭经济困难学生的资助管理工作对辅导员来说是一项长期且艰巨的任务。由于资助对象的差异性,在评定助学金的过程中做到绝对的公平、公正,对辅导员来说是一项巨大的挑战。在初次评定后,王自俭老师面对同学们的异议,做深入细致的调查分析,全面掌握学生学习、生活、家庭等情况,在了解到学生真实情况后,及时做出调整。同时,王老师召开主题班会,将自己的想法开诚布公,引导学生正确看待贫困问题,纠正错误观念,鼓励学生通过努力学习,以争取国家奖学金为目标,在同学们心中树立了非常好的导向。这提醒我们,在辅导员的工作中,解决问题不是工作的全部,做好正确的引导,形成积极导向也是十分重要的。

(付晓丽)

第四章　入学教育篇

RUXUE JIAOYU PIAN

点评专家：

河南师范大学学生处处长　　　　　　张向战

华北水利水电学院学生处处长　　　　费　昕

郑州大学公共卫生学院党委副书记　　付晓丽

沟通对于学生工作尤其重要。有效的沟通、从心开始的沟通不仅可以有效解决学生工作中的难题，而且也会给学生的心灵成长以深远的影响。

沟通从心开始
——新生突然私自离校怎么办
□谢振华

思想政治辅导员是我毕业后的第一个工作岗位。一年多来，我经历了各式各样的问题，一名女生的突然私自离校给我留下了极深的印象。

小张是我校 2008 级大一新生。一天晚上，我突然接到她母亲的电话，称她父亲身体有病，要给她请一个月的假。什么事非要她请一个月的假不可呢？她本人怎么不亲自找我请假呢？对于小张，我比较了解。她来自农村、家庭比较贫困，一直与同寝室同学相处得很融洽，第一学期时她曾跟同寝室同学说过，她上高中时有过不想读书、想出去的念头，后来在父母、老师的劝说和逼迫下才参加了高考，好在进入大学后她的学习情况还正常，第一学期专业成绩全班第五，并获得了二等奖学金。上学期她申请了一个 QQ 号，这学期经常与一网友联系，就学习无用大发感慨，还在清明节期间到那网友打工的地方与其见面，回来后就又不想读书了。班干部和老乡得知她的想法后，多次与她谈话，她基本恢复了正常，但好了没多久，她就又在网友的鼓动下突然带着行李找那个网友去了。小张家长在当晚接到她同寝室同学的电话后，由于担心孩子私自离校会受处分，所以就隐瞒情况替她向我请假，但直到第二天也没联系上小张，家长害怕出事才又给我打电话说了她离校的事。

接到小张家长的第二次电话后，我马上到小张的寝室了解了情况，得知小张的家长前天晚上为了让她回家,骗她说她父亲受伤住院。我决定将计就计,嘱咐寝室同学与小张保持联系,又给小张的手机充了话费以保持联系。之后我又及时向学校主管领导汇报了情况。

对家庭有责任心的小张在得知父亲生病后很快回家了,但当知道自己被同寝室同学"欺骗"后就怨恨他们,她在母亲的陪同下返校后,我及时做她的思想工作,她终于认识到了自己的冲动,并保证今后一定努力学习。

由于事前我嘱咐过知情同学,有人问起小张去哪儿了,一定不要说她出走了,就说她家里有事请假了,所以这件事几乎没有对小张的名誉造成伤害。对于一名女生,这或许比学习更重要。事情得到较为圆满的处理后,我也总结了得失。

第一,多方协调,共同努力做好预防措施。这件事之能够顺利解决,原因就在于家长、老师、学生共同努力和预防措施比较好,主要是加强对学生的信息采集。对于学生的信息采集,不应局限在生活贫困、单亲或心理普查有问题的学生和学习无动力的大部分群体中,那些学习成绩比较好、平日表现一般的学生很容易被我们忽视,造成与他们沟通交流时存在盲区。因此,辅导员要对加强新生的信息采集。

第二,刚柔相济,将事件的负面影响降低到最小。小张返校后,我与她母亲一起,就她的问题进行了认真分析,并对她进行了严爱有加的批评。如果仅按照学校的有关规定给她个处分,然后对她进行程式化的、生硬的谈话,不仅会让她有思想包袱,而且还会对她将来的人生产生无法估量的负面影响。因此,在处理这类问题时一定要做好保密工作,让学生感到学校、老师和家长确实是为他们的前途着想。另外,还应注意对学生进行情绪调节。小张能够顺利返校,所在寝室同学的真诚关心发挥了很大的作用。小张返校后,我召集她们寝室全体同学一起开了小型的讨论会,就小张目前存在的思想困惑和面临的困难献计献策,帮助她克服今后在学习、生活中可能遇到的问题。

第三,关注学生发展的实质问题。通过沟通我发现,小张之所以突然离校,与其入学时参加学生会竞选落选有一定的关系。落选后她以为自己今后的大学生活就只有死读书了,对于今后自己的发展没有任何目标,加之网友的鼓动,因而使退学的念头复发。小张返校后,我先是指出了她的优点和长处,然后鼓励她多参加各种活动,告诉她只有自己努力,机会才会垂青于她。

专家点评:

现在一个辅导员一般都要负责 200 名左右学生的教育和管理工作,责任重大,任务艰巨。辅导员要把工作完成好,一个重要的前提条件就是必须要建立自己的信息渠道,能够及时、准确地了解所带学生的动态信息。一旦发生突发事件,辅导员要在第一时间掌握有关情况,否则很容易引起工作上的被动与困扰。本案例中,学生已经离校出走,辅导员却未能在第一时间掌握信息,学生把电话打给了出走学生的家长而无人向辅导员报告,不得不说这是一个危险的隐患。谢振华老师在了解情况后所采取的措施还是比较得当的,能够协调各方面力量在最短的时间内让出走的学生回到学校,并妥善地处理好了维护学校教育管理制度的严肃性与保护学生减少负面影响的关系,同时也能够举一反三,及时总结成败得失。

（费　昕）

任何学生都是可塑之才，关键是当他们迷失在十字路口的时候，辅导员能否及时校正他们的航向。当大多数人都努力走在队伍的前列时，作为一名辅导员，我愿意站在队伍的最后，用呵护的目光关注着学生们的一举一动，帮助他们一天天成长，一天天壮大。

我与学生的故事
——新生误解所学专业怎么办
□郭振铎

《大学》明言："大学之道，在明明德，在亲民，在止于至善。知止而后能定，定而后能静，静而后能安，安而后能虑，虑而后能得。"此语道出了大学教书育人的目的与莘莘学子格物致知的求学态度。大学当为广大学子的成长、成熟、成才、成功指明前进的方向，铺就坚实的道路。而学生本人当在充分利用已有资源学好本专业知识的情况下，广泛涉猎，博采众长，全面培养自己的能力，使自己成为既精又博的创新型人才。

作为一名辅导员，我牢记以上名言，本着"欲成才必先成人"的理念，非常重视提高学生的综合素质。

2007年金秋时节，我迎来了我的学生，看着他们个个摩拳擦掌的神气劲，我也踌躇满志，决心干好本职工作，让学生的梦想在大学的热土上起飞……

没想到，就在开学第一周，一名班长突然给我打电话，说他们班有个学生白天逃课在宿舍睡大觉，还多次在不同场合表示了要退学的想法，最恶劣的是，他居然跟其他同学说"学电气的将来都是搞电焊的料"，搅和得本来对大学环境就不熟悉的新同学们更加人心惶惶。

班长说的这名学生我知道，是新疆人，听说当时他收到通知书后全家都为之自豪，这名学生虽也乐在其中，但对自己将来所要学习的电气类专业却甚是模糊,别人一句无意的话语"学电气的?将来搞电焊吧"给打击了积极性,虽然开学时也按时来报到了,并且交齐了学费,但总会在班里散布一些歪论,比如搞电焊的将来能有什么出路呢,还不如回家随便学个什么实用点的技术呢,等等。

听到这些,我的心情非常复杂。我自己也是学自动化专业的,学了七年,我是第一次听说电气类专业的学生毕业后就是电焊工。说实话,我当时对这名学生真是又气又恨,但理智告诉我,不能冲动,一定要耐心细致地做好他的思想工作,否则我的工作稍微不到位,他就有可能因为误解自己所学的专业而失学,他的前程就会因此而改变,而且有可能是向不好的方向改变。

经过缜密的思考,我决定从专业教育入手,以理想信念教育为向导,从专业发展的角度做这名学生的思想工作。为此,我专门针对这名学生的情况制定了工作方案。我首先带着这名学生参观电信学院的专业设备及学院光辉的办学历程。我从电信学院的电子信息基础实验中心和电子信息专业实验中心以及电工电子技术、高频电子技术、通信技术、数字信号处理、EDA、自动化控制系统等实验室讲起,使他了解到我们学院不但拥有一批先进的实验教学设备,而且有着雄厚的师资力量,学院治学严谨,已培养出硕士生、本科生5000多名,在全国电子设计竞赛、挑战杯等大赛中多次获得全国一等奖,毕业生因有良好的素质而受到多家用人单位的好评。

参观结束后我又告诉这名学生,在大学你可以升天堂也可以下地狱,关键看你自己选择什么。为了家人,也为了自己的未来,你理应以强者的姿态崛起,而不应该沉沦!

听了我的这番话,这名学生连连向我道谢,并告诉我,自己长期以来不好好学习,其实内心也充满了对父母的歉意。在我的耐心开导下,这名学生最后表示,以后一定会好好学习专业知识,扩大知识面,为将来继续深造或就业作准备。

随后,我马上联系了班委,要求他们对这名学生在生活和学习上多帮助,多沟通,帮他走出认识误区,有情况及时跟我联系,我们力争在第一时间解决问题。

接下来,我又邀请电信学院各系主任与新生开了一个见面会,会上同学们踊跃发言,积极讨论,同与会的各系主任深入地探讨了本专业的发展。会后同学们普遍反映,以前对专业的疑惑没有了,下一步可以好好奋斗了。

我也联合其他辅导员针对全院2007级新生心理健康问题进行了一次综合评估,并为每一个名新生建立了一份心理档案,针对个别同学存在的微小的认识误区,我们特别邀请了心理专家作了专场报告,力争使每一名同学都心情舒畅,都能快快乐乐地度过四年大学生活。在心理专家的建议下,我还在班里设立了一名心理咨询员,发现同学中有什么思想问题马上及时反馈给辅导员。

通过处理这些事情我认识到,任何学生都是可塑之才,关键是当他们迷失在十字路口的时候,辅导员能否及时校正他们的航向。当大多数人都努力走在队伍的前列时,作为一名辅导员,我愿意站在队伍的最后,用呵护的目光关注着学生们的一举一动,帮助他们一天天成长,一天天壮大。

专家点评：

入学教育是大学生迈入校园后的第一堂课,是高等教育教学中不可或缺的重要内容,是高校思想政治教育的基础性工作。专业认知教育是新生入学教育的一个重要内容。肯定、积极、清晰和系统的专业思想能促使学生尽快适应大学的学习生活,树立明确的学习目标,培养和激发学习知识和掌握技能的精神和动力。这项工作进行得好坏,关系到学生能否顺利适应大学生活,关系到学生能否健康成长。辅导员作为新生入学教育的重要组织者和主要参与者,应当提早做出规划,借助各方面的有利条件,面向全体新生开展有针对性的专业认知教育,帮助新生尽快树立端正的专业思想,形成正确的专业认知。在此基础上,再对少数存在特殊情况的学生采取个别辅导的方式加强专业认知教育,方能获得事半功倍的良好效果。

(费　昕)

辅导员只有拥有一颗爱心，才能布最"真"的道，也是最"善"的道，更是最"美"的道！

用爱来传递太阳的光辉

——新生因为经济困难要退学怎么办

□孟治刚

列宁说过："教师职业是阳光底下最光辉的职业。"作为辅导员，将爱心洒向每一名同学，让每一名同学都感受到太阳光辉的温暖是我义不容辞的义务与责任。

刚参加工作时，我对能否做好辅导员工作心里没底。经过虚心向领导求教和向富有经验的老辅导员学习，最后我悟出了：一定要用"爱"——这个世界上最美丽的词汇来传递太阳的光辉。因为只有爱，才能搭起友谊的桥梁，实现辅导员与学生心灵的零距离沟通；只有爱，才能将太阳的光辉洒向每一名学生。

那是 2005 年研究生新生入学的第一天。"老师，我可以进来吗？"一个怯生生的声音从办公室门口传来。正在整理文件的我循声望去，只见一个年龄 20 岁左右的女学生站在门口，一双明亮的大眼睛透出一丝忧伤，又有几分期盼。"请进来，有什么事需要帮助吗？"我把她迎进屋。"老师，我有件事情要和您讲……"这名女生欲言又止，我想她一定有什么苦衷。"有什么需要帮助吗？"我关切地问道。谁知道，女生还未开口说话却突然伤心地哭了起来。我赶忙递给她一杯热水，安慰她："别着急，慢慢讲，有什么难处尽管说。""老师，我——不——想——上学了！"她哽咽着说道。"什么?!"这着实让我吃惊，考取研究生是多少人梦寐以求的呀！在付出了诸多努力获得了来之不易的成果后又将其放弃,这里面肯定是有着深层的原因。"为什么呢?既然你是研究生,研究生处就是你的家,有什么困难就只管讲出来,领导、老师会为你积极想办法的。"在我开导下,女生说出了她要退学的原因。

这名女生叫张红丽,是 2005 级研究生。她自小父亲体弱多病,一家人全靠母亲一人的微薄收入生活。但生活的困顿并未使红丽丧失对生活的信心,反而磨炼了她坚强的意志。临近大学毕业时,她经过刻苦努力顺利考取了研究生。本来今天她是满怀着对美好未来的憧憬来迎接研究生学习的第一天的,谁知上午的一个电话使她不得不放弃研究生学业。电话里她得知自己的妈妈早年积劳成疾患上了白内障,因经济困难同时也为了不耽误子女的学业,便选择了隐瞒自己的病情,现在由于病情延误已经接近失明了。得知这个消息,她不啻于五雷轰顶。经过再三考虑,红丽决定退学去打工赚钱给妈妈看病。听完张红丽的讲述,我深深为她的刻苦精神和可贵的孝心而感动。"是啊!谁言寸草心,报得三春晖!在母亲需要救助的时候,做儿女的哪能无动于衷呢!但是这么好的学生,我怎么忍心让她因家庭困难而退学呢?无论如何我也要帮助她!"我心里暗暗下了决心。作出决定后,我掏出口袋里仅有的 500 元钱塞到她手里,让她先寄给家里,接下来我再想办法。

"老师,我不能要。""拿着,我是老师,关心学生是理所应当的。听话!"我把钱塞到了她手里,然后安慰她:"你先回去安心上课,老师想办法帮助你,绝不会让你失学的!记住,阳光总在风雨后!""嗯!老师,谢谢您!"

张红丽走后,我陷入了深思。怎么办呢?校园捐助?不行!学生财力有限,再说研究生人数也不多,即使募捐也不会有太大的收效。争取学校资助?不行!学校不是企业,资金也很紧张。通过新闻媒体向社会求援?不行!这样捐助周期长,而且只能缓解一时,不能解决长期问题,也会触及个人隐私,恐怕要强的张红丽也不会接受。那怎么办呢?对!有了!我灵机一动,脑海中闪出一丝火花。"授人以鱼,不如授之以渔。"外人的帮助是有限的,必须给她以造血功能,这样才能使她真正摆脱困境。现在民办高等教育快速发展，肯定需要大量外聘教师，如果有机会在不影响学业的前提下让红丽去民办高校当外聘教师就不仅可以筹到为妈妈治病的钱，而且也能学以致用。于是我马上着手通过向校友、网络甚至主动上门等途径开始联系学校，很快，我就联系好了一所社会信誉好、管理规范的民办高校。

第二天我将张红丽叫到办公室问她："你能代课吗？""老师，没有带过，但我大学时做过家教。""你愿意给大专生代课吗？""代课？我行吗？""别紧张，代的课程是你本科学过的，我查过你的档案，这几门课你都是优秀；你又做过家教，多少也算有经验；我还会推荐几位咱们学校的名师给你提供教学指导。你应该可以胜任。""那……我试试吧。"看她还是有些紧张，我便鼓励她："世上无难事，只要肯登攀。况且还有老师作你的后盾，有什么困难只管来找我。""好，老师，我会努力的，绝不辜负您的期望！"她感激地点了点头。

后来，红丽不仅学业优异，而且也以出色的教学质量和高尚的品格获得了用工单位和学生的广泛赞誉和充分肯定，连续两年被评为优秀外聘教师，她妈妈的病情也有所好转，她的脸上又重新焕发了青春的光芒与希望。

辅导员只有拥有一颗爱心，才能布最"真"的道，也是最"善"的道，更是最"美"的道！从事工作以来，我一直用爱心来诠释辅导员这个神圣岗位的高尚意义，今后我还要坚持不懈地将爱心进行到底！

专家点评：

作为一个辅导员，怎样才能让自己拥有引导学生向正确的方向迈进的能力呢？首先，辅导员要对什么是正确的方向有清醒和准确的把握。但如何能把自己的正确认知传递给学生，并获得他们的认可，进而转化成他们的实际行动呢？这其中就需要学生对辅导员有充分的信任与敬重。那又如何获得学生的这种信任与敬重呢？这又需要让学生深刻地体会到辅导员和他们的心是贴在一起的。而获得这种"心心相印"的最佳手段，就是爱。本案例的最大亮点并不在于孟治刚老师如何解决了学生因贫困要退学的难题，而在于"用爱来传递太阳的光辉"。心中有对学生无尽的爱，是辅导员做好工作的力量源泉所在。

（费　昕）

作为辅导员，在教育学生时要从三个方面入手：一是要规范自己的行为，为学生做好表率；二是与学生建立亦师亦友的关系，对学生进行个性化、亲情化管理；三是教育学生时要讲求方式方法，不能一味地指责和批评。

如何对新生进行思想转化

——学生不想参加军训怎么办

□王　璐

新生军训第四天，天气炎热，作为辅导员，我一直在操场上陪着学生们军训，以便及时发现并解决突发事件。

此时学生们正在站军姿，突然，男生方队里传出学生小进（化名）的声音，他说：我站不住。教官说：要坚持。他大喊：我坚持不住。教官说：坚持不住也要坚持。小进大声吵喝：我不要坚持，我不想军训。当时教官很生气，认为小进当众顶撞他，并且小进的行为对士气也有影响，就叫他出列，并对我说：辅导员，这样的学员我们不要了。我对小进说：有什么事可以休息时说，为什么要当众顶撞教官，你这样太不礼貌了。你在家也是这样顶撞你父母吗？小进看都不看我说：是，我在家也是这样的，我的腿有关节炎，不能长时间站。我说：那你可以喊报告，而后向教官说明情况。小进说：最主要的是我不想参加军训。我说：军训的主要目的是培养你坚强的意志和严肃的组织性和纪律性。小进说：我就是不想参加军训。这时，另一个辅导员对他说：你就是这样给环化系抹黑的？小进不屑地说：我就是要给环化系抹黑。说实话，当时听到这话我真是火冒三丈，但考虑到我和小进当时的情绪都比较激动，再说下去会更不利于问题的解决，于是我便向教官请了假，让小进先去校医院检查一下腿，看是否不能参加军训。不大一会儿小进拿着诊断单回来了，上面写着不适宜做剧烈运动。我便批准他不用参加训练，但得为大家服务，比如为大家打水等等，而且大家训练的时候他必须也在旁边观看。

这天晚上，关于小进这件事我想了很多，我觉得大一新生经历了压抑的高三和严酷的高考后，一个人来到一个陌生的环境，思想上难免会产生很多问题。作为辅导员，在这个时候，我应该使他们尽快摆脱思想上的困惑，全身心投入到大学的学习和生活中去。我决定和小进谈谈。

第二天我来到军训场后却没有看见小进，问寝室的同学说他还在寝室睡觉呢。我让同学把他叫来，关切地问他的身体情况。他逐渐跟我谈了他的家庭，这时我才知道他之所以这样叛逆，是和他的家庭环境分不开的，他父亲常年在外跑长途，很少回家，即使回家也很少与他沟通。他母亲在家务农，出于对儿子的溺爱，也不怎么管他，从初三开始，他就开始天天泡在网吧里打游戏，在虚拟的世界里寻求心灵的慰藉。

了解到这些情况，我认为小进本质不坏，只是在思想上缺乏正确的引导。于是我便给他讲我刚上大学时是怎样的状态，我是如何尽快适应大学生活的。一边聊天，我一边还和他一起给同学们打水。渐渐地我发现他对我不再有敌对情绪，我便趁热打铁，和他谈他家里的情况，让他明白他父亲常年在外奔波和他缺乏沟通不是不关心他，而是为了给他创造个好的学习条件，作为儿子，他应该对父亲的爱给予回报，最基本的就是要尊敬父母。接着我又和他谈到顶撞教官的事，我告诉他只有尊重别人，别人才能尊重他。而后我又和他谈军训，让他明白对大一新生进行军训的目的。最后我告诉他可以利用这段时间想想自己将来要往哪个领域发展，以便为大学生活作个规划。

经过几天的谈心，小进的思想发生了很大的转变，不仅主动向教官和我承认了错误，还天天按时到军训场上为同学们服务；不仅和我畅谈了自己对未来的规划，还把 QQ 的签名档改成了"努力"二字以激励自己进步。

这件事对我触动很大。现在的大学生大多数都是独生子女，学生的思想品德、纪律法制教育等很容易被忽视，进而使学生的价值观发生偏差。因此作为辅导员，作为学生的德育老师，一定要扭转这些偏差。要做好这项工作，我认为应该从以下三个方面入手。

一是要规范自己的行为，为学生做好表率。辅导员应该具备高尚的人格、高度的社会责任感和严谨的治学态度，讲求为人师表，这样才能让学生服气。所以，在平时的工作中，辅导员一定要注重个人素质的全面提高。

二是与学生建立亦师亦友的关系，对学生进行个性化、亲情化管理。"亲其师乐其友而信其道。"因此辅导员首先必须赢得学生的信任和尊重，成为学生的知心朋友，这样学生才会敞开心扉向辅导员谈自己的想法，倾吐心声。

三是教育学生时要讲求方式方法，不能一味地指责和批评。每个学生都有自己的特点，辅导员应该根据不同的情况采取不同的教育方法。没有一成不变的方法，也没有普遍适用的方法。

专家点评：

各高校每年的新生军训中几乎都会遇到类似的问题。一方面，现在的一些大学生过于强调自我，认为稍有纪律约束便是侵犯了人权，要求维护自己的权利；另一方面，现在的大学生从小到大都是在老师或家长安排下生活和学习，较少拥有自主权。大一新生在经历了压抑的高三和严酷的高考后来到一个陌生的环境，紧绷的神经瞬间松弛，早已不堪重负的思想一下子失去了约束，比较容易引起强烈的、不当的反弹。由此，当大一新生面对作为大学第一课的军训时，往往就会出现一些类似的情况。作为辅导员，如果在此时一味地指责和批评学生，反而会引起他们更加强烈的逆反情绪，导致厌学甚至退学的现象发生。在这种情况下，王璐老师不急不躁、深入探究学生产生逆反情绪的根源，与学生建立亦师亦友的关系，对学生进行个性化、亲情化的引导和教育，必然能够获得学生的接受和认可，并持久、彻底地解决了学生内心存在的问题。

（费　昕）

在处理这些问题时我牢牢把握了以下三个原则。 第一，指导思想明确。 第二，目标体系清楚。 第三，工作理念清晰。 在之后的工作中，我也注重日常积累，从日常的交流谈心和细微小事入手，这样取得事半功倍的效果自然也在意料之中了。

"小皇帝"入世记
——学生一入学就要求调换宿舍怎么办
□屈琳琳

2004 年 9 月，我开始迎接我的新生入学。正式报到的前一天，一个高大帅气的男生由父母陪着来到我办公室。我刚与其父母开始交谈，男生便不管不顾地要求把他从现在的六人间宿舍换到四人间。初相识，我便明显感觉到了这个名叫小元的男生身上那种优越感。

开学一个月后的一天傍晚，小元找到我跟我说，宿舍其他五名同学集体排斥他，刚才寝室长找他明确表示代表宿舍其他五名同学不欢迎他住在那里，小元成了"无家可归"者。

据小元反映，宿舍其他同学生活习惯很差，每天用电脑，还招其他宿舍同学来玩，搞得宿舍乱七八糟，几乎每天熄灯后都要开"卧谈会"，严重影响了他的正常生活。原本他也试图适应这种生活，但是现在他说话基本没人搭茬，"卧谈会"上他发言也没人理睬。于是，我便马上找到小元宿舍其他五名同学了解情况，但这些同学说的却与小元所叙述的大相径庭。

那五名同学在我面前历数小元的种种"劣迹"：小元每天十点之前要入睡，还要求其他同学不准开电脑、不准大声喧哗、不准带其他宿舍同学来玩；小元习惯早起，然后在宿舍练吉他或读英语，严重影响了其他同学休息；小元很少履行宿舍集体义务，宿舍集体买的大桶饮用纯净水,他几乎从不去扛,宿舍排的扛水值日他也很少执行,甚至高大的小元多次眼睁睁地看着瘦小的寝室长替他把水从一楼大厅扛到三楼宿舍;小元的个人卫生也一塌糊涂,东西乱堆乱放而且很少整理,导致宿舍在多次卫生检查中名次倒数,宿舍其他同学的努力也功亏一篑。最后他们还告诉我一件令人啼笑皆非的事:小元过生日时邀请大家一起活动,却在没征求大家同意的情况下,向他们每人收取了20元活动费。

我将这些情况反馈给小元后,小元却表现得很无辜。他说,他从小到大都一直被家人照顾得很好,甚至在高考前家里专门请了保姆照顾他,以至于他很不适应。至于过生日收费的事,小元的解释是,他不想一个人过生日,就请了大家一起过,但又不想自己承担费用,觉得既然大家一起吃了玩了,共同承担也就没什么大不了的。

思前想后,我决定采用以下思路解决问题:

第一,安抚。在当时的情况下,首先要解决的是让被驱逐的"小皇帝"有地方住,保证大家当晚正常就寝。于是我在向同宿舍同学了解情况的同时做了他们的思想工作,安抚他们的情绪,让他们接受小元当晚回去住。之后,我马上与小元谈话,帮助他通过换位思考看到自己显而易见的毛病及其对室友的伤害,进而让小元提出初步解决问题的方法。在我的开导下,小元同意向室友道歉。在这一阶段,为了避免室友和小元有"老师偏袒对方"的想法,我尽可能采取双方换位思考的方法引导他们去理解对方,并明确亮出客观解决问题的立场,并在最后把双方聚在一起,让双方开诚布公地交谈。

第二,了解。在小元回宿舍休息之后,我与小元的父母取得了联系,向他们通报了所了解到的情况,同时也借机向他们详细了解了小元成长的历史,分析了小元出现问题的原因,最后我们决定一起努力,帮助小元尽快"断奶",尽快成熟、独立起来。

第三,教育。掌握了基本情况之后,第二天一上班我就向学校心理咨询中心的老师详细介绍了小元的情况,共同商量解决办法。考虑到很多新生都可能会出现此类问题,我们决定暂时不单独让小元与咨询老师接触,而是采取集体心理辅导的方法就新生生活适应开展一次专题活动。专题辅导之后,我们密切关注小元的情况,有问题随时介入。

第四,教育与训练。随后的一段时间里,我在班里开展了新生适应性教育的活动,并着意安排小元在这些活动中承担一些任务,让他多一些与人相处的机会。很快,小元的情况出现了好转,和室友的关系逐渐缓和了。

第五,跟踪。在小元好转后,我不敢掉以轻心,一直关注着他的状况,发现问题及时疏导,并与其父母保持沟通。同时,在其他同学和小元面前我一视同仁,不过分表现出对小元的关注,以免引起小元的优越感和其他同学的不平等感。

在处理这些问题时我牢牢把握了以下三个原则。第一,指导思想明确。对于小元的了解使我清楚地知道,小元不是长袖善舞的学生,不能要求他一定要达到八面玲珑的目标,让他适应大学生活、与室友和同学相安无事是主要目的。第二,目标体系清楚。在处理问题的不同阶段我设立了不同的目标,比如:事发时,我的目标在于安抚大家的情绪,当晚平安度过;在之后的教育训练中,我的目标就变成了尽量让每个人都从中受到教育,得到提高。第三,工作理念清晰。我能在当晚比较迅速地处理问题并且使后来没有出现大的反复,很大程度上就在于之前我和他们进行了较为深入的沟通,对他们有所了解。在之后的工作中,我也注重日常积累,从日常的交流谈心和细微小事入手,这样取得事半功倍的效果自然也在意料之中了。

专家点评:

随着生活水平的不断提高,一大批成长在优越的生活环境中的"90后"走进了大学的校门。"90后"们"心理断奶"问题已经成为老师和家长的共同问题。特别是没有住校经历的学生,突然面对集体生活容易产生种种不适应的现象。比如,"过分强调个人的权利和自由,不能很好地和其他同学和睦相处",就是比较典型的一种不适应现象。屈琳琳老师面对这些问题,指导思想明确、目标体系清楚、工作理念清晰,没有命令式地去要求小元必须做到什么,而是在与小元宿舍同学和家长进行沟通后很快制定了对小元的教育目标,同时借助学校心理咨询中心老师的专业知识,有意识地对小元进行教育与训练,并制定客观合理的目标任务。在家长、同学们的配合下循序渐进地开展教育和培训,有效地保证了教育目标的实现,也很好地帮助小元适应了大学生活。

(费　昕)

我的第一感觉是，一方面这个学生缺乏职业生涯规划，没有明确的发展方向，对未来比较迷茫；另一方面他对社会也缺乏深入的了解和认识。于是我建议他对自己想要的生活跟目前的研究生生活作一个优劣对比，理智认真地去思考一下这个问题，而不要凭一时的冲动或一时的情绪化来作出可能终生后悔的决定。

我的挽救行动

——研究生主动提出退学怎么办

□华　静

　　2007 年 10 月的一天中午，学生刘强推开我办公室的门，进来后就说"华老师，我想跟您谈谈，我想退学"这样一句话，让我顿时陷入团团迷雾中。

　　刘强是我带的 2007 级研究生，刚刚入学一个多月。相比其他研究生新生，这名学生的情况我更了解一些。刘强为本校推免生，本科阶段曾担任过班长、党支部书记等职，获过三等爱普奖学金，毕业时获得市级优秀毕业生荣誉称号，由于学习成绩优秀，社会工作表现突出，大四第一学期获得了推免生的机会。如此优秀的一名学生，怎么会有退学的想法呢？

　　刘强说，当初知道自己成为推免生后，本来想考其他学校研究生的计划也放弃了，大四就忙着毕业论文设计，暑假在打工，这期间一直与本科阶段的同学联系，感觉他们的生活也很精彩。于是，暑假期间以及开学初一段时间他就产生了不想读研的念头，但也都是零星一闪，开学以后放弃读书的念头越来越强了。一方面，他对于现在的研究生生活不感兴趣，对所学的课程提不起劲，再预想日后的生活，也就是两年半毕业后找工作、建立家庭，生活就围绕着工作和家庭来转，他觉得这样的生活方式比较单调和枯燥，不是自己所喜欢和需要的。一方面，他觉

第四章　入学教育篇

得自己长大了,再让父母提供生活费也不好意思,而自己有时又需要一些钱去满足自己的需求,在这种情况下又产生了自己要独立、要自由的想法。另一方面,他在这所大学已经呆了四年,对这里的一切都很熟悉了,他的父母跟学校老师也时有联系,对他在本科四年的学习、生活以及参与的工作很了解,这样他就时时有一种自己处在父母"监视"之下的想法,觉得自己没有独立的空间。

我问他想过退学后做什么没,他说退学后想自己去找份工作,攒够一次旅游的费用后就辞职去旅游,然后再找工作赚钱,再出去旅游,这才是他想要的生活。他还说,目前这种研究生生活他已经深感厌倦,对于今后自己的人生道路也不愿过多地去考虑,只想过一种自己感兴趣的生活。哪怕别人说自己没有社会责任感也罢,说自己特立独行也罢,说自己放着好好的生活不过瞎折腾也罢,他都无所谓。最后,他还很迫切地要求我能帮他办好退学手续,并且请求我最好不要先让他的父母、导师知道这件事情,他想等退学手续办好之后再告诉他们。

听了他的话,我的第一感觉是,一方面这个学生缺乏职业生涯规划,没有明确的发展方向,对未来比较迷茫;另一方面他对社会也缺乏深入的了解和认识。于是我建议他对自己想要的生活跟目前的研究生生活作一个优劣对比,理智认真地去思考一下这个问题,而不要凭一时的冲动或一时的情绪化来作出可能终生后悔的决定。另外,因为他的这个想法还没有征求父母以及导师的意见,因此我建议他考虑成熟后立即与父母取得联系,听取一下父母及导师的意见。为了尽力争取这个学生,让他回到正常的研究生学习生活中去,我还设计了拉长战线、磨灭冲动的方案,建议他再坚持三个多月,等到本学期结束拿到所修的学分,如果到时还有这种想法的话,再申请休学一个学期,在休学的这段时间里去尝试自己所要的生活方式,如果残酷的现实浇灭了美好的理想,那么回头再来安心地读书,届时如果他还是觉得不能再坚持读书,再办理退学手续也不迟。

接下来,我马上跟刘强的导师联系,把刘强的想法告诉了导师,并打电话到刘强家,跟其父母沟通了一下,建议他们能静下心来跟刘强长谈一次。之后我也找刘强谈过几次，但他那时非常执拗，仍坚持退学，父母及导师与其谈话的效果也不是很理想。慢慢地，他开始不参加正常的教学活动。出现这种情况之后，我想如果我硬性要求他继续坚持学习，可能也不会有好的效果。为给刘强争取一个缓冲期，征得导师及父母的意见后，我建议他先休学一个学期，在此期间去找专业的心理咨询师定期进行心理咨询。最后他听取了我的意见，办理了休学手续。

12月初我再跟刘强联系时得知，他已在一家商检公司上班，经常出差，每天早出晚归，回来后还要做功课，做方案，有时周末还要加班，工作很辛苦。经过短暂的一个多月的工作，他觉得现实生活与预期有很大差别，目前的生活并不如先前想的那样轻松和潇洒，他已经开始意识到自己当时坚持退学的想法是多么冲动、多么幼稚，并表示最终会回来继续攻读硕士学位，争取顺利完成学业。

专家点评：

缺乏职业生涯规划是当前大学生普遍存在的问题。入学前，能够考上大学、考上好大学是大学生的人生目标。进入大学后，由于缺乏专业的职业生涯教育，很多学生失去了方向感，进而陷入迷茫不知所措的状态。一些学生就在这种不知所措的状态下完成了大学学业，然后懵懵懂懂地踏入社会或者开始读研。而一旦在这个过程中出现问题，他们很可能的想法是逃避，读研究生的学生想走向社会，认为自己可以在社会上一展身手；已经工作的渴望回到学校里过平静的生活。华静老师找到了学生思想存在的问题，并进行了积极的工作。但是已经进入研究生阶段的学生已经产生了思维定式，改变起来难度较大。华静老师先通过劝学生坚持三个月的办法拉长战线，想通过"拖"的战术来化解学生思想问题，但未果；大胆地让学生休学，通过"试"的办法让学生认清社会、认清现实，终于解决了学生思想问题。

（费　昕）

这虽然只是我的辅导员生涯中的一个小小的插曲，但它给我留下的启示却很多，比如教育学生要以理服人，以情动人，要真诚地帮助他们，永远相信付出就会有回报。

2007，那个秋天

——遇到不守纪律的新生怎么办

□ 靳书刚

2007年的那个秋天，暑意还没有完全褪去，我离开了自己生活了7年的大学，来到省内的另一所高校，开始了自己生命航程中的第一段职业生涯，从此以后，我的人生经验一次又一次地被刷新。过完刚开学那一段紧张而又忙乱、充实而又愉快的日子之后，我便遇到了第一个在我的辅导员生涯中刻下深刻印痕的学生。

许是由于自己初入社会、刚踏上工作岗位缺乏经验的缘故吧，早就听有经验的辅导员说新生入学后的军训一定要严格要求，这对他们以后良好的纪律观念和组织观念的形成无疑将起到决定性的作用。于是，我照做了，可还是有一个班没有抓好，部分学生的纪律观念、集体意识不够强就在那时埋下了种子，直到后来有一天终于破土而出。

那是一个总共只有50名学生的班级，而男生就有40多人，再加上军训期间教官对他们的宽容和仁慈，因此出现一些极有个性的学生也就不是什么太出乎意料的事了。有一天下午，院自律部的一个学生给我反映说这个班有一名学生已经连续三天不出早操了，班干部的劝导根本不起作用。于是我决定找他谈话，可是接下来发生的事却是我无论如何也没有想到的。站在我面前的这个学生依旧是一副满不在乎和桀骜不驯的样子，脸上还挂着似笑非笑的表情，好像能被老师找来谈话是一种光荣似的。我问他为什么不出早操，他说自己不愿意做的事谁也别想勉强,尤其是早操,大学里应该很自由,而我们这里管得太严,完全不像个大学的样子,跟自己原来想象的大学生活相去甚远,出早操又流于一种形式,天那么冷,起床的时间又总是太早,起来跑了一圈又回去睡觉了,没什么意义。他还说他只想把学习搞好。我没想到他这么理直气壮,气急了的我当时无论如何也不能让自己平静下来,又没有想出解决问题的更好的方法,只能让他写篇检查了事。没想到,我的批评他压根儿就没当回事,以后几天依旧我行我素,有天早上我去宿舍检查的时候他还被我抓了个正着,我忍无可忍,决定一定要找个机会好好和他谈谈,拔掉这颗"钉子"。

在一个周日的晚上,经过一番准备,我把他叫到我的办公室,刚进屋他就骄傲地对我说他这一个星期都没出早操了,我夸他说表现不错,值得表扬,以后继续发扬,他被我这句反话逗乐了,先前两人之间的那种紧张对峙的关系一下子缓和了许多,他慢慢消除了对我的抵触和对抗情绪,愿意敞开心扉说出自己内心深处真实的想法。我先做出一副认真、耐心倾听的样子,并且面带微笑、和蔼可亲,他见我不再是一副怒不可遏、时时准备着给他一顿劈头盖脸的批评的样子,也对我讲了他之所以这样表现的原因。

原来他从小就不是一个循规蹈矩的人,凡事都有自己的想法,总是按照自己的意图去做自己喜欢做的事,酷爱自由,时时刻刻表现出与别人的不同,用他父亲的话说就是很偏,不服管教。尤其是进入大学以来,他发现这个学校各个方面都管得很严,简直与以前的高中没什么两样,最不能容忍的就是早上那么早起来,又不是为了学习,或者其他他认为有意义的事,而是为了跑步,他就怎么也不愿意起来。听完他这一篇宏论,我哭笑不得,对他讲了下面这番道理。我告诉他任何一个学校都有严格的纪律,这是一个学校赖以生存发展的根基,作为学生就应该遵守纪律,然后才能谈到学习、能力锻炼之类的,如果连遵守纪律这一点都做不到,怎么能成为对社会有用的人呢?学校对学生严格要求自然有学校的道理,其中最重要的一点就是为了培养学生的纪律性,让学生早起跑步不是目的,而是为了培养学生的一种意识、一种观念,使学生在内心深处养成一种遵守纪律的好习惯,而好习惯是会让一个人受益终生的。任何社会和单位都有自己的规章制度,有自己对于成员的约束,如果现在不遵守学校纪律,养成了一种叛逆的习性,以后还怎么能遵守单位的制度?还怎么能在单位里有一番大作为,成为一个有用之才?我还告诉他,好多东西从小就得培养,只有这样,你才能成为一个对社会有用的人。

在我的说服下,他慢慢低下了一直高昂着的头,答应我从今往后要做一个遵守纪律的人,对自己严格要求。他还要求我消除对他的成见,多给他提供一些学习的机会。我答应了。就这样,我遇到的第一个比较棘手的学生被"改造"了。这虽然只是我的辅导员生涯中的一个小小的插曲,但它给我留下的启示却很多,比如教育学生要以理服人,以情动人,要真诚地帮助他们,永远相信付出就会有回报。

专家点评:

多年来,大学是象牙塔、是保险箱的形象已经深入人心。一名大学生,从小学到初中、高中,能够忍受住严格的管理教育,很大程度上在于他们对大学校园自由自在的浪漫生活的憧憬。在上大学前,很多人认为大学就是人生的目标,进入大学的门,就可以放松自己了。殊不知大学是人生一个新的起点,是人生中又一个非常重要的关键期。因此,面对此类学生,靳书刚老师开始按照一般问题进行常规处理,在没有显著效果的情况下决心打攻坚战,这是典型的"抓两头、带中间"战术。同时用纪律的重要性来说服学生,告诉学生现在良好习惯和纪律的养成,是为了他以后的长远发展,充分验证了"一靠理想、二靠纪律"和"没有规矩不成方圆"的正确性。学生的本质都是好的,只要我们耐心了解、细心分析、真心帮助,都将给学生正面的积极影响,为学生的发展打下坚实的基础。

(费　昕)

面对理想和现实的差距，面对生活的困难，一些意志力薄弱的学生产生退学的想法是很正常的。作为辅导员，千万不能惊慌失措，而要通过和学生交流发现、探询学生要退学的真实原因，因病施药。无论退学的原因多么不同，我们做工作的落脚点都是一样的，那就是要挽留住学生，因为我们挽留住的是一个学生的一生。

和学生一起面对困难

——专升本新生要退学怎么办

□许庆贺

新学期伊始，新一届专升本学生上课不到一个月，一天傍晚，一个学生打来电话，声音有些沉闷："辅导员，我有点事情要找您，请问您有时间吗？"对于辅导员来说，学生的事是第一大事。我马上答应了，约他到我办公室见面。

大约过了半个小时，他来到了我的办公室。我让他坐下，他有点不好意思地推让了一下才坐下。我倒了一杯热水递给他，亲切地问他："怎么了，出什么事情了？"他看了我一眼，很快又埋下了头。我接着说："不用有什么不好意思的，现在你就把我当成你的大哥哥，咱们交流一下，有什么事情尽管给我说吧！"他依然埋着头。

于是，我改变了话题："来学校这段时间感觉怎么样啊？学习还不错吧？"他保持着埋头的姿势点了点头。通过这个问题我判断，他要跟我说的事情可能跟学校和学习没太大的关系。接着，我又问他："家里父母都好吧？"这时我发现他的头埋得更低了，握着水杯的手也抖了一下。这些细微的小动作使我坚信，这名学生家里可能发生了什么让他为难的事情。但他依然不说话。于是，我只好进一步发问："是不是家里出什么事了，如果这样你就跟我说说，咱们共同想办法来解决。人们常说,在家靠父母,出外靠朋友。咱们不仅仅是老师和学生的关系,还是朋友关系啊,我很愿意帮助有困难的同学。"这时他才抹了一把脸哽咽着说道:"我想退学。"

一听这话,我着实吃了一惊,便问他:"为什么要退学啊?""家里供不起我了。"他脸上有些困窘的表情,"我还有个弟弟,今年也上大学了,我们俩一年得花1万多,父母都是农民,靠种地养活全家,往年父亲在农闲时到外面给人家打个工赚点钱,可我父母的身体都不是很好,父亲有胃病,常年吃药,身体很弱,今年就没敢让他出去打工,母亲低血压,干点活儿就头晕。我前段时间给您请假回家,就是帮家里收秋去了。考虑到家里的实际情况,加上我弟弟还小,不想耽误他的前途,所以我才想退学,出去找个工作,一方面减轻父母的压力,另一方面供弟弟把大学读完。"说完这一席话,他又埋下了头。

这名学生的话在我心头激起了层层波澜,让我想起了自己也算艰难的求学经历。因此,我想以自己的经历来劝说他:"前段时间你们刚来报到的时候我给大家讲过,我和大家的经历比较相似,你还记得吗?我也是个专升本的学生,从专科到本科,当时我不仅承担着巨大的精神压力,更承担着沉重的经济负担,我家条件也很差,而那时的学费是你们现在的两倍,每次回家看到年迈的父母为了供我上学辛苦劳作,我的心里都酸楚不已。但越是这样,我心里越是清楚,我只有努力学习以此换来一个美好的前程,或者更实际地说就是找到一个好点的工作,才能从根本上改变家里的现状,也才能更好地孝敬父母。于是,我在读本科期间刻苦学习,最后终于如愿以偿地考取了公费研究生,减轻了父母的经济压力。再后来我研究生毕业,到咱们学校来工作,有了稳定的收入,父母终于不用再为我辛苦劳作了。就我个人的经历来说,我始终相信,靠读书成就未来是一个亘古不变的真理。越是像我们这样家庭条件不好的同学,就越应该顶住各方面的压力把书读完,这样才能为我们的将来奠定一个良好的发展基础。只有当我们通过自己的努力真正强大起来的时候,我们才会有能力有实力从根本上改变家庭的一切。再具体到你的情况,其实问题很好解决,你和弟弟都可以申请助学贷款来解决学费的问题,等到毕业以后找到工作有了经济来源再还。而且现在还有国家奖学金、励志奖学金以及助学金等,你完全可以比别人多花点时间好好学习,多下工夫,通过取得好的学习成绩来争取这些奖学金,这可以在很大程度上缓解你的经济压力。另外,学校还为贫困学生提供了勤工俭学岗位,我可以帮你申请,这也可以为你提供一定的经济来源。你还可以找点家教之类的兼职做一下。如此等等,问题都可以得到很好的解决啊!"

听了我的话,他的表情似乎轻松了许多。我接着告诉他:"贫穷并不可怕,怕就怕在困难的环境里我们还不知道进取,那么,我们就将永远贫穷。"最后,他向我许诺:"老师,我一定好好努力,按您刚才给我讲的话来做,再也不退学了,我要坚持下去,用自己的拼搏来改变命运!"

面对理想和现实的差距,面对生活的困难,一些意志力薄弱的学生产生退学的想法是很正常的。作为辅导员,千万不能惊慌失措,而要通过和学生交流发现、探询学生要退学的真实原因,因病施药。无论退学的原因多么不同,我们做工作的落脚点都是一样的,那就是要挽留住学生,因为我们挽留住的是一个学生的一生。

专家点评:

辅导员的工作光荣而神圣,深入细致的思想工作可以改变一个人的一生。对辅导员来讲,学生的事情是第一大事,每个学生对自己来说都是一份责任。学生内心世界非常复杂,来自家庭、学校及自身因素的影响,会造成心理不适,产生思想问题。如何及时发现问题,如何使他们向您敞开心扉,如何有效转变他们的思想,是辅导员工作的难点和重点。作者朋友般的及时相邀,亲人般的热情接待融化了学生的心理屏障,晓之以理、动之以情的思想工作方法真是春风化雨、润物无声。

"贫穷并不可怕,怕就怕在困难的环境里我们还不知道进取,那么,我们就将永远贫穷。"党和政府十分重视高校困难学生资助工作,毋庸置疑,做好家庭经济困难学生工作已是当前高校学生工作重要内容之一。这部分弱势群体极易产生心理问题和思想问题,应给予他们更多关心与关爱,使他们在困境中立志成才。从物质、经济上对困难学生给以资助,是确保困难学生跨入大学校门及完成学业的前提,但精神解困才是他们成才的关键。马斯洛的需要层次论认为,与吃穿等生理需要相比,安全需要、爱的需要、尊重的需要和自我实现的需要虽然没有前者更为基本,但对个体获得生存意义和价值感却极其重要。贫困大学生知识水平较高,精神需求比物质需求更为强烈,在尊重人格的基础上,用爱心去温暖他们,使他们具有不屈的奋斗精神,用自己的执著、毅力、拼搏来面对大学生活、面对人生,树立积极的人生态度和健康的人生观、价值观,正视贫困、迎战贫困并战胜贫困。

(张向战)

有了爱，什么奇迹都可能发生！ 诚挚的微笑、关切的问候、赞许的眼神是辅导员开展工作的法宝。 而正是这些脉脉温情，扫去了学生心中的阴霾，让他们时刻都能沐浴在阳光下。

用爱走向教育的成功

——新生不适应大学生活怎么办

□吕金洲

金秋九月，2006 级学生带着欣喜与希冀跨入了大学的校门。我的辅导员工作也翻开了崭新的一页。

"老师，我想退学。"一个苍白无力的声音夹杂着无限的困惑和忧郁，敲动着我的耳膜。这是一名叫李明的大一新生开学两周后找我说的第一句话。闻听此言，我不禁一怔：考入大学是多么不容易的事，为什么站在我面前的这名学生却要退学呢？我的大脑在飞快地转着，想快速找到答案，快速说服他回心转意。在开学的这两个星期里，我一直关注着这名学生，认真地翻阅了他的档案，掌握了一些他的情况。从他简短的话语和冷漠、无助的表情中，我证实了自己的判断：这是一个性格内向、自卑感很强的学生。

我和蔼地问他："你把我当做朋友吗？""老师，我……"刚开口却又戛然而止，这显然对我不是十分信任。"你能来找我，说明你已经把我当做你的朋友，放心大胆地说吧，我会尽自己的全力来帮助你的。"我面带微笑地看着憋得满脸通红的李明。好大一会儿他才开口："老师，我是把你当做朋友才来告诉你的。"显然，他已经鼓起了很大的勇气。接下来，李明坦诚地向我诉说了事情的缘由。

他说："我来自偏远地区，以前都是窝在小山村里，没有出过远门，没有见过外面的世界,坐了一天的火车到校以后,感觉天旋地转。来到一个完全陌生的地方,刚开始有种新鲜感,后来渐渐地发现在这样的环境中我并不快乐,有着一种对周围环境的排斥感,平时很少和别人交流,有种压抑的感觉,心里堵得慌……上课根本听不进去,突然觉得自己不是学习的料,而且家里还花那么多钱供我,越想我就越觉得对不起父母,越觉得对不起父母我就越紧张,越紧张我就越头疼……"真挚、朴实的话语揪得我心里难受:这样好的学生,我一定要让他适应大学生活!

我认真地给李明谈了什么是大学以及大一新生如何适应大学生活等问题,并叮嘱他回去后慎重地思考一下。送走了李明,我马上打电话把李明班的班长及其同宿舍学生叫到我的办公室,认真详细地向他们询问了李明的生活、学习情况。经过全面的调查了解,我掌握了李明退学的真实原因:一是家庭困难;二是不适应大学生活。

在接下来的日子里,我经常与李明谈话,了解他生活和学习上的情况,给予他无微不至的帮助和关怀;在学费的问题上,我帮他申请了国家助学贷款;在生活问题上,我帮他申请到了国家助学金,又给他找到了一份勤工助学的工作,为他解决了经济上的后顾之忧。在与李明的接触中我发现,他有绘画特长,于是我便安排他参加一些社会活动及学校组织的与绘画有关的活动,增加他与周围同学交流、沟通的机会。我还调动李明的同班同学,让他们主动帮助李明解决生活和学习中遇到的各种难题。渐渐地,李明感受到了大学的美好和集体的温馨,又重新找到了工作、学习、生活的信心。三个月过去了,李明顺利通过了各项考试。显然,他已经完全融入了大学生活。

一年多的时间过去了,李明的脸上已不再忧郁、不再彷徨,取而代之是欢乐与幸福。通过努力,他的学习成绩稳中有升,并获得了校综合表现奖学金。看到这一切,我的脸上也露出了微笑。

辅导员,是一个亲切的字眼,她(他)以一种"过来人"的经历,向学生诠释着大学生活的取与舍、美与丑、善与恶。她(他)虽不是"传道授业解惑"的大师,但却是酿造青春、播撒阳光的使者。有人说:"一个人的心有多大,她(他)的舞台就有多大!"我们有理由相信:有了爱,什么奇迹都可能发生!还有人说:"辅导员做的是'人'的工作。"是的,诚挚的微笑、关切的问候、赞许的眼神是辅导员开展工作的法宝。而正是这些脉脉温情,扫去了学生心中的阴霾,让他们时刻都能沐浴在阳光下。

专家点评:

有了爱这个世界才变得更加精彩,人生才变得更加绚丽。大学新生适应性是一个常讲常新的话题,每个学生的学习、生活和家庭背景都不一样,刚进入大学,会面临各种困难,不能及时适应大学生活。在这里,吕金洲老师根据不同学生的特点,分析学生的特殊原因,以学生为本,做学生的知心朋友,帮助学生解决实际困难,发挥学生的特长、优势,让学生获得成就感,对生活充满希望。吕老师用自己的爱心,不仅解决了学生的家庭经济问题,还发挥了学生的特长,让学生有自豪感和成就感,这既是辅导员心血的倾注,更是辅导员智慧的结晶。

吕老师的叙述,字里行间无不渗透着一名教育者在育人上的处处细节。所谓细节决定成败,在爱的教育里,心灵的无障碍沟通是教育成功的基础,而细节往往是渗透人心灵的最有力的武器。有时候,一个诚挚的微笑、一句关切的问候、一个赞许的眼神往往是打开心灵的法宝。而正是这些饱含脉脉温情的细节,却能够扫去学生心中的阴霾,让他们时刻都能沐浴在阳光下,沐浴在友爱与关怀中,这种渗透了爱与细节的教育更能够激发人前进的动力。

(付晓丽)

大学新生出现退学的想法应当是由多种原因造成的，解决这一问题并不是简单地帮助他们适应，而是要更多地着眼于他们的成长与发展。因此辅导员要整合各种资源，从系统、生态、发展、赋权的视角来综合解决这一问题，如此才能真正引导大学新生尽快走出迷茫，积极主动地提高自己。

引导大学新生走出迷茫期
——新生刚入校就想退学怎么办
□王秀林

　　在新生军训的间隙，一名肤色黝黑的男生用低沉而又坚定的声音对我说，"老师，我想退学，现在就走！"我一听倒吸一口凉气，用震惊的目光仔细审视着眼前的这名男生。在我印象中，他参加活动积极，训练刻苦，怎么突然要求退学呢？我抑制住内心的惊异，和他来到训练场旁的小道上交谈。

　　经过交流得知，这名男生的父亲去世多年，母亲改嫁，他跟爷爷奶奶生活在一起，家庭经济比较困难，入学前曾在建筑工地打工两个月。经过深入交谈我感到，导致他想退学的原因比较复杂，不是一时半会儿能解决的，于是我就以等军训结束再办理手续为由来打消他现在就走的想法，以便留出做工作的时间。

　　之后我又多次和他交流，尽量向他传达我的热情和真诚，以便在建立起信任的基础上获取更多的信息。这样我便清晰地看到了这名男生的问题：1.由于家庭结构不完整，缺少亲密感与归属感，缺乏情感支持，造成其性格上偏内向，与人接触时会有紧张感，内心敏感；2.存在相当程度的认知偏差，如对大学的生活过于理想化，造成现实与理想差距太大，再如因爷爷、奶奶年纪大而自己又不在身边从而造成过大的心理负疚感；3.对专业不了解，缺乏专业认同感，对将来找工作没有信心，从而对未来失去希望;4.存在一定的心理问题,如过分敏感、容易失眠等。

通过对问题的分析,我制定了行动目标和行动方案。1.修正这名男生对大学生活的认知,与他深入交流,了解他本身对大学生活的期望;向他介绍大学生活的特点以及四年期间不同阶段的特点,推荐他阅读《做最好的自己》《读大学究竟读什么》等书籍;推荐他加入社团或学生组织,多方面体验大学生活;让他明白大学阶段在人生经历中的重要性和大学空间的包容性。2.增强他的专业认同感,向他介绍本专业的实际情况、开设的历史、目前的学术成果及将来的发展空间,介绍往届毕业生的就业、保研和考研情况,带他参观本专业的成果展示室、实验室,强调多元化成功的理念,鼓励他找到自己的兴趣,发展自己的特长,让他明白个人综合素质的重要性。3.疏导心理问题,重建社会支持系统,通过与他的交流我了解到,他产生心理问题的根源在于早年家庭变故使他产生了心灵创伤,长期缺乏应有的社会支持又使他变得敏感、多疑、缺乏安全感、失眠。因此我注意与这名男生的家长加强联系,通报他在校的情况和想法,使家人对他进行鼓励和支持;与他所在班班长、团支书沟通,让他们在开展活动时注意调动他的积极性,并给他创造展示自己的机会;与他的宿舍长联系,多关心他的生活和学习,并带动他参与宿舍和班级组织的一些活动。

在行动过程中,我主要是结合新生入学教育有步骤地执行行动方案,不断地跟进,因此较好地巩固了所取得的成果。在处理问题的过程中,我要求这名男生定期与我交流,以便准确把握他的思想状况以及变化的轨迹。思想改变的过程一般都是渐进式的,所以在后期应当注重不断巩固和内化某种观念。

1.通过耐心的沟通,让学生明白大学经历对人一生的重要影响,讨论现在退学所付出的代价,让学生理解爷爷及母亲的期望、继父在经济上的支持,坚定他继续读下去的信念;2.鼓励他拓宽视野,尽快找到兴趣所在,制定适合自己的人生发展目标;3.对他适当放宽要求,使他在适应大学生活的同时能最大限度地发展自己;4.让他明白大学的生活方式多种多样,选择哪种生活方式的主动权由自己掌握。

　　大学新生出现退学的想法应当是由多种原因造成的,解决这一问题并不是简单地帮助他们适应,而是要更多地着眼于他们的成长与发展。因此辅导员要整合各种资源,从系统、生态、发展、赋权的视角来综合解决这一问题,如此才能真正引导大学新生尽快走出迷茫,积极主动地提高自己。

　　专家点评:

　　新生入学到第一个学期结束这段时间,很多大学里都会出现个别新生提出退学的情况。这差不多成为辅导员在带学生的过程中要面对的第一个难题。有学生提出退学,怎么办?是不是非得让学生打消了退学的念头,才算把工作做到位了?我想,面对这样的问题,辅导员的工作是否到位,并不在于他是否成功打消了学生退学的念头,而在于他是否能够引导、帮助学生对自己的行为做出冷静、客观、深入的思考,而后为自己做出一个负责任的选择。王秀林老师处理此事的亮点就在于通过深入细致的工作,准确把握住了学生的思想动态,有针对性地对学生进行了引导,采取多管齐下的方式对学生进行了有效的帮助,最终让学生自己做出了负责任的选择。

(费　昕)

第五章　人际关系篇

点评专家：

河南师范大学学生处处长　　　　　张向战

洛阳理工学院学生处处长　　　　　李大宏

青年学生更需要健全的人格和优良的品性，高校也应承担塑造学生健全人格和优良品性的任务，教育学生如何做人，即学会尊重、学会宽容、学会淡泊、学会自律。

让学生学会尊重和宽容
——学生和老师发生矛盾怎么办
□王嘉惠

如今的大学生绝大多数是独生子女，承载着全家人的希望。他们有敏锐的心智和更为优越的生活环境。但这还远远不够，他们更需要健全的人格和优良的品性，高校同社会、家庭、中小学校一样也应承担塑造学生健全人格和优良品性的任务，教育学生如何做人，即学会尊重、学会宽容、学会淡泊、学会自律。

刘某是我院英语专业的一名女生，家庭条件优越。每周五晚，该生常在同学们的目光护送下，乘上父亲开到宿舍楼下的小车，到郊外的别墅度周末。优越的家庭条件造就了她自傲、清高、孤僻的性格，除了舍友几乎不与同学来往。

一天上午，楼管老师检查卫生时，发现刘某所在的宿舍有大功率插座，便将插座没收。中午，刘某等同学回到宿舍发现后前去询问。楼管老师解释说，由于在当天收缴多个违规电器或插座，为让同学们引以为鉴，已贴上宿舍标签暂时保存在宿管室，过段时间再发给大家。同去检查的另一个老师也证实，确实在该宿舍收缴大插座 1 个，并做了标记。刘某当即表示，插座是其去超市买的正规厂家生产的最贵的，有质量保证，如果学校不让使用，她要带回家中。再三争论下，楼管老师只得同意让刘某带走，但插座却找不到了。刘某得知后非常生气，争吵起来，楼管提出要照价赔偿,刘某也不接受,认为楼管没权利没收插座并保管不善将其丢失,要公开向她承认错误。楼管只好来到刘某所在的系部找老师帮忙开导。我们来到宿管室时,刘某还在气冲冲地与另一个老师争论着,双方争吵进入白热化。

为了尽快化解这次师生矛盾,我采取了以下措施:

1. 深入了解客观情况,化解师生间的矛盾。

首先我证实了楼管老师因保管不善丢失插座的事实,通过交流,楼管表示愿意照价赔偿并道歉,但希望刘某也要对自己过激的言行表示道歉。

其次我开始做刘某的思想工作。经过分析,我认为引发这次师生矛盾的原因主要有两点:第一,楼管老师因保管不善将插座丢失;第二,也是最根本的一点,刘某只是从个人立场出发,过分计较个人得失,对待无意的错误也不依不饶,言语激烈,完全不考虑对方的年龄、身份和立场,缺乏对他人的尊重和宽容。

在与刘某的深入交谈中,我们强调让她换位思考,站在楼管老师的角度设想因管理松散导致在宿舍内违规使用大功率电器引发火灾的种种后果,增强刘某对宿舍管理工作的认同感;另外,让其明白与人相处要学会尊重和宽容,能够原谅别人,能大度地接受委屈,能与人为善,这是一种修养,一种"风度",一种文明,一种优秀,即使自己有理,也不能咄咄逼人,得理不让,尊重别人就是尊重自己,宽容别人,才会给自己带来广阔的天空。

刘某渐渐地不再那么强硬,但我看得出来,她还是不服气的。毕竟自负高傲的性格使她很难完全认同我的观点。在调停下,她接受了楼管老师的道歉和赔偿,也对自己的过激言语向老师承认了错误。双方的矛盾得以顺利地化解。

2. 做学生的朋友,用真诚敲开学生的心扉。

这件事后不久,又一件小事让我记忆犹新,也坚定了我要改变刘某的想法。一次周五下午班委改选会上,刘某突然站起来说"老师我有点儿事,不能开会了",之后便扬长而去。为不影响其他同学,我继续开会并没有追出去。散会后给刘某打电话得知因刘某父亲按照往常的时间来校接她,刘某归家心切,丢下一句话就走了。这件事也暴露了刘某组织纪律观念淡漠,缺乏对老师和同学最起码的尊重。

之后我开始寻找机会与刘某谈心。为营造轻松愉悦的谈话环境,我避开办公室将谈话场所选在了长廊里、凉亭下、操场边。在开始的谈话里,刘某的态度比较生硬,认为自己没有什么问题,这样挺好。我并没有气馁,继续用真诚的态度,从朋友的角度,耐心细致地开导她,解决她在认知方面存在的问题。谈话的第一个主题是学会尊重每一个人,通过详细剖析与楼管老师的插座纠纷和随意离开班会的举动,让其逐渐意识到,尊重自我与尊重他人同等重要,一个人只有懂得尊重别人,才能赢得别人真正的尊重;第二个主题是宽容对待他人,优越的家庭条件让刘某产生了很强的心理优势,身边的人对她也是宽容有加,但与舍友的一次互不相让的争吵却让她难以释怀,刘某在谈话中将这一情况告诉我,我因势利导举例说明,宽容为怀是解决问题的最好途径,对不同的观点、行为要予以理解和尊重,即使自己有理,也不能咄咄逼人,得理不让,把自己的观点和行为强加给别人,要尊重他人的自由选择。谈话过程中,我常常设身处地地感受她的想法,真诚的态度、真切的言语让她放松了很多,也逐渐向我敞开了心扉,拉近了师生的距离。

3.从实际出发,让实践唤醒学生的感知。

对于刘某的引导教育,仅仅依靠谈心是不够的,还需要有针对性与实践相结合,才能起到事半功倍的效果。暑假期间,我建议她参加系部组织的赴平山上庄村小学支教活动,这对于一直生活在城市的刘某触动很大,大山深处那些生活贫困却乐观活泼的孩子们让她学会了付出、懂得了感恩,活动也增进了她和同学们的交流。十几天活动下来,同学们明显感觉到刘某的变化。平日里,我时常用短信、邮件、QQ等和她沟通,密切关注她的情绪变化,及时得知她的进步或失误,鼓励她参与集体活动、加强体育锻炼。同时,我也督促她所在班级的班干部经常带动她参加集体活动。在共同的帮助下,刘某性格开朗了,能主动帮助他人了,不再只沉浸在自己的学习生活里。临近新年时,系部组织了我院首场学生演出的迎新音乐会,我们邀请刘某弹奏了她的拿手曲目,在舒缓流畅的钢琴声中,我们和刘某共同感受到了融入集体的快乐和喜悦。

4. 引导家长转变观念,共同做好刘某的人生导师。

对于大学生而言,家庭和学校都有塑造学生健全人格和优良品性的任务。家长在为孩子创造优越的生活环境的同时,更应注重其身心的健康发展。我们和刘某家长取得沟通,分析因为家庭问题而导致她性格形成的原因,提出改进建议,尽力为刘某创造一个与平常孩子相同的生活环境,以减少其过强的优越感。

专家点评:

"教育为本、德育为先。"青年学生应具备崇高的思想境界、高尚的道德品质、宽广的处事胸怀,这也是赋予高校的任务。由于来自社会、家庭及自身主客观因素的影响,当代大学生的思想、心理、品格各异,要使学生健康成才,思想政治教育工作既需要关注学生整体教育,更要关注学生个性发展。面对思想观念、心理品格造成行为失范的学生,不但需要循循善诱,耐心细致,触及灵魂的思想工作,更需要制度的规范、有效的监督、实践锻炼和家长的配合。

古人云:"爱人者人恒爱之,重人者人恒重之。"尊重是对他人的肯定,是对对方的友好与宽容。它是友谊的润滑剂,是和谐的调节器,是我们须臾不可脱离的清新空气。尊重不仅让人心情愉悦呼吸平顺,还可以改变陌生或尖锐的关系。人与人之间没有贵贱之分,尊重别人才能受人敬仰。在日常生活中,我们应该用一颗平等的心对待每一个人,多一份真诚,多一份信任,社会才能和谐。尊师重道是中华民族传统美德,如果一个学生连自己的老师都不知道尊重,无论走到哪里都无容身之所。尊重别人,具体来讲,就是在遇到问题是多一分宽容,宽容是一种美德。深邃的天空容忍了雷电风暴一时的肆虐,才有风和日丽;辽阔的大海容纳了惊涛骇浪一时的猖獗,才有浩渺无垠;苍莽的森林忍耐了弱肉强食一时的规律,才有郁郁葱葱。泰山不辞抔土,方能成其高;江河不择细流,方能成其大。宽容是壁立千仞的泰山,是容纳百川的江河湖海。

尊重是双方的对等交流,是交往的基本前提。大学生不但要学好专业文化知识,更要注重自身修养,学会尊重,学会包容,严于律己,宽以待人,力争做一个高尚的人,一个纯粹的人。

(张向战)

它们就像一粒粒珠子，串成了我与学生们共同成长的时间项链，回头看时我的作用似乎微不足道，但每颗珠子对个体而言却是至关重要的。因为处理不当，有可能会造成青春链条的断裂。

春风化雨，润物无声

——学生间发生矛盾了怎么办

□张如云

从事辅导员工作差不多有三个年头了，说短也短，说长也长，看着曾经青涩的男孩女孩们一个个穿上套装、打着领带，出入各种招聘场所谈笑自如，能够明显地感受到他们经过大学生活后的蜕变，这些改变是令人喜悦的。也许他们已经忘记了大学中曾经的莽撞和执拗，但对于我，围绕着他们身上发生的一些鸡毛蒜皮的事情犹如童年时的玩伴，不常提起，却也不曾忘记。

男生间的战争

那是 2005 年深秋的一个晚上，我刚刚上床休息，电话铃就响了。有个男生声音急促地对我说："老师快下来吧，要打群架了，就在宿舍楼下……"我的心一下子就猛跳起来，那时做辅导员的时间还不长，还没有遇见过这种事情。当时我心中只有一个念头：必须第一时间到达现场，控制住激动的学生，绝对不能让这场架打起来。

顾不上换衣服，我就冲到了他们的宿舍楼下：明亮的路灯下，有将近 40 个男生正一起往东边走去，我大声地喊道："大家都停下！"人群渐渐停下后，我赶快找出几个学生干部问明情况，并让他们报警。原来是有个外系男生喝醉了酒用棍子打了我们系的几个学生，激起了公愤，几个班的男生都出来了,而肇事的学生也有几个同学陪着就在前面不远处的树下坐着。我赶快给系团委书记和肇事学生的辅导员打了电话。挨打的学生情绪依然很激动,坚持要过去找那几个打人的学生"报仇"。为了控制事态进一步激化,我大声地说:"今天晚上的事情学校会认真处理的,一定会追究肇事学生的责任,但是从现在开始谁也不许去找他们,谁如果现在敢去打架,学校一样处分他。"

后来,民警来了,把打人的学生带走,我的几个当事学生也被要求前去配合调查。民警要求受伤学生去医院作鉴定,我匆忙回到宿舍换上刚才来不及穿的厚衣服并拿出了当时仅有的几百块钱。直到凌晨5点钟,我才回到学校,可以说度过了一个惊心动魄的不眠之夜。这是我做辅导员不久就遇见的事情,其实面对那个一触即发的场面我是有些害怕的,但是责任使我忘却了害怕,显得尤为镇定,是我的镇定和坚持,稳住了学生的情绪。

女生间的战争

这是上个学期的事情,有两个女生一起过来要求调换宿舍,她们的宿舍是个典型的混合宿舍,六个人,分属三个专业,其中有一个还是已经转到别的院系的女生。近一个学期以来她们经常吵架,几乎发展到动手的地步,而起因正是无端猜忌、背后闲话、小派系。其实女生间的矛盾在集体宿舍中并不少见,真正的起因大多跟女生解决矛盾的方式有关。男生上午打架,下午就可能坐在一起吃饭;但是女生就很难做到这一点,大多数女生会长时间反复回味一件小事、一句话、一个举动,故而久久难以释怀,要是这个过程中再碰见旁边有个心胸狭隘的同伴,关系就很难修复了。

掌握了问题的症结之后,我开始对症下药。我先跟这个宿舍的每一个女生分别谈话,将她们每个人的谈话进行对照,就知道了造成关系紧张的几件关键的事情,然后就这些事情对她们做有益的引导:告诉她们对发生在身边的事情要做积极正面的思考,而不要歪曲对方的初衷;

要学会宽容，原谅别人偶尔情绪不佳时的措辞；要用积极的做法去修复现在的关系，重新恢复到以前和睦的气氛中。

当时我经常收看河南电视台"心灵花园"节目，就借鉴了心理学家张怡筠博士处理家庭矛盾的思路，建议这个宿舍的女生采用一种"矫枉过正"的方式去修复关系。我先建议一派的女生给宿舍另一派的女生留条子，内容为：希望周末大家一起出去吃饭。同时，我也给另一派的女生打电话要她们向对方主动示好，就势下台。也许是大家对以往宿舍的和睦气氛依旧十分怀念，加上现在的宿舍关系使大家深感压抑，总之她们采纳了我的建议。后来，我在校园中碰见了向我诉说委屈的女生，她说老师放心吧，我们现在关系已经融洽了。突然，我的心里暖烘烘的，有一种说不出的成就感。

其实，伴随着学生的成长，发生在辅导员生活和工作中的事情实在是太多了，它们就像一粒粒珠子，串成了我与学生们共同成长的时间项链，回头看时我的作用似乎微不足道，但每粒珠子对个体而言却是至关重要的，因为处理不当，有可能会造成青春链条的断裂。所以，我一直"战战兢兢"地工作，不断地思索"怎么办"的问题，力求化作春雨，滋润他们的心田。

专家点评：

当代大学生特点明显，价值取向多元，加之自我意识的增强与认知能力发展的不协调，使他们在讨论、评价、思考问题时，往往以自我为中心，不能深刻、准确、全面地认识问题，表现出一定的片面性和幼稚性。为此，辅导员要树立"每个人都是可造之才"的理念，及时、准确、有效地解决困难，化解矛盾。当然，解决矛盾的关键是把问题扼杀在萌芽状态，最高境界是预防问题的发生。

学生间的矛盾有群体间的，有个体间的；有"暴风骤雨"似的突发事件，也有"鸡毛蒜皮"间的纠葛。对待突发事件，尤其是群体性突发事件,应及时控制事态发展,部门联动处理,思想工作到位;学生间日常摩擦更是司空见惯,若不及时处理,后患无穷。具体问题具体分析,调查原因,找准"病根",耐心工作。大学生是高智商群体,要做好他们的工作,既要求辅导员应具备管理学、教育学、心理学等多学科知识,又要求他们具有爱心、责任心和做好学生工作的事业心。

学生失范行为管理、心理问题矫正、诸多矛盾的化解,都需要辅导员耐心细致的工作。辅导员要明确自己的角色定位,着力在"教育纵深化、管理精细化、服务全面化"上下工夫,努力提高思想政治教育和学生管理科学化水平。

(张向战)

辅导员工作虽然很苦很累，但很值得，因为这份工作真的很有意义。我愿意怀着爱与热情去想点子，在变化中求创意，努力做一名智慧型辅导员。

在变中求新

——学生相互嫉妒怎么办

□张玲瑞

小A与小B是我所负责年级的两名女生，同住一间宿舍，入学不久，两个人便成了形影不离的好朋友。小A活泼开朗，小B性格内向、沉默寡言，渐渐地小B觉得自己像一只丑小鸭，而小A却像一个美丽的公主，处处都比自己强，把风头占尽，心里很不是滋味，便时常以冷眼对小A。本学期，小A参加了学院组织的一项大赛，得了一等奖，小B得知这一消息先是沉默不语，而后妒火中烧，趁小A不在宿舍的时候将小A的参赛作品撕得粉碎，扔在小A的床上。小A发现后想不通小B为什么要这样对自己，更不知道自己今后该怎样与小B相处，于是便向我反映了这件事，请求我的帮助。

听小A讲述了事情经过后，我觉得这件事如果不及时处理或处理不当，就极有可能产生不良的后果，甚至导致小B出现心理问题。但是怎么处理才能让小B接受并且不影响她们之间的友谊呢？我苦苦地思索着。

我觉得这件事的根源在于两个字——嫉妒，于是我决定从以下七个方面做小B的思想工作。

1. 让她认清嫉妒的危害性。

嫉妒的危害有两方面，一是打击别人，二是伤害自己、贻误自己。遭到别人嫉妒的人自然是痛苦的，但嫉妒别人的人也并不快乐，一方面这种心理会影响自己的身心健康,另一方面由于整日沉溺于对别人的嫉妒之中,没有充沛的精力去思考如何提高自己,导致延误自己的前途。认清这些是走出嫉妒误区的第一步。

2.克服自私心理。

嫉妒是个人心理结构中"我"的位置过于膨胀的具体表现,也就是总怕别人比自己强对自己不利。因此,要根除嫉妒心理,就要首先根除这种心态的"营养基"——自私。只有驱除私心杂念、拓宽自己的心胸,才能正确地看待别人、悦纳自己,也就是我们平常所说的"心底无私天地宽"。

3.正确认知。

我们在客观公正地评价别人的同时,也要客观公正地评价自己。别人取得了成绩并不等于自己失败了。"人贵有自知之明。"强烈的进取心是一个人成功的巨大动力,但冠军只有一个,尺有所短,寸有所长,一个人不可能事事都走在人前。一个人只有客观地认识自己的优势和劣势,正确地衡量自己的能力,为自己找到恰当的位置,才能做出成绩。

4.将心比心。

"将心比心"是老百姓常说的一个词,在心理学上这叫"感情移入"。当嫉妒之火燃烧时不妨设身处地地为对方着想,扪心自问,运用心理移位法,这样就可以让自己体验到对方的情感,有利于理解别人,使不良的心理状态得到有效遏制,这是避免嫉妒心理行之有效的办法之一。

5.提高自己。

嫉妒的起因就是看不惯别人比自己强。如果一个人能不断地学习、探索,使自己的知识、技能、身心素质不断得到提高,那么就可以减少嫉妒的诱因。如果让丰富多彩的课余生活把自己的闲暇时间填得满满的,自然也就减少了"无事生非"的机会,这是克服嫉妒心理最根本的方法之一。

6.完善个性因素。

大凡嫉妒心强的人,都存在心胸狭窄、多疑多虑、自卑、内向、心理失衡、个性心理素质不良等情况，因此努力完善自己的个性因素、提高自己的心理素质、以健康的心态面对生活是消除嫉妒心理的重要方法。

7.树立正确的竞争意识。

以公平、合理为基础的竞争是使人努力向上的动力，对手之间可以互相取长补短，共同进步。此外，还必须建立正确的竞争意识。

我从以上七个方面跟小 B 进行了一下午面对面的交谈，认真向她解释了人与人相处的技巧，小 B 当时就意识到了自己的问题。我让她回去后再好好想想。当天晚上她就给我发了条短信，说："老师，您一下午的教导和我一晚上的思考，让我明白了做人的道理，意识到了问题的严重性。今后我一定会调整自己的心态，凡事多站在别人的立场上想，我会向小 A 道歉，希望她能原谅我，希望我们还能像以前那样，形影不离。谢谢您，老师！"

收到短信后我特别高兴。辅导员工作虽然很苦很累，但很值得，因为这份工作真的很有意义。我愿意怀着爱与热情去想点子，在变化中求创意，努力做一名智慧型辅导员。

专家点评：

只有对工作热爱，才能满腔热情去投入；只有透过现象抓本质，解决问题抓主要矛盾，才能卓有成效地开展工作。作者针对学生反映的情况，通过现象梳理，确定产生问题的根源是学生的嫉妒心理在作怪，从而有针对性地开展思想政治教育工作，收到了很好的效果。

哲学家弗兰西斯·培根告诉我们嫉妒的可怕，他把嫉妒比喻成魔鬼撒下的种子，让我们懂得彼此越了解，嫉妒心将越强烈。人们可以允许一个陌生人的发迹，却绝不能容忍身边人上升的种种趋势。嫉妒者往往是自己既没有优点，又看不到别人的优点，因此他只能用败坏别人幸福的办法来安慰自己。当一个人自身缺乏某种美德的时候，他就一定要贬低别人的这种美德，以求实现两者的平衡。其实，每一个埋头于事业的人，是没有工夫去嫉妒别人的，或者把对别人的嫉妒变为自己的工作动力，即"你行，我比你更行"，而不是"你行，我不让你行"。朋友难得，知心朋友更加难求。"如果你把快乐告诉一个朋友，你将得到两个快乐；而如果你把忧愁向一个朋友倾吐，你将被分掉一半忧愁。"这说明了朋友是我们身边必不可少的一个角色，可以为我们的生活增添色彩。

（张向战）

良好的师生关系是开展学生工作的一把金钥匙，而建立融洽、相互信任的师生关系的最有效的方法就是情感交流。通过与学生相互交换意见，交流思想，表达情感，达成共识，达到教育目的。

信任：与学生之间关系的钥匙
——学生与学校发生矛盾怎么办
□罗桂生

作为一名学生辅导员，很重要的一方面是让学生信任自己，不仅仅在学习上是他们的老师，而且在生活上思想上还得是他们的朋友。良好的师生关系是开展学生工作的一把金钥匙，而建立融洽、相互信任的师生关系的最有效的方法就是情感交流，在交流中，学生能够体会到尊重、理解的情感，从而建立对辅导员的信任；同时，及时和学生沟通是相互传达、了解信息、增强互相理解的重要手段，也是辅导员提高自身、改进工作的一个重要方法。通过与学生相互交换意见，交流思想，表达情感，达成共识，达到教育的目的。

2007 年 10 月的一天早上，我所带的 05 级采矿专业的一个家庭贫困的学生满脸委屈地找到了我，把积压在心中的不快与愤慨向我倾诉，并希望通过我寻求解决问题的途径。事情大致如下：

周一那天，迟迟不发的物业中心暑假勤工俭学工资发放了，得到这个消息，这名学生兴高采烈地前往大学生活动中心一楼的触摸屏，准备领取这迟来的工资。据悉，其他暑假工作岗位的工资早在上个月就按时按量发放到学生手中，不知为何，唯独他们这一份，学校物业中心迟迟不发。该学生输入密码一查询，发现工资比预计的少很多。照理，往年物业中心岗位每天工作 4 小时，工资是每天 8 元，加上今年物价上涨,其他部门的勤工俭学岗位工资都作了相应的提升,如保卫处由去年的每天12元涨到每天15元。所以最保守的算法,假期工作了40天,少说也有320元。然而,屏幕上显示的数字是让他难以接受的240元,就是说每天的工资为6元,工资非但没涨还下跌了。这名学生家庭经济比较困难,暑假不回家就是因为经济原因,一是想节约几百元的路费,二是还想暑假在学校找个临时岗位,赚些生活费。然而,现在是事与愿违。

遇到这事,他很苦恼,他当时的眼神与表情,让我觉得该学生似乎开始怀疑学校是不是扣了他的工资,连学校的勤工俭学岗位工资都不能保证,他能相信谁? 他有些失望和懊恼。

看着他委屈而愤慨的眼神,我首先安慰该同学并劝他保持冷静,开导他要对学校有信心,问题的出现,一定有其他的原因。你现在反映出来了,作为你们的辅导员,我一定会及时向学校反映这个情况,相信学校会给大家一个满意答复,绝不会让学生吃亏。同时,我对他对我的信任并主动向我提出此问题表示赞赏。其次,我也想到问题的严峻性,这个问题处理得好坏直接关系到学校在学生心中的形象,尤其对一些家庭经济困难学生而言,他们急需得到学校的支持;再次,我也不能光听某个学生的一面之词就妄下定义,必须先调查一下是否真如这个学生所讲。在安慰劝说该同学回去等我消息后,我先后找到了校物业中心的张经理和勤工俭学中心的值班人员。原来事情的真相是这样:学校每个部门勤工俭学岗位的数量和工资是有限额的,如果岗位数量即学生勤工助学人数增加了,而工资没有增加,只有减少岗位工资来应对。这就是学生勤工助学工资不增反减的真实原因。按学校制度,这是一起物业中心违规操作事件,勤工俭学办公室有权不发放这当中任何一位学生的工资。但考虑到受害的是家境贫困的学生,学校决定照常把工资发给学生,但由于参加助学岗位的学生人数增加,而所有岗位工资总量不变,从而导致学生每人工资减少的情况。所以,问题最后是出在物业中心的违规操作,勤工助学的学生不负任何责任。经过协商,很快勤工俭学中心就将余款足额发放到了这批学生手足,问题得到了圆满的解决。事后,学生们对我的信任度更高了,有什么事都愿意找我沟通,从中我了解了更多学生的信息。

通过这件事情,我想,首先,责任心是最重要的。责任心是驱使我们积极工作的原动力。我们不能为了工作而工作,把辅导员工作仅仅作为一种谋生的手段,而是要把这份工作当成一项事业去奋斗。没有这份责任心的话,我不会亲自去调查、亲自去了解情况,这也是我能把事情处理好的前提;其次是态度,对待学生反映的问题,必须有一个端正的、实事求是的态度,既不肯定学生反映的一切也不否定学生所说的一切,但都必须认真对待。最后是效率,对待学生反映的问题,应尽自己所能及时给予回复,否则学生会认为我们对他们不重视,从而导致事态的进一步恶化。

专家点评:

芭芭拉·米兹太尔认为,在人的生活中,信任有三项基本职能:它使社会生活可预测化,它创造了"社区意识",而且它让人们更容易在一起工作。罗桂生老师在工作中用自己和学生之间的互相信任,解决了看似简单但却棘手的问题——贫困学生勤工俭学工资的合理发放,树立了自己的威信,避免了学校的"信任危机",起到了学生和学校之间的"桥梁"的作用,保证了沟通的通畅。

实际上,辅导员应该像"资金储蓄"一样建立与学生的信任储蓄、感情储蓄。在实际工作中,有些辅导员工作效率低,主要原因之一是信任储蓄、感情储蓄不够。因此,作为学生全面健康成长的人生导师的辅导员,必须高度重视建立信任的储蓄,才能提高感召力、亲和力和人格魅力,赢得学生的尊重和拥护、爱戴。

(李大宏)

与学生沟通是一门学问，更是一门艺术。首先，要有责任心，要对学生负责；其次，要有耐心；最后，沟通需要诚心，与学生打交道，不要一方凌驾于另一方，而是二者平等相待，以诚相待。

一起离异家庭大学生违纪引起的思考

——学生总担心别人看不起自己怎么办

孙锦峰

2008年4月，我所带年级中的学生小罗以"奶奶突然病危，要赶回家去见奶奶最后一面"为由欺骗老师离校，后经落实情况证明其撒谎，在后期和其谈心并对其进行批评教育过程中，发现该生自卑、偏执、易情绪激动，说话具有攻击性，爱随意编造事实而掩盖错误，甚至有反社会倾向，认为一切错误不是自身原因引起，而是和社会有关。经过多次耐心细致的思想工作，终于说出心结：在大二下半学期，父母因长期不和而离异，因担心其他人会看不起自己，从未向家人以外的任何人说起父母已离异的事实，但承认父母离异及长年不和，对自己的心理造成很大的伤害。此次撒谎离校，是去深圳找同学，想和同学一起创业，想独立，远离父母和家乡。

在和小罗接触中发现，自卑心理严重，敏感，偏执，自负，爱面子，爱撒谎，担心别人知道他家庭的真实状况，渴望温暖但不相信别人的关心和爱护。经过每天和小罗耐心细致的谈心，终于找到问题的症结：自述是因为对老师充分的信任，才说出隐私：自从幼年开始，父母关系一直很差，从小就生活在一个极不幸福的家庭，但认为父母都是爱自己的（说这句话时信心不足），但他们的行为给自己造成巨大的伤害，使自己生活在一个极不幸福的家庭，感到自己一无所有，所以想出去挣钱，父母应该负责任,自己很爱母亲,母亲受了很多苦,让母亲受伤害的事情,决不答应。这次违纪事件,老师给母亲打电话了解情况,让母亲知道了自己不遵守纪律的事实,让母亲伤心,所以对老师有意见。并认为老师和他母亲沟通情况,是对他母亲的伤害。

在了解小罗情况时得知:他向其他同学吹嘘自己父亲是大学副教授,而其实他父亲只是一名停薪留职的民办辅导员,目前开个汽配小店。

在向小罗父母沟通情况时,他父亲不是协助老师教育学生,而是说孩子撒谎离校,都是因为专业不好,学校教育有问题,大一时有老师在课堂上教学生应该学会吸烟喝酒接触社会,所以学生才离校准备出去挣钱(后经向小罗本人以及其他同学落实情况,都说没有老师在课堂上说出这样的话,问小罗本人时,他甚至听到父亲这样的言论还偷偷发笑),说儿子从小到大都是学校教育,所以家长不负任何责任,老师也不需要和家长沟通。

了解到这种情况,我非常痛心,陷入了沉思。教育专家常说:"理解是教育的前提,尊重是教育成功的基础",对我而言,每个学生都是独一无二的,我应该用自己的满腔热情去理解关爱他们,争取不让任何一名学生掉队。首先,深入了解学生实际情况,以真诚和耐心,换取学生的信任,找出学生撒谎离校的根本原因所在。在和学生多次谈心过程中,不是采取机械的处理方法和简单的教育批评方式,多理解和尊重他的观点,然后再因势利导,让其认识到自己不成熟及幼稚的方面,从而充分信任老师,能向老师敞开心扉。小罗固执地以为只有挣钱独立,才是他摆脱家庭痛苦的捷径。我肯定了他想创业的积极意义,但同时分析了目前他个人在社会这个大家庭中的地位,必须有真才实学,才能真正独立,不能满足于一时的能挣几个钱,目光要远大,要对自己有信心,作为学生,必须练就一番真本领,将来才有大作为。我给他举了个学校家属院收废品的年收入的例子,意在告诉他,年轻人应该将眼光放长远,他对这个事例较信服,认识到自己的一些看法较浅显;又问了他一些创业应具备的条件,特别是应具备的心理素质,抵抗挫折的能力和对他拟从事"事业"的了解,他深刻认识到自己的不足,意识到应该首先作好一名合格的大学生,才能为将来打好基础。

小罗深刻认识到自己的错误,并对自己违纪及撒谎的错误做法向老师道歉并作出深刻的检查,愿意在班里公开作出检讨,以教育其他同学。

随后,劝解小罗正确看待父母离异问题:虽然父母离婚了,但相信父母还是很爱你的,所以不应悲观失望。要放松自己,不要总是把心灵的创伤时刻铭记在心里,你父母是父母,你是你,自己美好的生活靠自己来创造。有过这样的经历和磨炼,说不定是一种财富呢,命运的安排是公平的。听你父母反映,你在寒假都没有回家,拒绝和父母沟通,也不能把自己的家庭不幸,全归结于父母,甚至认为是社会引起。要相信周围的同学和老师。

最后,又充分分析了他的优点和优势,以及将来努力的方向。经过一个阶段的思想帮扶,目前小罗在心态方面积极了很多,经常和同学一起打篮球,按时上课,也明确了将来的努力方向。

离婚家庭的孩子多孤独、自卑、寂寞、恐惧,甚至有的充满嫉妒和仇恨,当然也有些孩子更加成熟,理性和勇敢。所以,要从离异家庭子女由于家庭的解体而存在着心理上的问题这一角度出发,探讨产生这一系列心理问题的主要原因以及社会、家庭和学校教育如何形成合力来面对和解决这些问题。

1.引导离异家庭大学生正确认识自己。小罗因为父母离异,认为自己没有家,痛恨父母,认为自己所有的坎坷和失败,都是由于父母引起,所以在任何事情上,首先想到的都是别人的责任,由于别人的种种错误,才引起自己不当的行为。所以,辅导员应引导离异家庭大学生正确认识、分析自己,认识自己的缺点和错误,不能一味地推卸责任。

2.引导离异家庭大学生积极参加人际交往。离异家庭大学生因担心自己家庭的原因,周围同学会看不起自己,所以越发和同学远离;周围没有真心朋友,也就愈加孤僻、自卑,在人际关系敏感上存在极其显著的差异。因此，强化离异家庭大学生的交往意识，一方面可以积极改善离异家庭大学生的心理，另一方面，也利于辅导员掌握情况，利于心理健康教育工作的开展。

辅导员工作要做得好，就必须深入到学生中去，做好与学生的交流与沟通，特别是对于"问题学生"，更应掌握第一手的信息和资料，密切关注学生的心理动态。与学生沟通是一门学问，更是一门艺术。首先，要有责任心，要对学生负责；其次，要有耐心；最后，沟通需要诚心，与学生打交道，不要一方凌驾于另一方，而是二者平等相待，以诚相待。

专家点评：

离异家庭大学生是心理问题和心理障碍的高发人群，其心理问题的产生主要来自社会的偏见、家庭教育的负面影响、自身的主观因素等。心理学的认知理论认为，"人之所以产生心理困惑并不是事件本身，而是人对其所持有的看法"。有些父母离异的学生由于不能正确地理解父母离异，想法和行为比较极端，不善于调节和宣泄，出现价值偏差。孙锦峰老师积极引导学生改变对"父母离婚"事件的认识，重新整合自我概念；在行动上及时纠正了撒谎"奶奶病危"、寄希望于"创业"来远离父母的错误，并通过正面例子进行了积极引导；支持并指引学生从集体中找寻温暖和理解，通过营造友爱、团结的氛围抚慰其心灵上的创伤，不断激发学习动机，增强自信心，逐步帮助学生摆脱心理阴影。

此外，对这些自卑感较强的离异家庭学生，教师的关爱尤为重要，在一定场合下，有时教师一句话甚至可以改变学生的一生。因此，教师应重视离异家庭学生这一特殊群体的心理健康，建议在新生入学初就建立离异家庭大学生心理健康档案，通过不记名的心理问卷调查、深入谈话等方式确定重点关注对象，以便对他们实施有效的心理疏导和教育。

（李大宏）

自尊在大学生心中是很重要的，如果禁止他们占座的话，也许能暂时稳住局势，却毫无疑问会打击他们的学习积极性。所以，在教育他们之前首先得承认他们是成年人，已经有了自己的想法和自由，让他们知道没有谁能强制要求他们做对自己不利的事情。

以爱心、耐心、鼓励引导学生成长
——遇到学生占座引起矛盾怎么办
□王银辉

　　作为一名高校辅导员，责任无疑是十分重大的，因为百余名学生将在辅导员的带领下走过大学四个春秋，而在此期间发生的每一件小事，都会对他们的未来产生不小的影响。我觉得，要做一名优秀的辅导员，绝不是一件容易的事情！我做辅导员时间并不长，经历的事也不多，但有一件事却使我很是难忘，感触颇深。

　　那是新生刚开学不久的时候，同学们的积极性都非常高，他们中间形成了一股"占座风"，一大早就能看见不少同学匆匆忙忙赶到教室抢着坐在前排。学校规定 7：00 开始上早自习，而他们往往 6：50 之前就到齐了，每天看见他们那求知若渴的面孔，我都感动不已，然而，在感动的同时我也隐隐有点担忧：那些没有占到前排座位的同学会不会有什么不满呢？

　　果然，一个多月后就有学生到我这里诉苦了。他们说现在许多同学都是一个人为一个班占座，以至于有些同学早上来得很早却只能坐到四排以后！还有同学说，他一大早跑来占好了座位，却被别人把占座的书收上了讲台，为这事，有些同学都快要刀戈相向了。

　　怎么办？我陷入了思考。我自己也刚刚研究生毕业，所以我能够理解他们：正值青春年华，都是朝气蓬勃、义气方刚，自尊在他们心中是很重要的,如果禁止他们占座的话,也许能暂时稳住局势,却毫无疑问会打击他们的学习积极性。所以,在教育他们之前首先得承认他们是成年人,已经有了自己的想法和自由,让他们知道没有谁能强制要求他们做对自己不利的事情。"好话一句暖人心。"我决定先指出同学占座这一做法的优点,然后再跟他们分析如何既占座又不影响同学之间的团结。

想好后,我就通知全班同学本周四晚上开年级会。如我所料,大家也许都猜到了我临时决定开年级会的目的,教室里的气氛不是很轻松,无论是"占座一族"还是"无座阶级"似乎都准备唇枪舌剑地大干一场。不过当我踏上讲台时教室里顿时安静了下来。我说:"同学们,今天的年级会上我想跟大家探讨一下什么是人才。我认为,人才最重要的特征就是能给人以尊重。'爱人者,人恒爱之!'大学生和其他人最大的不同是什么?就是大学生拥有较高的素质!所以说上大学的目的不光要学习文化知识,更要学做高素质的人。现在的社会,高学历的人不少,但真正高素质的人才却不是很多,很多人学了不少的文化知识,却忘了如何做人。我希望在座的每一位同学今后都能有大好的前程,因此,我们就得把'做人'这堂专业课学好。"听了我对"人才"的解释后,现场的气氛明显有了改善,活跃了不少,大家都不再横眉冷对了。

接下来,我又对他们前一段的表现作了一个简单的总结:"同学们,前一段时间大家一直都努力学习,表现都很出色,看到你们有如此高涨的学习热情,我非常感动……"随后我对各班的学习积极性予以充分的肯定和表扬,特别是对占位问题分歧最大的两个班,给予了充分的表扬。这时候,气氛逐渐融洽、热情逐渐高涨,我话题一转说道:"大家学习的积极性是值得肯定的,然而,我们在好好学习的同时也要多为其他同学着想。上课占个好位子是好事,来得早坐好位子也是应该的。不过,如果以为占了位子可以不用起早了,那么占位子就不是好事了,这样也容易滋长自己的惰性,对其他起得早的同学也是不公平的……"

就这样,我站在不同的位置,引导同学们站在他人的位置上去思考,用爱心教育他们,耐心地引导他们,细心地做他们的思想工作,以鼓励为主题开了近两个小时的会议,充分体现了公平、民主,让持不同意见的同学畅所欲言,最后使矛盾、冲突慢慢地得以化解,既端正了班风、学风,又使同学间的关系变得融洽、和谐。

专家点评:

心理学认为,自尊会受到个体的情绪、健全的人格、应对挫折的方式、人际关系等直接的影响,同时还与许多积极的可以促进人们成功、幸福的心理品质如创造性、独立性、灵活性、应变力、团结协作精神等有直接的联系。

王银辉老师考虑到大学生心理发展的特点,针对学生因占座位引发的冲突,在肯定学生学习积极性的基础上,间接地指出其背后的不良行为,以自己的爱心、耐心解决了这个问题,鼓励引导学生进一步地思考和成长,赢得了学生的信任。从中可以看出,引起学生思想变化的因素是多种多样、千变万化的,这既需要辅导员不断完善知识结构,丰富自己的头脑,培养综合能力,而且还要求辅导员在处理日常事务时始终保持良好的心态,以真诚、热情、爱心和耐心,以饱满的状态和学生互动。

(李大宏)

我们每个人都有自己的世界，而沟通，就像是生命里的一束阳光，由此激情和欢乐得以传播，成功的自豪和喜悦得以分享，思想得以扩展。在这样的环境里，我们的学生才能更好地成长。

沟通让我们走得更近

——班干部和同学发生矛盾怎么办

□刘雪枫

刚毕业时，我除了担任辅导员，还担任了一门专业基础课，无论是热能专业的学生还是电气专业的学生都得学习。学生们看到是辅导员教的课程，课堂上都多了一些严肃和认真。

一次课间休息，没有学生来问问题，我站在讲台一侧，看着这一教室的青春年少，突然发现，有一个学生在墙角的位置静静地坐着，我感觉到了他和其他同学的距离，也仿佛看到了他离群的孤独。

我轻轻地走下讲台，静静地走到他的身边。他一抬头，看到是我，噌地站了起来，满脸的局促不安。

"刘老师好。"他说，说完就低下了头。

我看到了桌子上的那张被笔画得凌乱的纸。我知道他是热动专业的一个班长，知道他平时是一个做事情耿直的小伙子，之所以这样，肯定是有些自己解决不了的心事。

我笑着说："怎么，有心事？"

他一扬脸，故作镇定地说："没事，刘老师，真的没事的。"

我一看表，"现在马上要上课了，好好听课，下课了咱俩一块儿回去，记着啊！"

我不是一个很外向的人，但我会用我真诚的心坦诚地与学生们交流。那天下课,顺路跟他一起走了几百米,在轻松的气氛里边走边谈,我了解到他难过是因为昨天晚上例行班会的时候,班里有一个同学对他很有意见,当面指责了他很多的不是。最让他受不了的是相当一部分同学对那位同学的默许支持。他说的时候很激动,能看得出来,同学们的这些不理解让他痛苦不已。我知道他是一个很负责很认真的班长,他发自内心地爱护他的班级,但是他不喜欢和同学们商量,有什么事情从来都是从自己所能想到的方面来考虑,而为什么会这么做,很多人并不知道,他也没有解释过什么。他觉得自己问心无愧就好,于是和同学们之间积累了很多的误会。

为了解开他俩的心结,我特意找了一个阳光灿烂的晴天约他们几个打了整整一下午的篮球,一直打到汗水淋漓,散场的时候我们惬意的坐在球场上,我把他俩拉过来,面对面坐着,他俩的神情在微妙地变化着。

我问:"你俩坐过公交车没?"他俩满脸的疑惑,我没有管他俩,继续说:"有一次我坐公交车的时候,看见过这么一件事情,让我触动挺大的。那天是周末,当时车上人特别多,到了下一站还是没有人要下,可是车外面有一个人要上来,他敲着门说:"我都敲这么久了,里面的人有点人道,让我上去好不好?"结果门开了,这个人终于如愿地上了车。当车驶进下一站的时候,还是没人下车,同样有人在外面敲门想乘这辆车。刚才那个人就说:"里面都这么挤了,外面的人有点人道,不要上来了好不好。"

也许他俩从这个故事里面想到了什么,听完之后都沉默了。接下来,我让他俩像刚才在球场上相互配合那样,敞开心扉,好好谈谈。虽然,聊的时间不长,但那个班长同意让那个对他有意见的同学当一段时间的代理班长,而他,则配合让代理班长熟悉工作。

就这样,过了不到一个星期的时间,还是一个很晴朗的日子,那个曾经有意见的同学告诉我,说他错怪了他的老班长,没有几天的日子已经让他知道了做一个班长是多么的不容易,多么的需要理解和支持!

后来,这个班屡次获得各项集体荣誉。现在他们早已毕业了,听说他们都工作得很好。

从那以后,我经常与学生们一起走路,一起聊天,一起过各种节日,不放过任何一个与学生交流的机会,对学生,我始终默默关注,适时发言。

同事们有时候戏言我这是"打入学生内部获取情报",我总会笑着告诉他们,"哪有啊,我只是一个人时间久了,再不跟学生们接触,我还有什么啊!"话是笑话,但感情确是真的感情,因为我的世界早已经不是我一个人的了,相互的交流和沟通不仅成就了一届届学有所成的学生,同时也让我受益匪浅。

我们每个人都有自己的世界,而沟通,就像是生命里的一束阳光,由此激情和欢乐得以传播,成功的自豪和喜悦得以分享,思想得以扩展。在这样的环境里,我们的学生才能更好地成长。

专家点评:

沟通是人与人之间、人与群体之间思想与感情的传递、反馈的过程,以求思想达成一致和感情的融合。有效的沟通能够消除各种人际冲突,实现人与人之间的信息交流,在情感上相互依靠,在思想上认识统一,从而营造出良好的人际关系。因此,生活中提倡通过各种形式进行有效的沟通。本案例中的班长因不善或不会沟通产生烦恼和痛苦,而辅导员巧妙、智慧、有效的沟通,使学生工作充满和谐、生机和活力。

经验证明,多半事业有较高成就的人,能力并不是占大部分的因素。良好的人际沟通,才是制胜的最大因素。因此,在日常工作中,我们要正确表达信息,认真倾听交流,积极思考理解,及时反馈互动,养成良好的沟通习惯。只有通过有效的沟通,人与人之间的关系才能进一步加深,团队的竞争力、凝聚力和战斗力才能更加强大，我们的生活也将更加美好、和谐。作为学生干部来说，与同学进行沟通至关重要。从某种意义上说，学生干部也是管理者，对班级的管理要得到同学的认可，需倾听同学意见；管理行为的实施，需得到同学的响应，这些都离不开沟通。班干部要学会倾听同学的心声，做好上情下达、下情上达，只有这样才能让班集体风清气正，才能推动班集体健康、蓬勃发展。

陶行知有句名言："真的教育是心心相印的活动，唯有从心里发出来，才能打到心灵的深处。"思想政治教育要走进学生内心世界，交流沟通的渠道很重要。有的学生喜欢正式座谈，有的喜欢随意聊天，有的喜欢网络畅谈。手机、电子邮件、网络等新型交流工具的出现，使沟通更为方便，辅导员要积极把握学生特点，运用一切沟通渠道，有效地做好每位学生的思想政治教育工作。

（张向战）

如果说学生是祖国的花朵，那么我愿意是陪衬他们的绿叶；如果说学生需要温暖，那么我甘做燃烛，奉献我的青春；如果说学生彷徨迷茫，那么我愿意成为他们心灵沟通的桥梁。

幸福的桥梁
——学生对班干部有意见怎么办
□郑　飞

那天，我刚刚放下案头的工作便接到一个电话，是一个名叫小旭的女生打来的，听声音她好像很着急，也很生气，第一句话就是："老师，我不想担任学习委员了，我要辞职！"听到这话，我先是一愣，马上想到了小旭所在的班：从一开学，他们班的同学就特别积极地参与班级建设。第一次选举班委时，全班同学都参加了竞选，并且传闻有拉票之风。俗话说"一山容不了二虎"，更何况，这座小山上有 33 只老虎，不打架才怪。我劝她不要急，先把情况说清楚，如果理由合理，我会尊重她的选择。停了一下之后，小旭才说："他们都不信任我！刚才隔壁寝室的小静说我所在寝室的同学上课总是迟到，影响集体，还说我是学习委员，我要负主要责任，以后谁不去上课，都要怪我……迟到怎么了？又不是什么大事，用得着那么大惊小怪吗？这能说明我们不爱集体吗？她……不是，是班上所有同学都对我们寝室有意见，都看我们不顺眼。"讲到这里，小旭长出了一口气。言语中我捕捉到了这样的信息：一是传闻中的两个女生寝室不和睦并不是谣言，二是她们没有根本的矛盾冲突，三是她们其实很热爱班级，四是如果不能有效解决这个问题就会演变成小团体之间的斗争。

既然小旭认为班上其他同学都对她们寝室同学有意见，那么我想她们几个女生身上肯定存在问题。于是，我引导小旭对同寝室的同学作出一个客观的评价。沉思过后，小旭说："我们除了偶尔上课迟到之外，其他都很好！"看来她自己也认为迟到并不是好事，但是为什么她在小静面前就那么振振有词呢？我想原因不外乎两点：一是小旭太要强，二是小静说话可能也很冲动。我马上想好了解决的办法。

我先告诉小旭，同学之间没有根本的利益冲突，所有的矛盾都是由于彼此的误会造成的。我对她说："小旭，你知道吗？'误'字是言字旁，而不是心字旁，那就说明人与人之间产生误会不是因为心眼坏，而是因为话没说好，这就是所谓的祸从口出。我觉得你和同学们之间仅仅是误会，如果你愿意和其他同学沟通，那么一切都会好起来的。你愿意吗？"电话那头只是传来了"嗯"的一声，但语气很坚定。

挂了电话我马上找来了小静。小静是一个很敏感的女生，喜欢唱歌。一见到我小静就哭了，边哭边说："老师，我错了！其实刚开学的时候我对小旭印象挺好的，可是后来……"听到这里，我马上想到，小旭与小静可能原来是一对相互欣赏的好朋友，造成今天的矛盾，也许仅仅是一些小误会。我便问她："你原来对小旭的印象是怎样的呢？"小静用了一系列美好的词：漂亮、热情、善良、口才好。但说着说着，小静的语气有点消沉了，她说她实在不理解小旭怎么会变得那么快。我告诉小静："其实你眼中的小旭没有变，变的也许是你看她的心态和角度！"小静抬头，很惊讶地看着我，我问她现在是否需要我的帮助。小静重重地点了点头。可是让她们中的哪一个先迈出沟通的第一步呢？小旭是意识到自己错了，但嘴上不承认；小静也意识到自己错了，且主动认错，那么就让小静先给小旭表示一下友好吧。在我的鼓励下小静给小旭发了道歉的短信。

小静走后我再次拨通了小旭的电话，询问她与小静的情况。小旭很不好意思地说小静已经向她道歉了，而她却没有回复，因为她不知道该如何回复。我又开导了一番小旭，鼓励她勇敢些。第二天，我又联系了这两个寝室的同学在小旭寝室小聚，两个寝室的同学笑得都很勉强。我便安排让两个女生合坐一把椅子，自然，主人们都纷纷挪开了一半位置,把另外一半空出来留给客人。看着她们坐下后,我开始跟她们聊我的大学生活,跟她们聊男生女生如何沟通,女生寝室为什么会产生误会以及如何解除误会,怎样建设先进班集体。她们听得很认真,两个多小时后当我起身准备离开时,小旭说:"小静,你们明天上课时叫上我们啊!"在那一刻,尴尬变成了会心的微笑。看着她们,仿佛所有的努力和辛苦都得到了回报。

人与人之间不可或缺的就是理解和包容。每一段感情都需要用一定的时间去培养,每一段感情都需要借助桥梁来搭建和维系。

专家点评:

培养一支"素质过硬、能力突出、凝聚力强"的班干部队伍是辅导员做好班级建设的重要抓手。

孔子曰:"其身正,不令而行;其身不正,虽令不从。"学生干部是学生中的优秀分子,必须以身作则,率先垂范,其言行举止要成为班级成员的榜样和示范,主动接受同学的监督,想同学之所想,急同学之所急,代表同学利益,服务同学成才。只有这样,学生干部才能赢得同学的信赖与尊重。

班干部也是学生,和广大同学一样,有着共同的成长背景和表现特征,在学习、工作和生活中,难免相互间会发生矛盾,关键是如何化解矛盾,防止矛盾升级。学生对班干部有意见,班干部要首先反省自己,勇于接受同学的批评和建议,有则改之,无则加勉。对待同学的误解,要襟怀豁达,学会包容。俗话讲:忍一时风平浪静,退一步海阔天空。学生干部与同学间的沟通力直接影响工作成效,班干部应真诚与同学交心。真诚非常最重要,因为它可以促成相互信任,没有信任,就没有双方心灵的交集,也就不会有沟通。林肯曾经说过:"如果你想让别人按你的目标行事,那么首先你必须赢得他的信任。"让我们架起沟通的桥梁,在学生成长、成才途中洒满一路阳光。

(张向战)

第六章　心理健康篇

XINLI JIANKANG PIAN

点评专家：

中原工学院学生处处长	张东伟
洛阳理工学院学生处处长	李大宏
东北财经大学学生处副处长	刘正浩
郑州大学公共卫生学院党委副书记	付晓丽

倾听学生在恋爱过程中遇到的问题，引导学生树立健康、正确的恋爱观。倾听与引导结合，从"点"到"面"，全面把握和解决大学生恋爱问题。

倾听·引导

——女生在恋爱方面遇到问题怎么办

☐赵　昕

爱情是大学校园最普遍、最敏感的话题之一。爱情，对于学生而言，始终带有一层若有若无的面纱，神秘、美好，令人神往。中学时代，学生是不允许"谈情说爱"的，进入大学以后，大多学生觉得在爱情的问题上获得了"解放"，大胆将自己对爱情的渴望表达出来。大学生谈恋爱的问题，如果处理不当，会演变为困扰大学生的心理问题，影响到学生的学习、生活甚至人格发展。

2008年秋，我带的2008级学生入学，很快就有学生陆陆续续地开始了自己甜蜜的爱情之旅了。大二学年即将结束之时，一名女生红着眼圈跑来找我，进门就开始哭，说是自己感情方面遇到了问题。

这名女生叫陈雪，之前听说她谈了一个男朋友，是她的老乡。看陈雪哭得很伤心，我给她拿了纸巾，倒了杯水。"小雪，不哭不哭，跟老师说说看，怎么了？""老师，我男朋友背叛我了……"话没有说完，陈雪刚刚止住的泪水又倾泻下来，"我男朋友不是咱们学校的，是我的高中同学，从高中一直追我到大学，从老家一直追我到郑州，我被他的诚意感动，就跟他好了，哪知道……"

陈雪说，她男朋友小刘最近提出分手，理由是两人不合适，陈雪的成绩比他好，上的学校比他好，男朋友感到压力很大。我说："男生有这样的想法是正常的，你们如果真正相爱的话，这些问题都可以好好沟通的……"

"不是的,老师,原因不止这些。"陈雪打断了我的话,"其实小刘根本不值得我去爱,他最近在他们学校又找了个女朋友,这些我都已经听说了。我知道我和小刘不合适,当初只是因为被他的追求所打动,而没有认真思考过两个人的巨大差异。小刘不求上进,成绩也不好,而我以后的理想是要继续攻读更高的学位,如果有可能,还希望能够出国深造,我们两个的人生观、世界观有很大的不同,其实这些我都知道。"

我顺着陈雪的思路引导她:"你的考虑是对的,谈恋爱要学会把短期的谈恋爱和长期的个人发展规划结合起来,这样才不会让你们在恋爱中迷失自我,迷失方向。"

陈雪的情绪平静了一些,继续说道:"我和小刘在一起,无法将当前的谈恋爱和长期的个人发展规划结合起来,这些我心里都清楚,但我还是认认真真地和他好,没想到……"陈雪又流泪了,"没想到他却背叛了我,背着我找了新的女朋友,还找些其他的理由搪塞我,这是我最伤心的原因……"

我发现陈雪对待自己的感情问题,其实有比较理性的认识,她只是一时难以接受眼前的一些事实,她需要倾吐自己内心的委屈,她需要一个理解她的听众耐心听她讲述自己的所有想法。在跟陈雪的谈心过程中,一直是陈雪在说,我在一旁倾听,并给予简单的评价和建议。

经过近两个小时的谈心,陈雪的情绪稳定了很多,离开办公室的时候陈雪向我致谢,我笑了:"小雪,其实并不是我帮助了你,你心里早已有自己的主意和看法了,不是么?"陈雪也笑了:"不好意思赵老师,耽误您时间了,我是一个要强的人,平时心里很多话无处倾诉,感谢您今天的耐心倾听和具体的指导!"

大学生生理的成熟和心智的不成熟,使他们的恋爱就像不成熟的青果,青翠得诱人,却又苦涩得让人心伤。作为辅导员,要对学生谈恋爱给予更多的关注。对个别出现情感问题的学生,耐心倾听,从倾听中发现、了解问题,进一步找到解决问题的办法,对大众学生群体进行引导,帮助他们树立健康、正确的恋爱观,"点"与"面"相结合,才能全面把握和解决学生恋爱问题。

专家点评:

恋爱问题与就业问题、心理问题已经成为当前大学生最为关注的三大热点问题,大学生恋爱现象的普遍性有其深刻的社会原因和个体原因,虽有其合理成分,但暴露出许多的问题,对大学生进行适合当前形势的恋爱观教育已成为高校管理中不可忽视的问题。

在学生谈恋爱出现感情问题的"点"上,赵老师以倾听为主,辅以引导的做法很值得提倡,倾听有利于学生倾吐心声,也有利于发现问题和引导解决问题。在"面"的引导上,赵老师"主动出击",通过各种方式在恋爱方面给予学生以健康、向上的恋爱观,作为学生对待谈恋爱的一种主流意识进行引导,这种引导是有重要意义的,它有利于学生树立正确的恋爱观,有益于学生终身。有了辅导员们这般认真、细致、全面的引导和帮助,相信我们的大学生将在人生的重要关口可以更好地把握和处理成长中必不可免的情感问题。

(付晓丽)

正是这一件件的"小事"组成了我们平凡而又神圣的工作,我们用"心"传递温暖,学生的"心"就一定能感受到别样的温暖,说不定可以温暖一辈子。

暖　心

——学生有"幻象"怎么办

□王晓蕊

做辅导员工作是我无悔的选择,工作中的点点滴滴就像晴天夜幕的星星,摘一颗就能照亮整个回忆,这些更坚定了我做学生管理工作的决心。

2003级是我留校工作所带的第一届学生,那时我工作起来既豪情万丈、热情洋溢又小心翼翼、谨慎细心。我热爱学生,凭着多年学生干部的经验,凭着一颗纯真而执著的心在工作中尽力服务、引导和管理学生,逐渐培养了与学生的深厚情谊。将心比心、用心投入,学生总是能感觉到的,在给自己留下美好回忆的同时,我也为她们将来有美丽的回忆而幸福着。还记得的一件小事,让我感觉到了心与心的贴近,原来心灵的温度是可以传递的。

2005年的一天,我正在办公室处理事务。一个女生敲响了门,她来后很焦虑地对我说:"王老师,有个事我想跟您说一声,我宿舍的同学吴静(化名)最近有点不正常,我挺害怕的,她刚开始上课发呆,两个眼睛一动不动,后来上一节课就不见了,她的课本都是新的,笔记一点也没记,我觉得怪怪的,怕她有什么事,就过来跟您说一声。"我听了以后,马上重视起来。我先后约了该班团支书(女孩)和纪律委员,了解最近女生宿舍的情况,顺便问了吴静的表现。详细了解情况后发现,吴静在宿舍独来独往,极少串门和说话,有时上课早退,有时一个人坐后面发呆。

随后,我了解到,她最近一直很孤僻,有时突然发脾气,但大部分时间静得可怕,晚上睡得很晚,还经常说她半夜听见有人说话、有人哭……

我的担心又增加了,她的情况可能比我预想的要坏。我先是悄悄地坐到她所在的班听了一节课,发现她确实是这样,而且精神很差。于是,我找个理由约她聊天,聊天中,我装作无意地问她睡得好吗。她说:"老师,我整夜整夜睡不着觉,老听见有人在窗外哭,上课我听不清老师说话,总觉得我旁边的人想杀我,我还看到有人拿着刀放在我面前!"我听了之后,吓了一跳,但知道她已开始倾诉她的情况了。于是进一步引导,她说她睡不着觉,白天晚上都如此,高中时曾有一小段,但不长时间就没事了,那时晚上失眠白天睡,现在白天晚上都睡不着,觉得活着没意思。

我听完这些,初步判断她可能是失眠引起的神经衰弱并伴有一定程度的焦虑症,但她有幻觉,会不会有什么诱因。通过了解,她说了一件事:有一次去找同学玩时,路过一个算命摊,那算命先生指着她说,你最近有灾啊,有人要害你。这本来是算命的一种骗人伎俩,但本来就多疑的她,多多少少受到父母迷信的影响,加上那时她已有神经衰弱的症状,长期的夜晚失眠,导致白天精神恍惚,就把这件事幻化为真实的威胁,学习效率下降,形成焦虑,内心的恐惧加深,就出现了幻觉,甚至产生了轻生的念头。

鉴于她抵制去看大夫,于是我开始"曲线救国":第一,先让她充分信任我,我再主动接近她,从感情亲近、生活中介入。第二,虽然她上课没有收获,但还是强制自己去教室,这样她的症状更加重了,批假让她休息放松,可减轻她的精神压力。第三,针对病因入手,等病情减缓时进行开导,找同学给她补补课。

接下来,我让她们宿舍的一位学生给我当"卧底",密切观察吴静的情况,由于她拒绝看大夫,又怕别人知道,所以我就先给她当起了"私人医生"。我每天晚上坚持给她打一个电话,结合"卧底"提供的情况,闲聊中了解她目前的状况。两三天以后,我发现她话渐渐多了一些,语气也轻松了许多，"卧底"说她在宿舍也开始说话了。电话中吴静告诉我，她已能睡着三四个小时，感觉白天有点精神了。我从教室外看见她上课不再一直发呆了，有时还跟同桌说说话，我想是时候给她补课了。于时，我安排一个外向的同学主动和她交往，找机会给她补课，让她感觉温暖的同时，在学习上先培养了兴趣，而且渐渐消除对学习的恐惧。一周后，通过电话了解和仔细观察，我发现她已明显好转，不再有幻觉或者轻生的念头。

我约她来到操场，我们俩围着操场散步、闲聊。夜幕包围中，她显得很放松，所以聊了很多。我给她讲了我上学时的趣事，甚至讲了刚从书上看到的脑筋急转弯、笑话，逗得她开心地笑了。她也开始给我讲小时候的事：由于家庭原因，她从小自尊心强、好胜心强，内向的她又不善言辞，渴望与人交往却不懂技巧，想通过拼命学习证明自己，但是过于紧张却适得其反，这样就更增加了自卑和忧郁……谈话中我用自己的经历开导她，与她分享我的故事。她听了颇为动容，有时还反过来安慰我呢，她说，没想到这么开朗自信的我经历这么坎坷，她以后会想开点，像我一样乐观地面对生活。我们的谈话很成功。渐渐地，她向我敞开了心扉，我知道，她的这些困扰已被慢慢化解，她心中的阴影也在慢慢散去。现在她已经基本好转，但我还是不放心，接下来的一周，我还是坚持每天打一个电话，直到确定她每天都能够睡好、心情稳定、学习生活都恢复正常为止。

现在的吴静不仅自信开朗，而且动手能力也增强了。一个夏天的晚上，我在附近的广场看见她正和几个同学为老年人做推拿服务。"辛苦吗，做多长时间了？""有一段了，天好就出来，一个人 40 分钟 5 块钱，有时能挣二三十块呢！"她高兴地对我说。我想：泥泞的昨天已过去，温暖的太阳已照在她的心上！她已开始主动拥抱生活了！我也感觉到心里暖融融的。

教师节，吴静送了我一个礼物：一双手套。她在贺卡上写道："王老师，您像姐姐一样亲切可爱，您用热情融化了我内心的困惑，您的魅力让我不得不对您说:有您这样的老师,我真幸福! 顺祝老师节日快乐,永远年轻漂亮! 送您一双手套,为您暖手,因为您曾经用心为我暖心! 我将温暖一生!"

那双手套我一直留着,她见证了吴静的成长,也记录着我们之间的秘密。

这是辅导员工作中的一件小事,正是这一件件的"小事"组成了我们平凡而又神圣的工作,我们用"心"传递温暖,学生的"心"就一定能感受到别样的温暖,说不定可以暖一辈子。

专家点评:

王晓蕊老师见证了吴静的成长经历,她说这是辅导员工作中的一件小事,正是这些一件件的"小事"组成了我们平凡而又神圣的工作,我们用"心"传递温暖,学生的"心"就一定能感受到别样的温暖,说不定可以暖一辈子。是的,王老师做了一件关系学生人生、关系家庭幸福的实事,她用自己的实际行为践行了一位辅导员老师的职责,我们从中感受到了她们师生之间的真挚情感,以及人生的一种温馨。

大学生的心理问题有其自身的生理原因,但大部分源自情感问题。环境变化、自我认知、人际关系、人格障碍等因素引起的学生心理问题,很大程度上可以通过情感的交流和有效的沟通加以缓解、解决。大学生心理健康工作是一项心灵的工作,它需要心的沟通和融合,需要我们用心去体悟学生的人生经历和心路历程,只有你快乐着他们的快乐,悲伤着他们的悲伤,才能内化为一种巨大的心灵力量,去抚慰伤痛,安慰心灵。当一扇扇封闭的心灵大门被打开的时候,当一道道温暖阳光照亮曾有的阴郁的时候,当一个个崭新的自我重新迸发出生命的活力时,从中我们可以感受到人性的美和光辉。

(张东伟)

辅导员随时会面对各种各样的问题，其中不乏一些初次遇到并且非常棘手的问题，这就需要辅导员沉着冷静，讲究方法，全方位考虑后做出有针对性的安排。

学生工作无小事

——碰到学生患有梦游症怎么办

□白晓玉

辅导员在工作中由于管理事务和管理对象的复杂多样性，随时会面对各种各样的问题，其中不乏一些初次遇到并且非常棘手的问题，这就需要辅导员沉着冷静、讲究方法、全方位考虑后做出有针对性的安排。我工作中就曾经遇到不少这样的情况，其中有一件事令我至今难忘，也就是那件事使我深刻地体会到了思想政治教育工作的重要性，学会了运用科学的方法去分析问题、解决问题。

一天上午，某男生宿舍的几名学生一起向我反映了一件令人意想不到的事情：他们宿舍的小 A 患有梦游症，昨天半夜起床穿好衣服、鞋子，刚好宿舍有人醒了，以为他是上厕所便跟在他后面一起去，谁知发现他走到厕所门口站了一阵子又返回宿舍，到宿舍又站了一会儿才猛地清醒过来，自己也搞不清楚刚才发生了什么事情。在室友的追问下，他承认自己曾患有梦游症，加上该学生又不善于沟通，说话也不讲究方式，于是同宿舍的其他成员发生了激烈的争吵，其他人如今说什么也不愿跟他住在同一宿舍，要求我把小 A 调出宿舍。

听完他们的讲述，我也有些吃惊，毕竟梦游症患者在生活中还是不多见的。我先安慰了一下几名情绪激动的学生，告诉他们不要慌张，正确地去看待梦游症，同时提醒他们这涉及小 A 的隐私，不得对宿舍以

第六章　心理健康篇

外的其他任何学生提及。在得到保证后,我让他们先回去等待我随后的协调结果。

等几名同学走后,我理了理思路,决定从以下几个方面着手处理这件事。我立即找到小 A 进一步了解相关情况。在我充满关爱的询问下,小 A 告诉我,他在初中时由于压力过大患上了梦游症,一年不定时发作几次,现在还正吃药治疗,他本人也十分苦恼。在得到小 A 的证实后,我又打电话向其家长了解情况,当得他的梦游症无危害性并且通过减压和自我调节可以慢慢治愈后,我的心里便有了底。

在与小 A 谈心的过程中,我找到了他患梦游的症结所在:压力过大。家人对他的期望值高,自己对自己的要求也很高,同时又不太自信,认为自己不够聪明,害怕自己不如别人,怕被人瞧不起。在找到问题的根源后,我根据他的情况作了以下工作:(1)考虑到他个人的意愿,分析了宿舍环境对他今后治疗的影响,给他调换了宿舍。但并未把他患有梦游症的情况告知新宿舍的其他同学,这是因为我已了解到他的病对其他人不会造成危害,如果告知宿舍成员反而会引起恐慌,且会加重小 A 的心理负担。(2)在新宿舍中安排一个学生做联络员兼心理委员,告知他小 A 在学业上、心理上有压力,需要室友的宽容和帮扶,平时要多关心他。另外,我要求该生留意宿舍的情况,如果有矛盾冲突或其他问题发生要及时制止并上报。(3)将小 A 列入特殊学生的范围,小到宿舍环境,大到班级环境,都尽量为他营造一种关爱的氛围。我还要求班干部也要更多关注他、关心他,有集体性的活动就邀请他参加,给他创造一些表现的机会,增加他的自信心。(4)为小 A 制订"一帮一"学习计划。为他安排一名学习成绩好的同学,专门帮他解决学习上的疑问,并对他进行学习方法的指导。(5)运动疗法。建议小 A 平时做一定量的运动,如慢跑等,尤其是在感到有压力的情况下,慢跑或适当的运动有助于减压。(6)定期谈心加不定期谈心。这项工作非常关键,也是花费时间最多的。定期谈心就是我们约定每隔一段时间就长谈一次,他需要老师更多的鼓励。也可以说那一段时间我成了他的心理医生,在与他交谈的过程中,我把握住几个重点:第一是给他减压,告诉他学习成绩不是评判一个人的唯一标准,身体健康是第一位的。并且让他的家人配合,尽量不要对他要求过高。第二是多给予鼓励赞美,我把平常发现他的小优点都放大处理,及时地提出表扬,多给他鼓励。第三是给他一种依靠感,让他感觉到老师对他的"偏爱",让他有满足感,并对老师产生信任感,这样会有效克服他内心的自卑感。不定期谈心就是不管什么时候,只要是他愿意,随时都可以找我聊天、交流。

通过以上措施,小A的心理压力逐渐消除了,人也开朗了许多,担心脑子笨、担心挂科的他考试成绩也进步不小,还拿到了三等奖学金。更可喜的是,自从这些措施实施后,他的梦游症再没有发作过,而且他今年还顺利找到了一份不错的工作,成为该年级最早签就业协议的学生之一。看到他兴奋地拿着协议书来告诉我时,我心里由衷地为他高兴,同时也体会到了"学生工作无小事"这句话的含义。

专家点评:

梦游症俗称"迷症",是一种潜意识压抑的情绪在适当的时候发作的表现。在梦游中,梦游者似乎生活在一个私人的世界里,与周围环境失去了联系;情绪有时会很激动,甚至会说一大堆的胡话。梦游结束后,梦游者对梦游的事情一无所知。精神分析理论对梦游症的解释是:被压抑的本我逃出了自我的束缚,当本我消耗了一定的能量之后,自我立刻把本我拉了回来,自我隐情不报,结果梦游者醒来以后便会对刚才发生过的事一无所知。因此,梦游是精神压抑造成的,要根治梦游症首先要解除其内心深处的压抑。

白晓玉老师找到了学生的问题症结:家里期望大,导致学生压力过大,长期压抑自己才患上了梦游症。针对这一情况,白老师采取了有效的处理措施:从认知上改变学生的错误观念;从行为上积极鼓励,通过运动疗法减轻心理压力;从环境上给学生营造了一种温暖、关怀的氛围;从情感上,白老师的真诚热情及对学生的无微不至的关怀,终于帮助学生走出了困境,使学生展露出花一般的笑容。从这个案例可以看出,大学生的心理健康维护是一项系统、复杂的工作,高校辅导员不仅是学生的"政治辅导员"和"生活辅导员",更要做学生的"心理辅导员"。

(李大宏)

解决考试焦虑问题，需要从学生、家庭、学校、环境等方面综合考虑，从认知系统、认知行为、情绪调节方面来综合分析，进而整合各种资源采取相应的干预措施，才会取得较好的效果。

调整目标　缓解压力　重建自我

——学生出现考试焦虑怎么办

□田昊然

离大一期末考试还有两个月，一位女生就来找我谈话，诉说其心理压力很大，上课无法集中注意力，觉得自己学习很吃力，作业有好多不会做；一想到考试会挂科心里就很害怕，有时候还失眠，感觉快喘不过气来了。

听了该生的倾诉，我明显感觉她目前承受的压力过大，如果这个问题现在得不到及时的解决，将直接影响其大学四年学业的完成。通过多次和该生的深入交谈，我对她存在的问题有了比较清楚的认识：一是对考试及考试结果过分担心，已经形成了高度考试焦虑症；二是自信心缺失，自我认知存在偏差；三是已经产生由考试焦虑所引发的失眠、注意力不集中等生理问题。

之所以出现这样的情况，从该生自身来看，主要是由于：(1)该生自尊心很强，自我期望值很高；(2)认为父母对自己的期望也很高；(3)觉得中学时保持班级前几名的状况将不复存在，对考试及结果十分担忧；(4)自我认知存在偏差，缺少自信。从环境因素分析，主要是由于：(1)家庭方面。该生一直认为自己是父母眼中的好学生，想通过学习成绩保持好学生的形象却又力不从心，渴望和父母沟通又不知从何说起；(2)学校方面。在教学管理中，有一个学期内学分数达不到一定的标准就应予以退学处理的硬性规定,这对该生产生的无形压力很大;3.同学方面。该生因为担任本班团支书,不愿过多地向同学请教问题,怕被别人看不起。

针对该生所存在的问题,我确立了消除其考试焦虑的总目标。在总目标之下,又设定了五个具体目标。

1.调整期望目标。

该生认为自己在期末考试中会有多门课程不及格,这与自己的期望差别太大,所以感觉很害怕。针对该生的想法,我和她经过讨论一起重新调整了预期:(1)不及格科目可以允许出现两门;(2)如果出现两门不及格科目,下学期由该生自己申请不再担任学生干部;(3)如果不及格科目少于两门则可以由她自己决定是否继续担任学生干部;(4)如果没有出现不及格科目,应当给自己一定的奖励。

2.重建自我认知系统。

人们之所以烦恼,并不是因为事物本身,而是因为他们对事物的看法。该生的考试焦虑,主要是由于不正确的认知所引起的,因此有必要重建其自我认知系统。为此,需要帮助她确立以下信念:(1)不能因为考试挂课而完全否定自己的能力和价值;(2)考试挂课并不可怕,还有补考的机会;(3)一门课程学不好并不意味着其他课程也学不好;(4)考试挂课并不会决定自己在同学、老师、家长心目中的形象,只要自己努力,同样可以在其他方面取得好成绩;(5)困难都是暂时的,只要一点点地去克服,总会走过去的;(6)以前能够考好,现在努力了同样也能够考好。

3.缓解心理压力,提高自我调节能力。

主要措施有:(1)通过与该生的真诚交流,表明我对其情况是理解和宽容的,让他去掉不必要的思想包袱;(2)对该生进行系统脱敏训练,以不断增强他对考试刺激的抵抗力;(3)对该生进行压力免疫训练,以协助他建立应对压力技巧的方式;(4)对该生进行自信心训练,以重建其自信心系统;(5)安排该生加入学生成长互动小组,开展团体辅导。

4.制订合理的考前复习计划。

合理复习目标的制定能够帮助该生有计划地进行考前准备,有效缓解其压力和紧张感。在考前复习计划方面,所遵循的最主要原则是:(1)针对特别困难的科目,只要求会做平时老师讲解的题目即可;(2)针对一般的科目,则要求做完课后习题及教师指定的重点内容;(3)针对容易的科目,则要求以最少的时间去复习,并且学会抓住重点。

5.加强身体锻炼。

有规律的作息和身体锻炼,能够增强身体免疫力,提高心理素质。在此方面,我对该生的建议是:(1)作息规律,每晚11点之前睡觉,养成早睡早起的习惯;(2)每天进行体育锻炼的时间不少于半个小时;(3)每晚睡觉前用热水泡脚十分钟;(4)每晚睡觉前喝一杯热牛奶。

在以上方案实施的过程中,我还十分注重做一些跟进工作来巩固已有的效果。主要做法有:(1)耐心沟通,让她明白出现考试焦虑是一种很正常的现象,要能够以平常心来看待这种现象;(2)鼓励该生经常性地设定一些比较容易达到的目标,当达到目标时应给自己奖励,以不断增强自己的自信心;(3)与该生的家长经常沟通,并提醒他们要经常给她以鼓励;(4)安排该生的同学帮助她补习功课,给她以持续的关心、支持和鼓励。

通过以上工作,目前该生的学习生活和精神状态均比较良好,具体表现为:(1)考试没有出现不及格现象;(2)新学期以来,该生的性格变得比较开朗;(3)伴随考试焦虑所出现的一些生理问题也逐渐消失,心理适应能力有所提高。

在大学生中,考试焦虑现象是一种比较普遍的心理障碍,它不仅影响了大学生的学习和考试,也极大地危害了大学生的身心健康。解决考试焦虑问题,需要从学生、家庭、学校、环境等方面综合考虑,从认知系统、认知行为、情绪调节方面来综合分析,进而整合各种资源采取相应的干预措施,才会取得较好的效果。

专家点评：

　　焦虑是人们的一种情绪体验，它源自人们对客观事物的认识。当主观认识对客观事物赋予了超过心理承受能力的过高意义后，在重新审视自己时，发现现实与理想的差距较大，又不具备良好的客观条件去应对，因而感受到压力，进而产生焦虑。这是每个人在生活中都能体验到的一种心理感受。

　　在大学生中，考试焦虑主要表现为以下两种趋势：一种是临到考试之前开始感到紧张和焦虑；一种是在学习过程中长期存在学习焦虑，至考试之前则表现更为强烈。两者都是由考试这一紧张情景直接触发的。心理学认为，心理紧张水平与活动效果呈倒"U"字曲线。适度的紧张可以使人对考试产生激励作用，产生良好的活动效果；过度的紧张则导致考试焦虑，并危及身心健康。对此，较好的舒缓办法是：接受现实，别给考试赋予太多的含义；给自己一个适当的定位，在现有的条件下提出合乎情理的期望值，建立现实的奋斗目标；在行动上积极努力，争取好的结果。

　　田昊然老师从认知系统、认知行为、情绪调节方面综合分析，调整学生的期望目标，重新正确地定位自己，增加自己的自我调节能力，并有针对性地帮助学生制定合理的复习目标，为实现其在现有条件下合乎情理的"期望值"起到积极的作用。

（李大宏）

辅导员在"思想育人"的同时，更要注重"心理育人"，这就要求我们不仅要有较高的政治理论水平，而且还要有管理学、社会学、教育学、心理学、法学等多学科知识储备。

累并快乐着
——学生出现特殊心理问题怎么办
□海富生

光阴荏苒，我从事一线专职"辅导员"工作也有8个年头了。"八年抗战"，让我尝尽了个中滋味——酸、甜、苦、辣、咸五味俱全。而今，我虽年近半百，却童心未泯，因为这8年的"辅导员"工作让我依然保持着一颗年轻的心，让我"累并快乐着"。

8年的学生工作，我遇到过许多十分棘手的"问题学生"，而当他们经过我的"精雕细琢"成为优秀学生后，付出的所有艰辛都化作甜蜜的回忆。这其中，最让我难忘也是最让我欣慰的是一名即将毕业的学生，他因为一件偶然的事情，产生了严重的"特殊心理问题"。

小赵是生物工程专业一名即将毕业的学生，2007年初，他的手机丢失后，不相信这是盗窃，认为可能是同学在跟他开玩笑，没准手机很快就会物归原主。可是，几天过去了，手机毫无音讯。由此，小赵在心里就产生了一个心结："同学之间怎么能这样呢？"心里越想越不明白，又苦于没有"证据"，无法给同学明说，怕影响同学关系，心中疑惑越发严重，渐渐地他和同学的关系疏远了。

某天，小赵饭后一个人在街上闲逛，走到一家小发廊门前，被劝进去洗头做按摩。在洗头按摩过程中，服务小姐提出了是否需要其他服务，并不时用语言、动作进行引诱、挑逗。此时，小赵的心理矛盾更加复杂,心想一旦失去"童身",再得上什么病,首先对不起的是父母……后悔不该到这个肮脏龌龊的地方。从此之后,这件事情像印记一样深深地刻在小赵的脑海里,并像过电影一样一幕幕不停地闪现,同时他产生了许多新的问题:"为什么会有这样的场所?""为什么政府不进行治理、取缔?""法律的威慑力对这些人就毫无作用吗?""社会还有没有伦理道德?"这一连串的为什么使小赵思绪混乱、精神恍惚。更为可怕的是,小赵甚至还怀疑由于拒绝了特殊服务而遭到服务小姐的报复,被传染上了艾滋病,总是觉得自己在别人面前抬不起头来,不去上课,对生活失去了信心。年轻的辅导员老师多次找他谈心,但没有多大效果,问题最后交给了我解决。起初,我也觉得问题十分严重、棘手,心理矫正是一个漫长的过程,担心小赵不能顺利毕业,这样势必会加重其心理负担。如何才能在有限的时间内使其走出心理阴影呢?

经了解,我发现小赵虽然情绪消沉,心理上存在严重问题,但是他对班集体充满热心,有正义感。我就以此为突破口,鼓励他多参加活动,为他提供更多的表现机会,帮他恢复自信。同时,我还积极帮他联系心理咨询老师,对他进行心理干预治疗。

要想从根本上解决小赵的心理问题,就必须找到产生心理问题的病因所在,然后才能"对症下药,药到病除"。第一,对其优点充分给予肯定并鼓励他要继续发扬,"你是好样的,相信你一定能够重新振作起来,你一定能行!"第二,帮助他分析手机丢失肯定是同学之外的人干的,绝非同学所为,要相信同学,珍惜同学之间的友谊和真情。第三,告诉他"去发廊洗头做按摩绝非你本意,况且你没有做违法的事情,不要有愧疚感和负罪感"。同时,通过心理调适和耐心细致的思想工作,使他认识到发廊中的"特殊服务"是社会丑陋现象,是社会发展过程中的客观存在,这种"存在"是国家法律明令禁止的,是违背社会伦理道德的。但是,发廊是合法的,"特殊服务"是暗中交易,政府不可能因此把所有发廊都取缔。并鼓励他要正视现实,面对现实,明辨是非,相信这些非法经营场所始终是被打击的对象。至于小赵怀疑自己被传染上艾滋病的问题,我向他介绍了艾滋病的传染途径等有关知识(其实他也知道,但就是怀疑),反复劝导他作为生命科学学院的学生应该相信科学,并建议他做艾滋病毒检测化验,彻底消除疑虑。如此等等,我先后与他谈心达13次,把他提出的所有"为什么"都一一给予了合情、合理、合法的解释和回答。

经过一个多月的努力,小赵慢慢走出了心理阴影,由于毕业前各方面表现突出,还被评为毕业实习先进个人。离校时,他还专门给我送了一束鲜花,标签上写着"非常感谢您,您就像我的父亲一样关心着我,没有您的帮助,就不会有今天的我。"此时此刻,"问题学生"走出了困境,一个多月的辛苦、付出,全化为成功的喜悦——累,并快乐着!

这个案例虽然普通,但它给我的启示却值得深思。辅导员在大学生成长成才的过程中有其特殊的作用。有专家说,现在的大学生有20%患有较重的心理障碍,严格说起来,大学生都存在着心理障碍,只是程度不同而已。而造成大学生心理障碍的因素是多方面的。因此,辅导员在"思想育人"的同时,更要注重"心理育人",这就要求我们不仅要有较高的政治理论水平,而且还要有管理学、社会学、教育学、心理学、法学等多学科知识储备。当然,辅导员的人格魅力是首位的,这样,学生才愿意与辅导员交朋友,敞开心扉谈论心理问题,找到问题的症结所在,才能针对不同的心理个案,有的放矢地开展"心理育人"工作。

(注:作者曾入围2008全国高校辅导员年度人物提名)

专家点评:

什么是特殊心理问题? 在一定层面上,可以理解为在"度"的维度上较之一般性心理困扰更为严重的重度心理问题。在学生工作中,对于此类重度心理问题,既不可简单转介至心理治疗部门,一推了事,也不可将其简单化,视之为一般性心理问题,指望通过一两次的简单谈话来消除障碍,而忽略其症状表现暗藏的危机因素。海富生老师在工作中遭遇了此类特殊心理问题学生,他凭借对学生的关爱与责任,凭借自己多年的学生工作经验,通过多种方式实施危机干预,成功帮助该学生走出了心理阴影,开始了美好的生活。

从这个成功案例中,我们可以得到以下启示:首先,应具备重度心理问题症状表现的识别能力与警惕性。小赵同学出现的种种症状足以表明其心理问题的严重性。但鉴于此类症状表现具有间歇性与内隐性的特征,在症状初期,很容易为大家所忽视,从而造成严重的后果。但海富生敏锐地感知和识别出该同学问题的严重性,为接下来的成功干预打下了基础。其次,关爱和充分了解出现心理问题的学生。关爱学生,才能在学生出现问题时,不是想着推卸责任,而是积极思考,多方努力;充分了解学生,才能帮学生找到心理问题产生的病因,进而寻找和创造时机,对症下药。再次,具有较为完善的知识结构和丰富的知识储存。引发学生产生心理问题的因素复杂,许多是因为学生认知偏执、社会经验不足、知识面狭窄等因素逐渐积累而导致的。具有完善的知识结构和储备,从认知上帮助学生化解和纠正存在的误区与疑惑,是帮助同学们消除和化解心理问题的重要方式。最后,积极联系专业心理咨询老师,及时开展心理干预治疗。对于重度心理问题的化解,是一个漫长且专业性要求很高的领域。在初步判断为该类问题时,一定不能心存侥幸或麻痹大意,与专业领域的咨询老师联系是一个必要的选择。

(李大宏)

辅导员应成为大学生的良师益友和知心朋友,并帮助他们解开在成长过程中遇到的各种心结,使他们健康快乐地度过大学时光。

解开心中的千千结

——学生放假后不愿离校怎么办

□杨　涛

　　寒假又一次到来,在封校日的下午,我到学生宿舍进行检查,看学生是否已经全部离校。走在空荡荡的宿舍楼里,我突然发现有个门虚掩着。推门进去,我看见学生 A 蓬头垢面地坐在床上,手里捏着烟,目光呆滞,收音机随意地扔在一旁。我走进宿舍,他一点反应也没有。我问他:"按照你登记的离校时间,现在应该到家了,怎么回事儿?"他面无表情地说:"我不想回家。"我微笑着问他:"为什么不想回家,马上就到春节了,难道不想家人?"他不理我,继续看着天花板。

　　为了尽快了解他情绪反常的原因,我把他带到了我的宿舍,并为他沏了一杯茶。我笑着问他:"有什么困难可以告诉老师吗? 也许我可以帮你,并且会为你保守秘密。"但他依然什么也不说,谈话又一次陷入了僵局。这时候,我突然想起前两天在收音机里听到过他写的一篇散文,文字非常优美,但很伤感。"前两天我在收音机里听到了一篇散文,写得非常棒,我很喜欢,很巧合,作者和你同名。"这时候,他的脸上露出了一丝不易察觉的惊喜,开口说道:"是我写的,老师。没想到电台播出的时候,您听到了。"很快,我以文学的话题引导他慢慢地打开了话匣子。谈着谈着,他就放松了对我的戒备。他问我:"老师,我能留校吗?"我问什么原因,他长叹了一声,什么也没有说。我说:"你是不是有什么心事? 也许我可以帮你解决。"他又长叹了一声说:"这个忙,您帮不上,我不想回家。我已经一年没有回家了,我不想见到我的家人,他们也不想见到我。"在倾听 A 诉说的过程中,我并没有随意打断他的话,在必要的时候还辅以"你说得很有道理"等肯定性的话。

终于,A 道出了其中的缘由。高中的时候,他的文科很好,当时自己想学文科,但是父母觉得理科的出路广,考大学更容易,就没有顾及他的意愿,强迫他改学理科。但他对理科不是很感兴趣,所以高考考得不好,只考了个专科。由于对专业不感兴趣,大学期间他的学习成绩也不是很好。为此,他和父母吵了很多次。而父母觉得他学习成绩太差,也经常抱怨他。在大一的时候,他和邻班一个男同学关系非常好,后来他和那个同学同时喜欢上一个女孩子,而他在竞争中失败了,他们的好朋友关系也就此结束了。他认为是最好的朋友抢走了自己喜欢的女孩,情绪特别低落。所有这一切,使他对周围的人都产生了敌意和不信任感。

临近春节,看着同学们一个个高高兴兴地回家,他心中更加失落了。他觉得自己活得很失败,也很痛苦,不知道该怎样面对这一切,甚至有时候还会产生轻生的念头。但是,当听到我说他的文章写得很好的时候,他心头一热,感觉到自己还是有值得肯定的地方。至此,我终于明白了 A 平日的所作所为,同时也发自内心地对他的遭遇表示同情。谈话过后,我让他先回宿舍。然后,我和他的父母通过电话进行了一次长时间的沟通,把 A 平日的情况告诉了他们。起初,他的父母并没有意识到他们的做法有何不妥,当听到 A 的想法后,他们若有所悟,表示立即给 A 打电话让他回家。后来,A 说,那年的春节是他过得最高兴的一个春节。

这件事以后,A 只要遇到什么困难都愿意来找我倾诉或者寻求解决办法。同时,我还利用各种平台为他提供展示个人才能的机会。A 重新找回了自信,人也变得越来越阳光了。

通过这件事情,我认为,要想解开学生的心结,关键在于和学生进行有效的交流和沟通。如果缺乏交流和沟通,学生畏惧辅导员,有心里话不敢或不愿向辅导员倾诉;或者辅导员不了解学生的内心需求,不知道学生的喜怒哀乐,就不能对症下药,也就无法帮助学生解开心结。

在和学生交流沟通的过程中,要特别注意以下几个问题。首先,辅导员与学生谈话时,要遵循平等尊重的原则。大学生的自尊心都比较强,因此要积极肯定他们的能力和成绩。否则,容易导致谈话出现僵局。其次,应坚持真诚的谈话原则,开诚布公地与学生交谈,适当的时候要表明自己的态度,这有利于师生双方谈话的深入。再次,要坚持理解支持的谈话原则,要学会换位思考和富有同情心。如果谈话不顾及学生的感受,就容易导致沟通失败。最后,要坚持适度保密的原则。除谈话内容保密外,师生间的沟通交流还可以以非面谈的方式进行。师生沟通交流的过程并不能简单理解为辅导员帮学生出主意、想办法的过程,更为重要的是要引导学生自己看清楚问题的关键所在,并找出解决问题的办法。

专家点评:

有效的沟通可以使辅导员更好地了解学生的现实情况。只有在了解现实情况的基础上,辅导员才能为学生解决困难,才能解开学生心中的千千结。沟通本身就是一门艺术,作者的成功之处,就在于自觉地体会和把握了这门艺术。

沟通是一种对象性的活动,一种目的性的活动,一种双向的、互动性的活动。杨涛老师在沟通开始时,以"听散文"为突破口,找到了两人话语的契合点,有效开启了师生互动。接着以平等的身份,真诚的态度,倾听为主的方式,保密的承诺等沟通技巧使学生"变被动沟通为主动沟通",打开了学生的话匣子。在整个沟通过程中,杨老师始终保持着较强的目的性,以积极引导的方式获得学生的相关信息,寻找问题的症结所在。

辅导员与学生的关系应是亦师亦友的关系,辅导员应该了解学

生的心理特点,提供学生所能接受的沟通方式;辅导员的工作必须
以切实为学生解决困难和问题为目的和归宿;解决学生的困难和问
题是一项较长期的工作,不但要解一时之难,而且要追根溯源,找到
症结,做长效性工作。

(刘正浩)

在解决学生(尤其是女生)的问题时,辅导员要克制主观判断,先不要盲目地给予肯定或否定的答复。

战胜挫折 走向成功

——学生因为考试不及格产生心理问题怎么办

□田洪伟

2005 年 9 月 5 日上午,二班学习委员小李来到我的办公桌前,面色很不好,只是说心里不好受,想请假一周回家调养。我问到底是为什么,她环顾了一下四周,就是不说原因。我说,这样吧,这里人多,可能不适合谈话,今天下班后我们约个时间再说吧,小李微微点了点头表示同意。

小李走出办公室后,我通过查看资料以及同小李的同学、舍友谈话,得知小李是独生子女,性格开朗,思维活跃,总会有些新奇的想法,就是最近一两天有点反常。

当天,到了下班的时候,我刚要和小李打电话,正好她来到我的办公室,此时其他老师已经都走了,只剩下我一个人。我看到她进来,示意她坐在我的办公桌旁,并给她倒了一杯水。此时的她,面色比上午好了许多,就连说话也比上午流利很多。

"田老师,我最近心里不舒服,如果我能回家一周,回来后肯定会好的。"

"我没有批给你那么长假期的权力。我是你的辅导员,你是我的学生干部,我们应该相互体谅,现在没有其他人,说说原因,好吗?"

她有些支支吾吾,但脸上开始有点笑容了。"那我就请三天假吧,您批吗?"

"能告诉我什么原因吗,我觉得遇到挫折的话,如果自己不去总结经验,不去化解,就是身处何地也都一样吧,即便是家庭会给你带来温暖,但离开家后,这份温暖能一直伴随着你吗? 解决问题的最好办法还是得靠自己。"

"田老师,我觉得您说得很对,但我就是克制不住自己,就想回家。今晚您有时间吗,我想和您聊一聊。"

"可以啊,我给你打电话,就在办公楼后的篮球场上吧"。

晚上7:30左右,小李和我在约好的地点见面。

"田老师,我从高中开始学习就不错,上了大学学习上也一直很认真,因为我是班里的学习委员,所以每次我都很努力地去复习功课,准备考试,每次都能拿到奖学金。可是上学期,我有一门课不及格。我觉得这几天都没有脸见班里的同学,而且这一次肯定拿不上奖学金了,我怎么对得起'学习委员'这一职务呢。这两天就要公布成绩了,所以想请假回家调养几天,等回来以后,心情就会好些的。"

"另外,我以前说什么,我的朋友都会照着去做,而且也很成功,可是上了大学,同学们很少采纳我的意见,我觉点有些孤单……"

她不停地说着,列举了很多的事例,我只是在一边认真倾听。半个小时过去了,她的话开始少起来,眼睛里似乎噙着泪水。

"小李,你能够说出自己的心里话,我很高兴,我也很愿意和你聊天,因为只有沟通,才能解决问题,才能够使你的心情放松一些。你的遭遇很多人都经历过,我理解你现在的心情,你也不用太伤心,这样只会加重你的心理压力,考试不好,也不全是你的错,也许是这门课太抽象了。考试一次不好就回家,那要是2次、3次呢,是不是还要回家,回家不是最好的解决办法。要学会战胜挫折,因为它是成功的开始,将来你走向社会,战胜的挫折越多,你的适应能力就越强……"

"我给你批两天假,两天后我们再聊好吗?"

"好的,谢谢您田老师,都快九点了,真不好意思打扰您这么长时间,那我先回去了。"

9月7日上午,小李再次来到我的办公室。"田老师,我没有回家,我昨天去别的大学听那门课了,他们讲的还不如咱们讲的呢,我来销假,下午就上课。"她满脸自信。

"从你的言行中,我能看得出来,你是很有想法的,恭喜你战胜了挫折。你的性格比较开朗,以后要多听多想,大胆创新,合理规划一下自己的未来,你将拥有一个美好的未来。"

最后我送她一句话:时间乃能力之镜,创新乃生存之道。时间是检验能力的一面镜子,能力越强,适应社会的时间就越短;创新是生存的唯一道路,唯有创新,事业才可能持续发展。

后来,小李在各方面表现得都非常突出,并且很快就入了党。

这件案例虽然很普通,但是它却让我得到了很多启发:第一,在解决学生(尤其是女生)的问题时,辅导员要克制主观判断,先不要盲目地给予肯定或否定的答复。第二,尽量选择安静的环境,耐心询问事情的缘由,让学生倾诉心里话。第三,耐心细致地和学生谈话,要不厌其烦地听完学生的倾诉,最好不要打断学生的思路。第四,认真倾听,抓住细节,谈话结束后,要能从中总结出学生的想法和优点。第五,问题解决后要继续关心、关注学生的情况,同时要做好总结,不断积累经验。

专家点评:

心理问题是复杂而敏感的问题,应对这类问题,谨慎和循序渐进是不可或缺的原则。在大学生的心理特点中有一对矛盾,即追求卓越与抗挫折能力不足之间的矛盾。一方面,大学生处在"风华正茂,挥斥方道"的年纪,对学业和人生满怀美好的愿景,而对困难和挫折缺乏足够的认识;另一方面,由于事物的矛盾运动,整个人生都是前进性和曲折性的统一,各种困难和挫折总是先于坦途或与坦途相伴随。不完美的现实往往对大学生的自尊心和自信心造成伤害,这也是一部分大学生心理问题的根结所在。

辅导员引导学生克服这一心理压力，实际上是为学生沟通理想与现实之间的分野。在人生观层面上，要使学生懂得积极进取、攻坚克难的真谛；在实践观层面上，要使学生确立勤勉务实、不图虚名的思想。通过辅导员耐心细致的工作，经由一个谨慎而循序渐进的程序，汇集主客观双方面的努力，促进大学生的健康成长。

（刘正浩）

在对待特殊学生的问题上，要本着为学生考虑的基本思想，不能急于下结论，尽最大努力让每个学生都享受到平等的权利。

关怀，重新唤起了他的青春

——遇到患有精神抑郁症的学生怎么办

□丁蓉蓉

一、事情经过

2002年9月，我接到学院领导通知："有位2000级的学生由于患抑郁症休学了一年，现复学插到你们班。校车下午6：00到，你去接一下。"

当我见到该生的时候，他表现得有些拘谨，动作有些迟缓，眼神有些黯淡，穿着有些邋遢，看上去似乎缺乏自理能力。当晚，同学们热情地将他迎进宿舍，帮他整理铺盖，还陪他去食堂吃了晚饭。

第二天下午6：30，我组织召开班会，热烈欢迎该生的到来，同学们纷纷自我介绍，并表示如果他有什么困难大家都会帮忙解决。在这热烈的氛围中，我发现该生脸上稍有一丝微笑。

在以后多次的交谈中我了解到，他的父母虽然在城镇生活，但无固定工作，经营一些小生意，还经常亏本。该生还有一个在高中就读的弟弟，家中经济状况十分拮据。他的复学又加重了家庭的经济负担，没有生活费和学费的窘境更加重了他的思想负担。同时，该生每月还需要去医院复诊，花费在300元左右。

在与该生相处的一年中，起初他的身体状况有过很多次反复，心情也很糟糕，似乎无法正常学习。但是，在学校、学院的关怀下，在我的耐心开导和关心下,他的心理逐步恢复正常,性格明显开朗起来。加上学校给予他的经济上的帮助,同学们给予他的学习、生活上的关怀,他顺利度过了难关,又恢复了正常的大学生活。

二、主要措施

1.学院在思想上的关心,经济上的帮助,使他精神上得到了很大的安慰。

(1)学院及时决定每月补助 200 元钱,以解其生活之急,此后也有多次不同形式的补助。

(2)学院将唯一的慈善基金助学名额给他,使他有能力交纳拖欠的教材款和住宿费,并及时归还班级所借予的钱。

(3)学院领导给予他充分重视,经常亲自对他问寒问暖。

(4)给他安排一个合适的勤工助学岗位——图书馆管理员,以缓解他在经济上的困难。

2.辅导员在多方面的关心、爱护,使他踏实了、安心了。

(1)首先充分了解该生的具体情况,与他谈心,为他提供生活、学习上的帮助。

(2)与家长联系,加强同其沟通,使他打消退学念头。

(3)帮助他办理两年的学费贷款手续,从根本上解决了他的学费问题,使他能将精力完全投入到学习当中去。

(4)鉴于他身体欠佳,每月需要到指定医院接受治疗,班级为他垫付了所需的医药费。为帮助他节约开支,同学们每次按时送他上校车,并再三叮嘱路上小心、按时返校等。

(5)积极与他沟通,在精神上给予安慰,在生活上给予帮助,安排班干部、同学多与之沟通,让他不再感到孤独。

(6)要求他积极参与班级活动,让他时时处处能够融入班级中去。

(7)找时间陪着他在校园里走一走、聊一聊,让他心情尽量放松。

3.同学之间的关心、帮助,使他融入集体。

(1)在他复学次日召开班会,同学们纷纷热情地表示为他提供帮助。

(2)在班级活动中,同学们主动邀请他参与,希望他能与同学们打成一片。

(3)在学习中,同宿舍的同学主动与他探讨,提供帮助。

三、经验总结

1.学校、学院、辅导员、同学们应当在最短时间内带给他集体的温暖,缓解他刚来学校时的忐忑不安的心情。

2.在生活上主动给予他及时的帮助,使他精神上减轻压力。

3.在对待特殊学生的问题上,要本着为学生考虑的基本思想,不能急于下结论,而应尽最大努力让每个同学都享受平等的权利。

4.作为辅导员,在此情况下要更加明白辅导员所起的作用。辅导员是学校与学生联系的桥梁,为学生解决问题是我们的职责。成为一个称职的辅导员是一门艺术,辅导员要有相当的敏感性,对特殊的学生要及时给予充分的关注,在顾及每一个学生的前提下,重点照顾一些生活、经济、身体、学习等方面遇到困难的学生。在处理问题时,要考虑周全,从多方面着手解决。

专家点评:

大学生心理问题是学生工作的重要方面,学生心理问题目前在高校比较严重。处理学生心理健康问题关系学生健康成长、关系学生家庭幸福、关系学校安全稳定,辅导员要高度重视,工作任重而道远。

做好大学生心理健康工作必须对大学生心理问题、大学生心理障碍、大学生心理疾病这几个方面的知识有基本的认识和了解。

大学生心理问题主要表现在:1.来源于环境应激问题,主要由环境变化引起；2. 与自我有关的不适应问题，如"理想自我"与现实矛盾引发的不适应，"自我统一性"确立过程中引发混乱等；3. 人际关系及人格问题，如人际交往障碍、人格障碍、动机变化的不适应等；4. 与性和身体健康有关的不适应问题，如性意识困扰、性行为的心理障碍、性行为异常、失恋引起心理问题、性伤害后的心理问题、对身体臆想的不适应等；5. 其他的一些表现，如对早年伤害性体验带来的不适应问题等。

大学生的心理障碍主要表现在：1. 学习障碍；2. 情绪障碍，主要表现为烦恼、抑郁、焦虑、暴躁、冷漠等；3. 自我认识障碍，主要表现为自傲、自卑、虚荣等；4. 人际障碍，主要表现为自我中心、羞怯等；5. 人格障碍，主要有偏执型、分裂型、爆发型、强迫型、癔病型、衰弱型等。

大学生心理疾病主要表现在：1. 神经官能症，如神经衰弱、癔病、焦虑症、疑病症、恐惧症等；2. 精神分裂症；3. 情感性疾病，如一般性狂躁抑郁症、反应性狂躁抑郁症等。

丁蓉蓉老师在处理学生心理问题时做了大量的工作，她的工作经验也有很强的针对性，起到了很好的效果，值得我们借鉴。在处理学生心理健康问题时，我建议辅导员从以下几个方面入手：1. 加强心理健康教育，使学生得到相应的心理健康知识；2. 做好筛查和预防，用科学有效的心理健康测评软件进行心理问题筛查，对于有心理问题的学生可以通过个别谈话和团体辅导的形式进行重点防范和干预；3. 对心理问题、心理障碍、心理疾病要区别对待，对有心理问题、心理障碍的学生可以通过谈心、心理咨询、心理辅导等方式解决，对已经发展成为心理疾病的，必须马上送医院进行治疗，以防贻误有效的治疗时间，给患者本人或他人造成伤害，引发严重的后果。

（张东伟）

辅导员除了在政治思想上引导学生，生活上关心学生之外，还应掌握必要的心理学知识，培养他们积极向上、乐观进取的健康意识，引导他们形成健全的人格。

走出阴霾　完善自我

——遇到觉得被孤立的优秀学生怎么办

□范晓斌

2007年6月13日晚上，一个略带胆怯的女生——小王走进我的办公室，拿出了一封信。

在信中小王诉说了自己的痛苦：她是一个天生好动的人，但同时又十分内向，不善与人交流。从小父母在生活上很溺爱，但在学习上要求非常严格。小学四年级开始，她就参加各种演讲比赛，主持全校甚至全县的有关小学生的晚会。她获得的是老师的器重、同学们羡慕的眼光，那时的她是一个快乐骄傲的白雪公主。

后来上了初中，班主任是小王的亲姑姑。因为姑姑的原因，所有的老师都对她很好。初中她一直保持着全校前三名的成绩。虽然顺利地考上了重点高中，但似乎一切都变了。陌生的环境，身边高手如林，她不过是一个普通得不能再普通的学生罢了，她再也享受不到老师的宠爱。身边虽然没有朋友，但因为是走读生，下学就回家，倒也没觉出什么孤独，反倒觉得自由了不少，终于没有姑姑天天盯着她学习了。就这样，小王的学习成绩一再下滑，这可把她爸爸气坏了。爸爸脾气不好，每次考不好就要打她，可爸爸越这样她就越叛逆。而且爸爸只会质问她为什么成绩会这样糟糕，却从来没和她谈过心，没告诉过她该怎样去提高。

高考结束后,她只想离家远远的,于是就来到了这里。实际上,小王是一个好学生,认真学习,不谈恋爱,不进网吧,不拉帮结派,不穿奇装异服。而且由于她具有演讲和主持的特长,很快在各种晚会的舞台上找回了自信。但是,她总觉得宿舍人不理解她,舍友们一点都不关心她,甚至有一个舍友经常故意和她作对。舍友们都有学习和生活上的好朋友,唯独她无人倾诉。最近一个月来情况好像更糟糕了,身边的人甚至会用嘲讽的语气反对她的一举一动,舍友们都离她远远的。她感觉很着急,焦虑、烦躁、睡不着觉,十分痛苦,有时候甚至有一死了之的想法。

我一边看信一边观察她,而她低着头不敢看我,来回搓手,看得出她内心十分焦虑不安。她选择的沟通方式是写信而不是面对面的交谈,这说明她存在着沟通障碍。

在我的引导下,她慢慢在交谈中抬起了头,终于她的眼睛能够直视我的眼睛了,这说明在她的意识中已不再排斥我,对我已经建立起了初步的信任。这在心理学中称为"破冰",经过第一次咨询,我和她一起分析了以下几个问题。

1.学习模式。初中时,小王在学习上稍微有点松懈,姑姑就会找她谈话,有时甚至是严厉的训斥。她的学习基本上没有自主性,还是像小学生那样让人管着学。所以,进入高中后,在高手如林的重点高中她才会始终调整不好自己的状态。

2.人际关系。在大学,老师的重视及"事事争第一"的高傲必然遭到嫉妒,而且由于本身的不善沟通和我行我素更加使自己孤立。

3.家庭教育方式。父母只负责她的生活起居,而对于她的思想状况仅仅是责骂和棒喝,缺乏有效的引导。这种粗暴、专制的教育方式导致小王和父母的关系很疏远,父母的管教基本听不进去,家庭关系紧张。

4.青春期的特殊性。处在青春期的学生叛逆心理往往非常强烈,辅导员如果不能采用合理的方式加以引导,不但不能了解到他们内心的真实想法,甚至会适得其反。

我要求小王在下次咨询时邀请舍友参与。6月14日,小王和她的舍友一起来了。我从她的舍友那了解了王某更多的背景资料:她学习很认真,很刻苦,成绩在班上稳居上游;她做节目主持人时神采奕奕,但在生活中却较少与人沟通;她很娇气,说话直率,不顾及别人的感受。舍友都认为宿舍关系还可以,也没有谁对她持敌对态度,但她在宿舍也没有特别好的朋友,仅仅就是一起吃饭、上课,与大家从没有深层次的沟通。

与小王的舍友沟通很重要,可以更全面地了解真实的情况。仅仅和小王交流,得到的信息是片面的,甚至可能是错误的。小王认为宿舍人不理解她,甚至有人故意欺负她,而从舍友处了解到的实际情况是:小王有了矛盾不知道如何去表达,在宿舍她没有朋友,大家都认为和小王的关系还是可以的。

因为小王说曾有过轻生的念头,征得她的同意我为她做了心理测验,结果显示王某的气质类型为抑郁质,轻度焦虑,没表现出抑郁心境。根据心理测验的结果,我判定小王是一般心理问题,不是焦虑症,更不是抑郁症。

在分析心理问题的成因、剖析歪曲的认知、纠正错误观念、观摩正确沟通模式的基础上,我向小王介绍了一些抑郁情绪的排解技巧:及时找人倾诉宣泄不良情绪,增加运动,注意饮食、营养和睡眠,多从事社会活动。

通过开学后的跟踪观察,我发现小王的自信心逐渐增强起来,紧张、焦虑症状逐渐减轻了,人际关系也得到改善。她的爸爸还特意给我打了一个电话,说发现了小王的积极改变,并对我表达了诚挚的谢意。

辅导员担当着科学育人的重任,其工作对大学生的人生产生着重要影响。辅导员要自觉学习心理卫生、心理咨询等知识,以便更好地了解和理解学生的思想和心理行为,及时发现学生在各阶段存在的心理障碍问题,区别思想意识、道德品质问题与心理障碍问题,运用心理学规律来处理学生中的问题。辅导员作为思想政治工作者,不仅要用马列主义、毛泽东思想的立场、观点和方法占领大学生的思想阵地,还要用丰富的心理学知识培养他们积极向上、乐观进取的健康意识,引导他们形成健全的人格。

专家点评:

范晓斌老师在文中谈到小王从小就是一个好学生,她学习认真,不谈恋爱,不进网吧,不拉帮结派,不穿奇装异服,还很有演讲和主持方面的特长,应该说小王是一个传统意义上的好学生。但小王处事娇气,说话直率,不顾及别人的感受,以个人为中心,她"事事争第一",性格孤傲,我行我素,学习生活上没有自主性和独立性,从小是让人管着长大的。小王在自己的信中诉说了自己的成长环境和经历。从小父母在生活上很溺爱,但对其学习上要求非常严格。小学四年级开始,她就参加各种演讲比赛,主持全校甚至全县的有关小学生的晚会。获得了老师的器重,同学们的羡慕。从小王的经历中我们也可以看到很多中国所谓"好"学生的经历和身影,对这种"小王现象"值得我们反思。

诺贝尔物理学奖得主、荷兰乌特勒支大学教授霍夫特博士在谈到优秀学生需要具备的基本素质时说:"诚实、不折服于权威、任何时候都保持严谨的科学态度。"这是他心目中的好学生标准。他认为,西方和东方国家的学生各有特点,但他心目中好学生的标准是"通用"的。首先,诚实是一名科研人员的基本准则。这个世界有许多事情是未知的,承认自己不懂才有可能进一步探索,才有可能主动去弥补自己认识上的缺陷,千万不能不懂装懂。其次,不要害怕触犯权威。老师讲的、书上写的不一定是正确的,要保持一颗怀疑的心,要有独立思考能力,常常问自己"这是不是真的",在事实与权威面前,要尊重事实,这样才可能有突破和超越。最后,任何时候都要保持严谨的科学态度。当你取得某项初步成果时，不要得意太早，而要学会从多方面来"反驳"自己的成果，找出漏洞，使之更完善，这样当你的成果公诸世时才站得住脚，不怕被"攻击"。在霍夫特教授的好学生标准中，诚实的品德、独立思考的能力、科学严谨的态度成为根本。但在现实中，目前的考试制度强化了学校、家长、学生对学习成绩的关注，反而忽略了很多学生成长成才必需的根本素养的培养。

我们再来看美国，美国大学招生就不只是看高考分数，个人品德、领导能力、特殊才艺、校内外活动、工作经验等都很重要，分数考得再好也不能保证你一定就能上美国顶尖的大学。哈佛大学在招生简章中就明确指出：哈佛录取学生没有什么公式可言，高中的学业非常重要，但是招生委员会同时考虑很多方面，如社区服务，课外活动，特殊才艺，战胜逆境的能力以及其个人品德都会影响招生委员会的决定。很多美国人认为：毕竟学生最后总要走上社会，还是应该让他们尽早地去认识真实的社会。

其实一个人只有融入社会，在实践中显现出才华才是我们应该推崇的，希望我们的学生能够有机会早一天融入社会，获得全面发展的环境和锻炼的机会，让和小王一样有这样那样问题的"好"学生少一些。

（张东伟）

一个人能真正关心和喜爱他人,自己同样会感到生活的充实、幸福。助人自助,美丽人生,这是心理咨询工作带给我的最大感悟。

助人自助　美丽人生

——遇到以自我为中心的学生怎么办

□郑　芳

　　小洁到咨询室找我的时候,她正陷入恶劣的宿舍关系中无法解脱。两年四个学期,她已经换了四个宿舍,第五个学期开始后不久,室友再次要求她搬出宿舍。室友反映她很难相处,并且还有很强的攻击性,她的直管辅导员觉得总是换宿舍也不是办法,不知道该怎么帮助她。

　　读大学之前,小洁对大学生活充满了美好的憧憬,期望能交到许多知心朋友。大一住进的第一个宿舍,她觉得其中的一个女生 A 特别傲慢,做事情经常针对她,还经常到隔壁宿舍去讲她的坏话;另外三个女生都不爱学习,宿舍里面一点学习的气氛都没有,这对于热爱学习、对自己要求严格的小洁而言,显然是无法接受的。在这种情况下,第二个学期末,小洁跟辅导员提出了换宿舍的请求。

　　第三个学期初,小洁住进了新宿舍,宿舍里面有两个女生学习成绩都比小洁要好,她和其中的一个女生 B 关系很好,而 B 也特别依赖小洁,干什么事情都会征询她的意见。小洁一方面觉得学习上的压力很大,要想在成绩上超过另外两个女生并不是一件容易的事情;另一方面又觉得没有自己独立的生活空间,觉得 B 很烦,后来就慢慢和 B 疏远,B 也感受到了小洁的态度,也逐渐对她不再信任,两个人变成了同一屋檐下的陌生人。这时,小洁再次提出了换宿舍的申请。

　　到了第三个宿舍,其他三个女生都是上海人,性格都很外向,宿舍里面很热闹,小洁觉得在宿舍学习经常会被打扰,同时另外三个女生经常用上海话交谈,也让小洁感到被孤立,很难和她们建立起友谊。在这种不开心的状态下,小洁再次提出了换宿舍的申请。

第五个学期初,小洁住进了第四个宿舍,她又觉得宿舍里面有个女生C特别强势,什么事情都以自己为中心,另外一个女生和C走得特别近,自己又被她们孤立。小洁想学习的时候她们在打牌,想休息的时候她们还在聊天,而且她们还经常在宿舍抽烟喝酒。小洁说,她觉得这些人的人品都很差,经常会有一种想要"教训"她们一顿的冲动。最近C又在煽动另外一个女生搬到她们宿舍,希望小洁主动搬出去……

第一次咨询结束前,小洁对我说,"郑老师,以前我不愿意承认自己有问题,而现在我觉得自己有轻度抑郁症,为什么其他同学都可以在宿舍相处得很好,而自己就不行,有没有什么药物可以给我吃,我每天都不想回宿舍,一想到回宿舍就头疼,就好像要去解决一件很难很难做到的事情一样。"小洁的话让我觉得很惊讶,因为主动提出要服用药物的学生并不多见,说明这个问题困扰她很深。看着她无助的神情,我告诉她:"小洁,一定要相信自己,要相信通过我们的努力可以解决目前的问题。"

通过第一次咨询,我基本了解了困扰小洁的宿舍问题的来龙去脉,小洁的问题也让我想起了我的大学时代也不太和谐的宿舍关系。在咨询中,我采取人本主义的"当事人为中心"的辅导办法,给予她最大的关注、倾听、理解和同情,并把自己以前的宿舍生活经历和她分享,让她认识到宿舍问题存在的普遍性,让她不要觉得自己"有病",降低小洁因为宿舍问题产生的心理压力,初步建立起了咨访间的信任关系。

第二次咨询,我打算继续了解小洁遇到的宿舍冲突的细节,以及她的家庭生活。小洁的父母都已退休,因为单位不景气,他们仅靠一点退休金和平时做点小生意维持生活。她从小就是一个很有理想的孩子,成绩一直名列前茅,高考那年小洁发挥失常,一心打算考取北京某外国语学院的她却落榜了。小洁选择了复读,可万万没想到的是,一年之后,小洁再次与自己理想中的大学失之交臂,于是小洁来到了上海,读了一个她不爱读的专业,从进校的第一天起,她就发奋将来一定要考取研究生,实现自己的理想。

通过两次咨询,我发现小洁问题产生的原因集中在两点:第一,学习上的自卑心理。小洁住过的四个宿舍,并不是每个宿舍都很吵闹、没有学习气氛,但小洁都反映没有办法好好学习。表面上小洁是一个好胜心强、自傲的女孩,但是内心深处她是极度敏感自卑的。第二个宿舍中,有两个室友成绩都比小洁要好,学习也很刻苦,但小洁最后还是要求调换宿舍,显然是由于自卑心理导致的。第二,人际交往上的不信任。小洁进校前,对友谊期望过高,希望人人都对自己热情、满意,个个皆关照自己,期望宿舍友谊能像亲人关系那样亲密。第一个宿舍的不愉快关系彻底摧毁了小洁对大学宿舍美好生活的向往,带着这种想法的她在其后每一个宿舍中,都无法坦诚地去和室友交往,并且始终带着一种防备、敌对的心态。

因此,此次咨询的重要任务,一是要最大限度地理解小洁的遭遇,让她的不良情绪得以疏泄;二是要在咨询中建立信任关系,恢复她对人际交往的信心。咨询中,我发现小洁在人际交往中有两个倾向:一是完美主义倾向,二是自我中心倾向。小洁的完美主义倾向和自我中心倾向使她看问题好走极端,好钻牛角尖,好为自己的行为辩护,好挑别人的毛病。现在我要做的就是引导小洁认识到她在人际交往中的问题,并且自己主动去调整。

于是,我尽量用提问和反问的方式鼓励小洁思考她在人际交往中的问题,引导她换位思考,进而使她认识到在人际交往中需要改善的地方,独立做出决策,而不是直接告诉小洁她哪里不对,该怎么样去改正。我鼓励她坦诚地和室友讲出自己内心的想法,因为在心灵交汇的地方,它必然有所感应。

和小洁的最后一次见面,她自信了很多,情绪也好转了很多,她说现在已经不再介意别人怎么看自己,生活轻松了很多,另外也可以接受室友的行为习惯了。

小洁在我的帮助下,产生了新的情感体验,形成了新的人际交往观念,学习以新的思维方式和角度思考问题,以新的方式表达情绪,采取新的行为方式适应宿舍生活,逐步建立起和谐的人际关系。我在帮助小洁的过程中,也丰富了自己的情感体验,不仅收获了友谊和信赖,还获得了好评和尊重。罗杰斯认为,从人本主义出发,良好的人际关系有三个原理:倾听、真诚、给予爱和接受爱,这其中的给予爱和接受爱所表明的内涵是:一个人能真正关心和喜爱他人,自己同样会感到生活的充实、幸福。助人自助,美丽人生,这是心理咨询工作带给我的最大感悟。

专家点评:

小洁在郑芳老师的帮助下,逐渐产生了新的情感体验,形成了新的人际交往观念,学会了以新的思维方式和角度思考问题,以新的方式表达情绪,采取新的行为方式适应宿舍生活,逐步建立起和谐的人际关系。通过郑芳老师的精心辅导,我们看到了一个日趋自信和开朗的小洁,一个解脱了人际困惑迈向新的人生征程的小洁。

从郑芳老师的工作成效中,我们也体会到了一名心理咨询工作者的价值和快乐。正如他自己所说的一样"一个人能真正关心和喜爱他人,自己同样也会感到生活的充实、幸福,助人自助,美丽人生"。

通过郑芳老师的案例我感到,大学生心理咨询工作还需要很多象郑芳老师一样优秀的心理咨询工作者。有感而发,在此也想谈谈对做好心理咨询工作的一点看法。

我认为要想成为一名优秀的心理咨询工作者,就要把握很重要的两点。一是具备良好的人格因素,如果一个心理咨询工作者不具备助人的人格条件,他的知识和技术就不可能有效地发挥最大作用,缺乏同情人、关心人的品格,不能坦诚待人,不能赢得学生的信任,缺乏对人际关系的敏感把握,他只能是一个游离在"心"之外的心理咨询工作者。二是心理咨询工作者还要有熟练的帮助学生的技巧和手段,其中包括能在短时间内了解学生的情况,适时地、机敏地提出相关问题,及时有效地消除学生不自觉的掩饰和阻抗,引导他们逐步进入自己的内心世界,吐露自己的心声,从而设计出相应的方法来矫正不良的心理倾向等等。一名优秀的心理咨询工作者不但要有"术",还要有"道"。

(张东伟)

辅导员应及时了解和掌握学生心理，预防心理问题出现；发现学生心理问题后，应及时进行疏导，详细了解问题症结，用耐心真诚的态度影响和感化学生。

沟通，架起心与心的桥梁

——毕业生出现心理问题怎么办

□张　宁

2007 年 4 月的一天，我接到学生小翟的电话。在电话中，她以异常绝望而焦虑的声音告诉我说："张老师，我这辈子全完了。我的考研成绩出来了，离报考学校的分数线（往年的标准）差 3 分，我该怎么办……"她的哭声让我很心痛，担心的事情还是发生了。

小翟是毕业班的学生，她的家庭有些不幸，父亲经常"虐待"母亲，也曾经"虐待"年幼时的她。家庭的不幸在她心里留下了永远的烙印，她对父亲充满了"仇恨"，并发誓要考上研究生，让母亲过上幸福的生活。同时，她和在准备研究生入学考试期间相识、相恋的男友也有过约定，如果不能同时考上就分手。为了备考，她每天只休息三四个小时。考研是她的精神的寄托和生活的动力。

我约小翟在办公室见面。在等小翟的过程中，很意外地收到了她的毕业论文指导老师转发小翟的一条短信："老师，我不想活了，论文写不成。"我意识到问题的严重性，处理不好，结果可想而知。

见到小翟，她显得很憔悴、焦虑、急促不安，什么话都不说，只是不停地流眼泪。我让她坐下，递给她面巾纸。"我知道你的处境，你很自责，但是周围关心你的人不会因为你没有考上就抛弃你。再说，国家线还没有出来，而且你还有调剂的机会……"三个小时过去了，她的情绪终于平稳下来，并答应专心写毕业论文。

在安抚了小翟的情绪后,我分别联系了小翟的男友、父亲和毕业论文指导老师,通过面谈和电话的形式跟他们进行了沟通。小翟的男友是一个很朴实的男生,见到他,我把小翟目前的状况作了简单的分析,希望他不要在这个时候和小翟提出分手,同时要一起劝慰她走出失败的阴影。小翟的男友很腼腆地告诉我,其实他和小翟是有感情的,从来没有想过要和她分手,只是小翟太敏感了。我有些放心了。小翟的父亲知道消息后很着急,我建议他立即联系她的母亲,用母亲的关爱让她减轻压力,不再有对母亲的负罪感。同时,论文指导老师了解到情况后,也表示尽量不给小翟施加压力,在论文写作的过程中多帮助她。

　　一个周六的中午,我把小翟和她的男友同时约到办公室,进行了一次面对面的交流。我告诉小翟,今天我作证,把你的担忧和怀疑再说一下,看看他的表态。小翟男友很动情地讲述了他们交往的过程,考研的苦也因为相识的甜而淡化了,虽然自己今年成绩不错,但是他从来没有因为自己的成功要放弃小翟的想法。说着这些话,他流泪了,小翟也哭了。终于,小翟开始释怀,并在我的劝说下接受了先找工作的想法。

　　几天后,小翟的父亲也从南阳老家赶来学校。他没有见女儿,先到办公室找到我,讲述二十多年来父女的隔阂。因为以前脾气不好,可能对女儿粗暴了些,但是他还是很关心也很爱女儿的。我劝他说,可能是因为以前的误解影响了你们的父女关系,只要和她坦诚地交流一下,她会理解的,何况在她现在最脆弱的时候,最需要的还是父母的关心。小翟父亲在学校住了 3 天,终于等到了合适的机会见到了小翟,并和她谈了很长时间。后来,我几乎在同一时间接到父女俩感谢的电话。

　　接下来的日子里,小翟很平静,安心在我给她联系的学校进行实习,同时也到全省各地参加招聘会。虽然她很努力,但是因为考研忽略了专业技能的学习,所以找工作并不是很顺利。我经常发短信鼓励她,告诉她任何人的成长都需要一个过程,现在是蜕变的过程,自然痛苦,但终会有变成美丽蝴蝶的那一天。同时,我提醒她要经常上网查查调剂信息,等国家线出来以后上西部的学校还是有可能的。

后来,国家录取分数线出来了,325,她过线 3 分。她很欣喜地给我打电话,我在为她高兴的同时,鼓励她抓紧时间联系调剂事宜。功夫不负有心人,宁夏大学同意她去参加复试,不过她的排名并不靠前。她又为担心过不了复试而彻夜难眠,出发去宁夏的前一天下午,她到办公室找我,看她闷闷不乐的神情,我笑着对她说:"一定要微笑,导师看到你这样子,肯定就不喜欢你了。"最终,小翟被宁夏大学录取了。接到通知书的那天,她给我发来短信:"谢谢老师一直的关心,我以后会努力用微笑面对生活。"

暑假期间,小翟的父亲有一天给我打电话,说已经在学校了,想见见我。见到小翟的父亲苍老的脸上挂着幸福的笑容,他说现在小翟在家,有时候还下地帮他干活,也肯和他说话了。他没有想到女儿能考上研究生,所以他这趟是要专程表达谢意的。他塞给我一箱奶和一兜水果,不等我拒绝,便匆匆走了。

小翟读研期间常给我发短信,说现在的自己真的长大了,学会关心理解父母,也明白了如何面对人生中的挫折,开始成为一个阳光自信的女孩。我很欣慰能帮助她走出人生的阴霾,同时她也让我意识到辅导员工作的意义和重要性。

处于青春期的大学生面临多重压力,心理情绪很不稳定,作为辅导员,应运用合理的沟通和引导方法,及时帮助他们走出心理阴霾。为此,在日常工作中,辅导员应该多和学生沟通交流,及时了解和掌握学生心理,预防心理问题出现;发现学生心理问题后,应及时进行疏导,认真详细了解问题症结,采用正确的沟通方式,用耐心真诚的态度影响和感化学生。

专家点评:

对毕业生心理问题的关注与干预是高校心理健康教育工作的重要内容,也是辅导员的重要职责。张宁老师通过对一位毕业生同学遭遇的心理困境，从发现、甄别，到干预、调适，直至情绪稳定、走出阴霾的个案分析，向我们介绍了一个平常但不平凡的有效工作方式，即真诚关心、及时沟通。真诚关心是架起与学生心与心的桥梁的必经途径，"亲其师，才能信其道"；及时沟通是全面了解学生心理发展动向，发现问题与解决问题的重要渠道。在日常工作中，辅导员和学生多方沟通交流，及时发现学生中出现的危机心理因子，遇到危机情况时能够全面启动处于心理困境中学生的社会支持系统，是高校大学生心理危机防御体系中不可或缺的重要环节。

（李大宏）

第七章　宿舍生活篇

SUSHE SHENGHUO PIAN

点评专家：

商丘工学院副院长　　　　　　　　　　　王　峰

许昌职业技术学院党委副书记　　　　　　张德山

辅导员工作不能只局限在办公室和班级，更要深入到每个宿舍，只有这样才能让师生感情得到传递，同学友谊得到发展，大学里的阳光才会更加明媚和温暖。

女生宿舍里的"冷战"
——同宿舍的女生闹矛盾了怎么办

□李向东

去年 12 月的一天晚上，我正在开会，忽然收到一条短信："李老师，我遇到难题了，可是我不知道该怎样解决。"没有署名。由于当时正在开会，我便回道："有问题不要憋在心里，希望你能告诉我，我愿意帮助你。但我现在正在开会，你一个小时后给我打电话吧。"会议开到 8 点多，但快到 10 点我还没有接到电话。我忽然紧张起来，这个学生遇到了什么难题？是生活问题还是感情问题？现在是不是正在湖边徘徊，或在某个大楼上……我不敢想下去，迅速打开手机，找到刚才给我发短信的手机号码，打了过去。原来她是 2005 级大三学生刘明明，我对她比较熟悉，略感放心。我便问她在哪里，她说在宿舍；我问她发生什么事了，她却说今天太晚了，明天再找我说。我想可能是宿舍里人多说话不便，便安慰了她几句，挂断了电话。

第二天，我通过谈话了解到，刘明明与室友张艳关系恶化，张艳在室友面前污辱她，令她感到非常气愤，已经无法再忍受下去。张艳来自上海，家庭条件好，打扮入时；而刘明明来自河南的一个县城，家庭贫困。她们在一年级相处还好，但到了二年级，矛盾逐渐产生。张艳看不起河南，常说一些歧视河南的话，令刘明明非常生气，于是两人产生了言语上的争执。张艳前卫时尚，一些行为表现也令刘明明看不惯。随着争执次数的增多,两人的矛盾也逐渐升级,由最初的顶嘴发展到现在的"冷战"。

我耐心地听她诉说,让她将心中的愤懑完全发泄出来。然后我给她提出了解决方案:我立刻给张艳打电话,对她进行批评和教育。但是刘明明有些犹豫,觉得这样可能会让张艳对她更有看法,好像向老师打小报告一样。这就是大学生们区别于中学生的一个特点:他们自尊心强,有了矛盾不愿意给辅导员或班主任说,一方面认为自己已经成人了,能够解决自己的问题;另一方面他们碍于面子,害怕别人瞧不起自己。这给辅导员发现问题和解决问题增加了难度。

不过这次刘明明没有提出要调宿舍,我觉得事情还有调和的余地。于是我提出了第二个解决方案:不针对张艳个人,我装作不知道此事,分别与宿舍其他人员进行谈话,了解情况,并对张艳进行间接批评教育,以观后效。刘明明同意了。

此后两天,我通过与其他学生的接触,情况确如刘明明所说,两人存在一定的矛盾,尤其是近几天,两人矛盾有再度激化的倾向。掌握了事情的来龙去脉和问题所在,我开始思考下一步采取什么样的解决方式。为了尊重刘明明的意见,不使张艳对刘明明产生更深的成见,我决定还是采取迂回的策略。我和该班班长说,为了加深对同学们的认识和了解,从下星期开始我每天到一个宿舍进行座谈。

在与刘明明宿舍的成员进行谈话时,我有侧重地进行了和谐相处的引导,让她们认识到一个宿舍里团结友爱、和谐氛围的重要性,珍视同学友谊,共同度过美好的大学时光。针对张艳所犯的错误和两人存在的问题,我旁敲侧击地进行了批评和引导。然后我让她们每个人发言,讨论如何处理同学关系、宿舍关系。谈话在愉快的气氛中进行,两人也分别发言,并主动谈到了自己的问题,表示以后要尊重对方,共建宿舍里的团结与和谐。谈话效果超出了我的意料,回去后,宿舍长欣喜地告诉我,两人已经和解,是张艳主动向刘明明道歉,承认了自己的错误,并表示以后不会再伤害她。

一个星期过去了,我与该班所有学生的谈话也结束了。我收获了很多,感到与学生的距离拉近了很多。这和在班会上对学生进行引导教育不同,这种方式更亲切,与学生交流和沟通更直接,学生对说教也更易接受。我想,何不把这个做法推而广之呢?与所有的班级、所有的宿舍都谈一谈呢?或许其他宿舍也存在着"冷战",有的或许刚刚萌发,何不把它消灭在萌芽中呢?于是,第二个星期,我又开始了与其他班级宿舍的谈话与接触。通过这件事,我突然明白,辅导员工作不能只局限在办公室和班级,更要深入到每个宿舍,只有这样才能让师生感情得到传递,同学友谊得到发展,大学里的阳光才会更加明媚和温暖。

专家点评:

学生宿舍管理是班级管理的重要抓手,也是辅导员日常工作的重要环节。针对两位女大学生的矛盾,作者采用迂回战术,通过与宿舍其他成员的谈话,了解两人矛盾的症结,从而可以对症下药。

苏联教育家马卡连柯认为不可以把学生当成孤立的个人进行教育,提出了平行教育影响原则。这就要求辅导员在教育过程中把集体作为教育对象,在教育集体的同时通过集体去教育个人;而在教育单独的个人时也应想到对整个集体的教育,通过对个人的教育影响集体。李向东老师在处理两位女生的矛盾时,很好地运用了该原则,他与该班级所有宿舍进行谈话,利用集体的媒介对每个个人产生教育影响。这种方式的效果远远高于单独对两位女生进行批评教育的效果。通过这种教育方式,收到了意外的收获,同时可以将其他宿舍的矛盾扼杀在萌芽状态。

(王　峰)

高校学生钱物被盗案件的屡屡发生，严重扰乱了学校的正常秩序，给社会、家庭造成了很坏的影响。宿舍安全工作的维护需加强对学生的法制教育、思想政治教育和各项安全教育，并要充分调动广大学生参与综合治理的自觉性，共同构建校园群防群治的安全体系。

宿舍你我他，安全靠大家
——学生宿舍被盗怎么办
□陶峰勇

近年来，由于高校人群密集、人流量大，学生钱物被盗事件时有发生。但从整体来看，有80％以上的失窃案发生在学生宿舍，侦破率较低。发现自己宿舍被盗，不少学生首先想到的是赶紧翻看自己的柜子、箱子、抽屉，看看自己的钱财短少了些什么。另一些学生则出于关心、好奇等原因前来围观、安慰。结果，待公安保卫部门接到报案来到现场时，现场的原始状态已发生很大变动，一些与犯罪活动存在内在联系的痕迹、物品已遭到破坏，还有一些与犯罪毫无关系的痕迹物证又出现在现场，使得公安保卫人员难以对犯罪活动作出准确判断，影响了破案工作。因此，在学生宿舍发生被盗时，应该提醒辅导员和学生注意如下事项。

一、发现宿舍门被撬，抽屉、箱子的锁被撬坏或被翻动，则很可能盗窃分子已来光顾，应立即向学校保卫部门报告，并告知自己的辅导员老师等。尽量不要私自处理解决，以免发生不必要的纷争。

二、保护好现场。犯罪现场是判断犯罪分子进行犯罪活动和真实反映犯罪分子客观情况的基础，只有把现场保护好了，侦察人员才有可能把犯罪分子遗留下的手印、脚印、犯罪工具等所有痕迹、物品发现和收集起来，而这些正是揭露和证实犯罪的有力证据。如果案件发生在宿舍内，请在宿舍门前（一楼还包括窗外）阻止学生围观，不能让人进屋,更不能翻动室内的任何物品,要封闭室内现场。对盗窃分子可能留下痕迹的门柄、锁头、窗户、门框等也不能触摸,以免把无关人员的指纹留在上面,给勘察现场、认定犯罪分子带来不必要的麻烦。

三、如实回答前来勘验和调查的公安保卫人员提出的各种问题。回答一要实事求是,不可凭想象、推测;二要认真回忆,力求全面、准确。积极向负责侦察破案的公安保卫人员提供情况,反映线索,协助破案。反映情况时要尽量提供各种疑点、线索,不要觉得此事无关紧要而忽略;也不要觉得涉及某个同学怕伤感情。例如:某同学宿舍被盗后,该同学想到自己第二节课时没听课,到商店买东西时在那里看见的一个人很像是同宿舍另一同学的老乡,该人前不久来城做生意还来宿舍玩过,接触感到这人行为谈吐都不正派。但这位同学一是怕看错人,二是没有任何真凭实据。凭空怀疑怕同学知道了伤感情。三是怕连带出自己不上课的情节而受批评,因此好几天都没说。后在保卫干事反复启发下打消了顾虑,反映了这一线索。经保卫部门调查侦破,很快掌握了这个“老乡”的作案证据,遂追回大部分赃物,为该宿舍同学挽回了损失。

四、无论发生什么事情,宿舍内部都要保持团结,切勿相互猜疑。许多宿舍发生盗窃之后就马上怀疑身边的同学,特别会在意没有丢东西的同学,形成了一种不信任的氛围。这样,一者对调查工作开展不利,二来影响宿舍同学之间的关系。当事情水落石出,发现不是宿舍内部同学行窃时,对同学之间今后的交往会产生很大的影响。

五、学生要增强防范意识,注意保管好自己的钱物,不给窃贼造成可趁之机。比如,很多同学离开宿舍时没有随手关门的习惯,常常手机充电、手提电脑开机时就离开宿舍。夏天一般是盗窃事件的高发期,很多同学喜欢晚上开着门、窗睡觉,各方面的条件比较适合小偷的出入,这样就难免会增高盗窃事件的发生率。所以,在平时应该做好学生的安全教育,经常到宿舍检查安全隐患,让学生充分认识到安全防范的重要性,注意保管好自己的钱物。

六、如发现存折被盗或可能已被盗,应尽快通知银行进行挂失,防止盗窃分子将存款取走。同时，到保卫处进行身份证挂失等。因此，在平时学生最好记住自己的身份证号码等相关的信息，以便不时之需；而且如身份证和银行卡之类同时使用才有效的证件应该尽量分开保存。

七、处理时，不能胡乱猜疑，轻率处理，因为这关系到学生一生的名誉，即使掌握了确切证据，查证属实后，也不能简单处理，一定要尊重学生，经常找学生谈话，促使学生从内心、从思想上认识自己的错误。要尊重学生的人格，鼓励学生重新做人，不可一味地批评。

总之，学生钱物被盗案件的屡屡发生，严重扰乱了学校的正常秩序，给社会、家庭造成了很坏的影响。宿舍安全工作的维护需加强对学生的法制教育、思想政治教育和各项安全教育，并要充分调动广大学生参与综合治理的自觉性，共同构建校园群防群治的安全体系。

专家点评：

宿舍是学生学习必不可少的重要场所，其治安环境的好坏直接影响到学生的学习、生活质量乃至健康成长。本文比较全面地谈到了宿舍发生被盗之后，作为宿舍成员应该注意的问题。

高校宿舍被盗事件的增多，固然有其多方面的原因，但预防的基本方法是"人防""物防"和"技防"，其中"人防"是预防和制止盗窃犯罪最为可靠有效的方法。对大学生而言，提高防范意识，做好防盗工作，不仅是个人的事，也是全体师生共同关心的大事，只有人人参与其中，发挥群防群控的巨大作用，才能有效遏制和减少高校宿舍盗窃案的发生。另外，辅导员还要教育学生不要将大额现金或贵重物品在人前显摆，交友要谨慎，防止引狼入室等。

辅导员可以通过召开主题班会、走访宿舍、法制讲座等方式把正确的防盗方法教给学生，提高学生自我防范的意识与能力。

（王　峰）

宿舍发生内盗是学生人格扭曲造成的，也是学生人格障碍的表现，其危害程度远远超出了盗窃本身。假若作为高校主体的学生中有"贼"，哪怕只是极少数现象，也应当引起教育者的高度重视与思考。

学生宿舍何时"天下无贼"

——学生宿舍发生内盗怎么办

□王　娟

从事辅导员工作虽然只有 3 年多时间，但我对这一职业已有了较深的认识，真切地体会到了辅导员工作的重要性。辅导员很辛苦，工作很琐碎，经常要处理各种各样的学生问题。做好这项工作不仅要有很强的个人能力，还要不断探索工作方法、积累经验、抓住工作规律。工作中，我曾经处理过这样一件比较棘手的事情。

2009 年 6 月 6 日，住在同一宿舍的两个女生向我反映，自五一假期后，她们放在宿舍内的物品就经常无缘无故地丢失，包括放在柜子里的钱、衣服及手机挂饰等，于是怀疑是本宿舍的王某所为。我深知此事重大，如果处理不当可能会影响一个学生的前途。因此，我要求被盗学生一方面不要惊慌，要冷静观察，留意与自己特别熟悉的人的平日行为，有情况及时向我反映；另一方面不可凭空猜测，不要随便怀疑室友或其他人。

大学生宿舍失窃是各高校普遍存在的一个问题。从客观方面来说，大学宿舍是集体场所，一个宿舍 4 个人，属于半开放场所，人员流动性较大，因此个人私密性并不强；从主观方面来说，当今学生大多缺乏管理自身财物的能力，防范意识不强，表现为贵重物品随意存放、不锁抽屉、人走不关门窗等，让作案者的偷盗行为处在一种无障碍的状态。

认真分析学生反映的这些情况后,我通过采取深入该学生宿舍查看她们的物品摆放情况、找该宿舍的 4 名女生分别谈话等方式,进行摸底调查,发现了以下事实。

1. 该宿舍的钥匙从未外借,成员离开宿舍后及时锁门,而且所丢失的钱物都是在抽屉和柜子里,几次失窃后门窗均完好,因此内盗的可能性比较大。

2. 据该宿舍女生反映,王某常常独自待在宿舍,并且把门反锁,室友敲门很久才把门打开。

3. 王某自入学以来,一直住在外系的宿舍里,2009 年 3 月才调整至目前所在的宿舍。外系辅导员也反映王某原来所在的宿舍发生过丢失物品的现象,而且除了王某,该宿舍其他 3 名女生都曾丢失过现金或物品,但因为丢失钱财数额不大,加上收集证据比较困难,因此大都不了了之。

从调查的情况来分析,王某的嫌疑似乎是最大的。于是,我再次找王某谈话,但王某神情镇定,坚称自己从未丢失过任何物品,对宿舍失窃也毫不知情。我决定运用"赶鸟出笼"的战术,分别与该宿舍 4 名女生进行谈话。我告诉她们,偷盗得逞的学生得到的是暂时的物质上的满足和心灵上一时的快慰,但随之而来的将是焦虑、恐慌、愧疚和同学怀疑的目光,以及由此而造成的同学关系不和谐;向她们讲解"一念之差"往往导致"差之毫厘,谬以千里"的严重后果,如有的学生由于偷盗被学校处分,甚至被追究刑事责任。

当天晚上,王某即向其室友承认了自己的偷盗行为。次日,王某带着"悔过书"找到我,表示自己因一时糊涂而犯下错误,决心悔改并愿意接受学校的处分。

这件事情发生后,我教导学生要正确对待宿舍的偷盗事件:如果发生了内盗,同学们一定要吸取教训,更加注意保管好钱物,以免再次受到损失;如果当场抓到盗窃者,不可采取"私了"的办法,更不可采取过激行为,对其进行殴打、捆绑、拷问,而要将其交送学校保卫部门处理;

如果自己的东西被盗,不能采取隐蔽的报复被怀疑者的做法,即"你偷了我的,我也偷你的,看你下次还偷不偷";倘若发现盗窃者是学校内部的管理人员,应及时反映给学校领导及有关部门。

学生宿舍发生内盗是学生人格扭曲造成的,也是学生人格障碍的表现,其危害程度远远超出了盗窃本身。实际工作中,高校要通过加大"三防"(人防、物防、技防)力度、法制教育力度以及内盗案件的查处打击力度,以期从根本上扭转内盗案件的上升趋势。但事实上,这些做法收效并不明显。因此,我们还要致力于塑造当代大学生的健康人格,对学生加强消费伦理引导,注重人文精神的提升,加强对大学生心理健康的引导,切实提高当代大学生的道德素质。

高校是一个传播文明和播撒知识种子的场所,但是近年学生宿舍内盗现象已经成为困扰高校治安秩序稳定的一个突出问题。假若作为高校主体的学生中有"贼",哪怕是极少数现象,也应当引起教育者的高度重视与思考。

专家点评:

"大学之道,在明明德,在亲民,在止于至善。"意思是说,教育的任务是使受教育者能够开明自己的德性,实现道德的完善,最终在行为上达到至善的境界。从"明德、至善"这个意思上来说,大学不仅要培养学生如何"做事",更要培养学生如何"做人"。因此,在人才培养这个问题上,大学首先培养的是"人",然后才是"才"。大学阶段是青年学生人生观、价值观形成的重要时期,也是他们极容易出现心理问题的时期,在这个时期通过思想政治教育和日常管理对他们进行正确的指导和引导显得尤为重要。大学辅导员是高校对学生进行思想政治教育和管理工作的重要力量,可以说是青年学生在大学阶段的重要人生导师之一。王娟老师在遇到学生偷盗事件的时候,并没有拘泥于偷盗本身,而是把这件事情的处理与学生的前途联系在一起,所以在处理问题时冷静、客观。没有把事情闹得沸沸扬扬导致学生互相猜疑,而是先调查真相,然后通过一视同仁地与学生谈心的方式来分析事情的严重性,通过"心与心"的交流,让学生自己"醒悟和悔过"。这样做既有助于学生之间的团结,也给了犯"错误"学生改过自新的机会。在面对学生出现的问题时,不是采用"挤、压"而是采用"疏通、引导"的方式,注重大学生健康人格的塑造和道德品质的提高,真正做到了对"做人"的培养。

(王　峰)

风波起始波涛汹涌，但风波退去依然风平浪静，没有人知道风波起落背后的故事。

风波的背后

——学生宿舍违章用电怎么办

□万会珍

　　我是一名工作仅半年的学生辅导员，按照学校的有关规定，新进辅导员必须住进学生公寓，目的是让辅导员能了解学生情况，发现问题后能及时处理。因此，我被安排在学校 13 号女生公寓。

　　住进公寓半年以来，公寓的卫生状况及学生的就寝情况良好。但是，前不久却发生了一件事情——

　　那天是周末（星期天晚上 7 点左右），我正在公寓上网查资料。突然间，一阵急促的敲门声让我一惊。

　　我问："谁啊？"没有人应声。

　　接着又是"咣咣咣……"的敲门声。

　　我打开门，看到一名女生站在门口，对我很厉害地说："这公寓还有人管没？我们宿舍为什么没电？如果晚上不给我们送电，我就去投诉你们！"

　　那种气势以及说话的语气在我当辅导员的这半年里还是第一次遇见。我说："怎么了？"

　　她说："你去问管理员去！"

　　管理员告诉我："她们宿舍有人违章用电，保险丝被烧断了！"而那个女生却说："我没有违章用电，为什么不给送电？就是保险丝烧断了，也应该及时修。这就是你的责任，如果晚上不给送电，就去投诉你！"还威胁说："晚上不给送电，就点蜡烛，如果房间失火的话由你负责！"

听她们说完，我心平气和地对那名女生说，你先不要急，坐下来咱们慢慢解决，生气解决不了问题，并问她是哪个系的和辅导员是谁。她极不耐烦地回答了我的问题并反问道："怎么了？还想告我状？就是让我们辅导员来了我也不怕，我有理，他还能拿我怎么的？"

"这样吧，我给你们辅导员打电话，让他过来咱们一起解决这件事。"我说。她却说："不用你打，我给我们辅导员打。"说完，就拨通了电话："辅导员，我是某某某，我在宿舍，我这边出了点事，你马上过来！"语气很嚣张。说完，还冲我们说："听见没？我平时就是这么对辅导员说话的，他能拿我怎么样？"说完就上楼了。

过了一会儿，那个学生的辅导员来了，我把事情经过告诉了他，然后就一起上楼找那个女生。可到她们宿舍门口一看，门锁着，房间里点着蜡烛。见状，她的辅导员急忙拨通了她的电话，问她在哪。她说在隔壁宿舍，马上出来。说是马上，等了十几分钟都没动静，我去敲隔壁宿舍的门，她才磨磨蹭蹭地出来。她辅导员问："怎么回事？你们宿舍没人怎么还点着蜡烛？"那女生说："谁让她们不给送电？我又没违章用电！"我说："你是没违章用电，但你们宿舍有人违章用电！咱们宿舍管理有规定，不准在宿舍用大功率电器，如果使用的话要没收电器且罚款。你们宿舍是一个集体，如果有人违章用电了，你间接上也有责任，根据学校学生纪律处分管理办法，学生应当遵守学校学生住宿管理规定，违纪者给予相应的纪律处分。拒绝管理，或者妨碍管理人员履行职责者，给予警告处分；刁难、谩骂管理人员，给予严重警告、记过或者留校察看处分。"我们耐心地给她讲管理规定以及相关的法律知识，经过一个多小时的说服教育，这个女生终于认识到了自己的错误，并及时向我以及管理员认了错："自己太冲动了，以后会注意说话分寸的，请老师和管理员原谅！"随后，我们与她们宿舍的其他成员取得了联系，让她们全体回宿舍，追查是谁违章用电，并告诉她们有关宿舍用电的一些规定以及违章用电的危害，告诉她们谁用了大功率电器要主动承认。

经过深入了解与沟通,她们宿舍的一名女生终于低着头对我说:"老师,对不起,今天是我错了,我早上洗头发,洗完后用吹风机吹头发,结果把保险丝给烧断了,不过我在用之前确实不知道它有那么大的功率,因为没仔细看。停电后因为害怕也不敢对管理员说,刚好今天是周末,宿舍也没其他人,我就把宿舍门锁了出去了。没想到室友回来会与管理员和您吵架,今天都是我的错,请处分我吧!"

　　看到这个女生能主动承认错误,我说:"鉴于你是初次犯错,且认错态度好,今天就不处罚你了,但你必须下去和管理员说清楚,且向管理员认错,并保证以后不再违章用电,吹风机也不没收了,你们把它收起来,以后不能再用。"那女生说:"谢谢老师!"随后,她就和那个与管理员吵架的女生一起去向管理员认了错,同时宿舍管理员也答应第二天找修理工把保险丝装上,因为当时已经晚上 10 点多了。

　　风波起始波涛汹涌,但风波退去依然风平浪静,没有人知道风波起落背后的故事。

　　这场违章用电风波虽然结束了,而留给我们的思考却很多。现在的学生大多个性强,不懂得尊重别人,遇到不顺心的事就大发雷霆,无理取闹,在这个时候我们作为管理者不能硬对硬,而应及时了解事情的起因、经过,耐心向学生讲解学校的一些相关管理规定,做到不冤枉任何一个人,但也要及时教育违纪的学生,让他们懂得尊重别人、遵守校规校纪、诚实做人、踏实做人。

　　此后,就学生的宿舍用电,我与管理员沟通后,在宿舍的宣传栏里发布了一些有关违章用电危害的宣传知识,开展了"文明用电宿舍评比"及"宿舍是我家,安全靠大家"等宣传活动,通过这些活动让学生了解违章用电的危害及宿舍用电的管理规定,以提高学生的自律意识、增强他们的主人翁态度、营造良好的宿舍环境。

专家点评:

曾有心理学家用"双重性格"来形容当代大学生的心理特点,外表热情奔放,但内心沉默孤独,有强烈的独立意识,但对父母、老师有很强的依赖心理,鉴于这种心理特点,宿舍管理历来是学生管理工作中的重点问题,同时也是难点之一,万会珍老师在处理违规用电风波时动之以情、晓之以理,深入浅出,剖析得很深刻、也很透彻,且有后期的巩固辅导,有可取之处。

回顾历年来高校各类突发事件多数是在宿舍引发的,可见宿舍管理工作之重要。其实学生犯错误是再正常不过的事了,但其根源是责任心的缺失。该文中的女生就是因缺少责任心而违规用电,导致保险丝被烧坏而停电,其室友因缺少责任心而引发风波,导致小事升级,被管理者与管理者矛盾激化。作为辅导员应加强学生的养成教育,特别是责任心教育。另外,有关违章用电危害的宣传工作也至关重要,要让学生了解违章用电的危害,提高自律意识,为营造安全、温馨、和谐的宿舍环境贡献一份力量。

(王 峰)

学生宿舍是大学生学习生活的主要场所，宿舍气氛的融洽与否直接影响学生在校学习的效果。当宿舍同学之间发生矛盾时，辅导员老师应该努力地寻找每个学生身上的"开关"，一定会有办法点亮他们的心灵。

同一屋檐，相亲相爱
——学生要求调换宿舍怎么办
□朱　宁

　　已经是晚上 10 点半了，电话铃声急促地响起，我的心顿时紧了一下，怕电话铃声想必是每个辅导员的职业病，更何况是这个时间。我赶忙接通电话，对方是一位中年男子，经过了解，他是我的学生小溪的家长。他用焦急又非常担心无助的声音和我讲述了小溪和宿舍另外三个同学因为小事而发生矛盾的苦恼和困惑，恳请我能为小溪调换一个宿舍。我能理解一个远在他乡为女儿担忧的父亲这么晚还和我联系的心情，可是，对于一个学生来说，大学是成长的必经过程，帮助她们面对和处理各种问题是我作为辅导员的责任。听过电话后，我整晚难以入睡，我必须对学生的成长负责，更要对这份沉重的父爱承担责任。

　　第二天，我早早在学生宿舍楼下等待小溪，因为我知道学生不会喜欢办公室的谈话环境，看到我，她很意外，但很快就明白了我的来意。我们边走边谈，说着说着，她突然很直接地对我说："老师，谢谢你来看我，可是，我们宿舍的问题你帮不了我，我和她们性格不一样，除非调换。"我意识到了工作的难度，我没有否定她，而是对她说明天我还来找你，我们不谈宿舍，谈点别的。

　　接下来的一天，我约她到了学校附近的一间环境安静轻松的热饮店，我点了奶茶，但是我没有说话，给了她一张纸条："请你写出我的十个优点，用时 30 分钟。"30 分钟过去了，我给了她第二张纸条："请你写出班级任何一个同学的十个优点。"30分钟又过去了,我又给了她第三张纸条:"请你写出宿舍每名同学的十个优点和你们在一起最开心的三件事。"她看到这张纸条,起初有点惊讶,看了我一眼,但是没有说话,喝了口奶茶,接着真的写了下去,又30分钟过去了,三杯奶茶也喝光了。

第四天,我约小溪宿舍的三名同学来到了会谈室。我们起初没有谈宿舍的问题,而是每人发了一个苹果,只准看,不准吃,看过一分钟后,放到一个装有许多苹果的袋子里,让她们找到自己的那一个,有两名同学找到了,而另一名同学怎么也没找到。大家都问我这么做是什么意思,我告诉她们:每个苹果都有自己的特点,都是不一样的,有人找到了,是因为你的苹果特点明显,但事实上内部的成分都是一样的,都很有价值,都有VC和水分,但没找到的同学,是因为你没有善于发现它独有的特点,把它的优点忽视了。其实人也一样,我们都在一样的空间里,但来自不同的家庭、不同的父母教育,怎么可能一样呢?

接着,我也给她们每人一张纸条,要求只有一个:用30分钟写出小溪的十个优点和你们在一起最开心的三件事。

第五天,四个人都被我约到会议室,桌上摆满了水果和女孩子喜欢的零食,当着她们三人的面,我打开了纸条,每个人都读自己写下的字句,伴着《相亲相爱的一家人》音乐的响起,我感觉到每个人的声音越来越小,直到哽咽。她们谈起了以前在一起的许多故事,从军训到集体逃课,从一起食堂吃饭到追求男孩。本来5分钟可以说完的话,越说越多,50分钟也收不了腔。我悄悄地走出会议室,在门外听到了她们时不时传来的笑声。

第六天,是周末,他们所在的班级组织了野战CS真人比赛。这是个绝好的机会,我带领包括她们宿舍在内的四个宿舍都参加了比赛。在比赛中,她们互相配合、及时沟通,赢得了一场又一场的胜利,我为她们拍下了一张张宝贵的照片,作为青春最美好的回忆。

通过这件事,我认识到,辅导员工作的方法很重要,思想教育需要平台和载体,每个学生的身上都有一盏灯,但开关却很难找到,只有充

第七章　宿舍生活篇

分地了解学生才能点亮这盏灯,也只有探索方法和拓展途径才能让灯持久明亮。学生宿舍矛盾是很棘手的问题,也许我是幸运的,遇到了能理解老师的学生,很高兴我们相识相聚在同一片蓝天下。辅导员的工作任重道远,为学生搭建友谊桥梁,让他们幸福地度过人生中最美好的时光,为他们成长护航永远是我们的责任。积极探索,勇于尝试,相信学生工作的路子会越走越宽。

专家点评:

作为辅导员,不仅要管好学生,更重要的是对学生的成长负责。辅导员要让学生学会与各种性格的人友好相处,因为良好的人际交往能力也是一种很重要的社会生存技巧,是每个青年学生健康成长和成才的重要保证。

"授人以鱼不如授人以渔。"面对学生宿舍内部的矛盾或纠纷,辅导员不必立即将当事人找来进行批评教育,也不必直接去插手解决她们的问题,而应该先帮助学生分析问题的症结所在,然后从旁指导,教给学生自行化解矛盾的方法。对那些学生自己完全有能力解决的问题,一定要放手让学生自己去设法解决,这样学生才能从中学会一些为人处世的方法与经验。其实有些问题,只要我们辅导员引导得当,学生是完全有能力处理得很好的,有时候甚至比老师亲自调解、评判效果更好。

朱宁老师借用心理咨询的技术方法,以心理活动和班级活动为载体,将"个体转化"和"团体辅导"相结合,不但成功转化了学生的思想,更重要的是促进了学生的个人成长和集体成长,体现了高超的教育艺术。

阿基米得说:"给我一个支点,我可以撬起地球。"辅导员掌握了教育艺术这个支点,将会把学生光明的未来撑起!

(王　峰)

学生间发生矛盾是常见的事，这些矛盾中存在一定的普遍规律。但辅导员在处理矛盾时，需在普遍规律中寻求特殊规律，用特殊的方法去解决特殊矛盾。

把准矛盾主脉，施行对症处方

——学生遭到其他宿舍成员排斥怎么办

□郭钊德

辅导员在做学生思想政治工作中，经常性碰到的棘手问题，莫过于学生宿舍发生纠纷矛盾。学生宿舍既是学生们大学几年中最为熟悉、最能依靠的一方领地，又是学友相处成长的另一个家园；既是学生们学习生活和思想交流最集中的场所，又是他们之间纠纷矛盾最多、最突出的发源地。因此，宿舍对于大学生来说，将其功能利用和发挥得好，对大学的学习生活将起到很好的助推作用，同学间关系经几年的宿舍和谐培育，其友谊深厚，在一生中铭记深刻。反之，宿舍引发矛盾且处理不好，就会给同室人造成极大的伤害。

辅导员在处理宿舍矛盾时，并非一件容易的事。因为宿舍矛盾会以多种多样的形式表现出来，采用的处理方法就不能千篇一律。我在几年的工作实践中，处理宿舍矛盾就实行区别矛盾对症施策，有的矛盾通过一两次谈话疏通即可解决；有的则需要经过多次反复才能化解；有的却要分室而制之方能生效。这里提供一案例，与大家交流。

矛盾提出。食品学院某专业 2003 级一个 6 人间女生宿舍。大一上学期 10 月中旬的一天上午，该室一女生找到她的辅导员，哭哭啼啼诉说，宿舍里其他同学有意排斥她，心理压抑，没法再住下去，强烈要求换宿舍。辅导员询问了原因及被排斥的表现形式：女生每次回宿舍进门前能听到室内同学讲话，进门后，她们讲话戛然而止各自回到书桌前,女生就感觉大家在议论她。甚至吃饭、上课她们都结伴而行,却视其形同陌路。该辅导员觉得事态有些严重,但却不知如何来处理。希望我予以帮助。

初步调查。我并未贸然行事,提出亲自与该女生交谈。当天晚饭后,该女生来到辅导员办公室。我从关心该生的生活环境适应性切入,逐步引导她谈谈与同学的相处情况。她开始情绪还比较平静,但当谈到同室同学时,情绪突然激动,便将向辅导员哭诉的内容也向我叙述一遍(在叙述过程中又哭了)。我于是要她继续描述感觉到同学排斥的情景,并进一步询问她近段时间与其他同学有无发生口角,有无其他纠纷矛盾,以了解产生矛盾的焦点。她想了想说:"没有,但感觉出来是在排斥我。"我得知她们并无口角、纠纷,而是她凭感觉得出了"有意排斥自己,在议论自己"的结论,由此产生"很空虚,很郁闷"的心理障碍。

分析根源。我根据该女生的叙述,初步确定是属于新生阶段的合群需求未能得到满足的忧虑。远离家乡,远离亲人,在一个陌生的环境,最需要的就是同学间的相互关注。然而她未能及时得到,就产生不想回宿舍,怕再遇到她们的冷落,企图采取换宿舍的办法来逃避现实,排解心理压抑。

深入调查。我与该生辅导员达成共识:这种矛盾的发生只是得知单方面信息,需要进一步了解其他几名女生的情况。如果其他女生有排斥行为,也必有原因,因为矛盾的产生都是双方面的。遂决定与该辅导员亲自到该生宿舍了解其他学生,视情况确定解决的方法。离开办公室时,我一方面安抚这位哭诉的女生留在办公室,告知需要她暂留办公室接听电话,帮助老师值一会儿班(实际是稳定她情绪的一种借口)。另一方面,我们前往她所在的宿舍。我们去到该生宿舍时(已是晚上9点15分),有4名女生在室内。我们以看望学生为由,分别对她们做些询问:都来自何地域?是否适应新环境?室内几位同学能否叫得出姓名?相互了解如何?当问到其他两名同学未在宿舍时,接着追问是否知道她们会在什么地方?进校到现在相处如何?(这样询问其实在有意识了解有无矛盾发生过)几位女生都很坦然地作答。从她们的言谈中,我并未发现有发生纠纷矛盾的迹象,而且感觉几位女生性格都显得开朗活泼。

结论判断。她们之间并无矛盾,最大可能是留在办公室那女生希望与同学交往,但又多虑和敏感,与我先前的分析结论一致。

处理措施。如果那女生能得到其他同学的主动关注,这种心理障碍自然会得到消除。我便乘势向4名女生建议:时间太晚了,你们去把另两名同学找回宿舍吧。同时有意提示她们别忘了去辅导员办公室寻找,如果找到,希望一同回宿舍,并要多多关注她们,以后到何处去相互打个招呼,为了安全起见早点回宿舍。

当晚,4名女生遵照我们的意图去教室、图书馆,后来去辅导员办公室把那名女生接回了宿舍,使她很受感动。几天后,该生辅导员向我反映:那名哭诉要求换宿舍的女生情绪很好,不再提换宿舍的事了,还觉得与同室同学相处很好,每天心情都很快乐,像变了一个人,同室几位同学上课下课、吃饭几乎都在一块。接着我提示该辅导员,需进一步关注该女生与其他同学交往的情况,继续鼓励她拓宽交际面。

解决效果。第一学期结束,这个宿舍的同学一直保持和睦团结状态,这起宿舍矛盾就这样烟消云散了。

解决理念。以上宿舍矛盾全过程的了解、分析、判断和处置,都未向6名女生透露相互之间矛盾的形成变化原因,也未讲明我为何采用这种处置措施。我的解决理念是:心理障碍的心结需要心理关注和情感的交流才能化解。最好是在保持自然状态下的真情流露。

提供解决矛盾流程图:

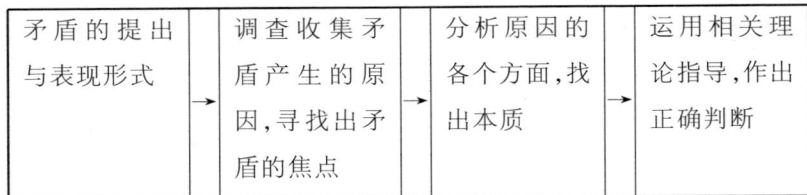

矛盾的提出与表现形式	调查收集矛盾产生的原因,寻找出矛盾的焦点	分析原因的各个方面,找出本质	运用相关理论指导,作出正确判断

第七章 宿舍生活篇

构思并提出解决矛盾的预案和措施	→	积极推进措施的实施	→	视情况调整措施并加大执行力度	→	获取效果并巩固成绩,提升理论认识

专家点评：

　　处于青春期的大学生,思想活跃、感情丰富,人际交往的需求强烈,人人都渴望真诚友爱。法国作家巴尔扎克说过："在各种孤独中间,人最怕精神上的孤独。"对于刚刚进到"大学"这个陌生环境的大学生来说,如果缺乏积极的人际交往,很容易形成精神上、心理上的巨大压力。这种压力如果不能被及时的疏导,可能形成恶性循环而严重影响身心健康和学习生活。因此,在大学期间特别是对于大一新生而言,引导他们进行正确的人际交往,培养他们人际交往的能力,将有利于他们建立良好的人际关系,形成一种团结友爱、朝气蓬勃的环境,使他们能够尽快融入大学生活并形成和发展健康的个性品质。作者在处理大一新生的人际交往障碍问题时,采用了"授之以渔"的方式。他并未围绕同学们之间的相互排挤本身来解决问题,而是通过跟学生的交流,引导学生主动地与人交往、传递友情,培养学生人际交往的意识,为学生架起了感情交流的桥梁,通过这样的方式轻松化解了矛盾。在大学期间,宿舍对于大学生来说就是学习的后方保障,是生活的重要场所。面对学生之间的矛盾,辅导员不能只是充当"救火员",更要引导学生增强自律能力,培养良好的生活习惯,学会相互包容和谅解,让学生通过自我管理和自我教育学习处理矛盾的技巧。

（王　峰）

辅导员只有帮助学生正确认识心理问题，用包容、理解、真诚的态度处理好宿舍的人际关系，营造良好的氛围，才能及时化解学生的"心结"，为学生的健康成长撑起一片湛蓝的天空。

为她们撑起一片湛蓝的天空
——遇到女生宿舍打架怎么办
□ 郭　沛

随着深夜里一阵清脆的手机铃响，睡梦中的我立即被惊醒，下意识地按下手机接听键。

"老师，您快来吧，要不然就出大事了！"一个嘶哑颤抖的声音在我耳边响起，对方甚至来不及说出自己的姓名，"孙莉莉(化名)和同宿舍的人打起来啦，您快过来吧！"

孙莉莉？我猛地一惊，这怎么可能！在我的印象里，她可是十分优秀的学生呀，既是党员，又是学生会干部，每学期都能获得奖学金，这样的事怎么会发生在她身上呢?!

一定出了什么事！我迅速作出判断，调整好自己的呼吸并稳定住对方的情绪："你们别着急，千万别冲动，我马上过去，你叫王晓玲(化名，团支书，住另一个女生宿舍，在学生中有较高威信)过来一起稳定好局面，一切等我到了再说。"随后，我急忙穿好衣服，推开宿舍门奔进夜色中。

5分钟后，我来到了事发宿舍，此时已近凌晨1点。宿舍内的气氛相当紧张，孙莉莉站在床沿近乎咆哮地吼着："你们要告诉老师就尽管去说吧，反正我什么也不怕了，老师要怎么处分我就怎么处分我！"宿舍其他同学在王晓玲的规劝下尽量保持着克制，一个胆小的女生甚至吓得躲在床角哭泣起来。

进入宿舍后,我首先尽量缓和一下紧张的气氛,让大家的情绪都平静下来。"没想到能这么早来你们宿舍做客。"我笑着说道,然后顿了顿。"来,孙莉莉,你也坐下来,既然咱们宿舍同学间发生了一些事情,我们就利用这个机会好好沟通一下,说说心里话。"随后,我让她们各自讲述事情的经过和自己的想法,要求其他人注意倾听,尽量不要打断。刚开始时,大家的情绪都比较激动,话语里充满着火药味,但随着一层层"窗户纸"被捅破,久搁胸中的误解、不满与愤懑终于有了一个消融的平台。渐渐地,在她们的叙说当中,我也掌握了一些信息,了解了整个事情的来龙去脉,同时也在心里琢磨着解决问题的方案。

原来,孙莉莉是一个非常要强的女生,进入大学后,由于各方面表现优秀,引人注目,逐渐形成了自我中心主义的思想,而她的这种思想又渐渐影响着她的人际交往,在经历一系列摩擦事件后,她与宿舍其他成员关系逐渐紧张,能交心的朋友也越来越少,这种糟糕的人际状况又使她逐渐形成了多疑、敏感的心态。尽管从内心深处十分渴望与同学相处好,自己也付出了很多努力,但是别人很自然的言行举止,在她看来却是那么复杂和充满"恶意"。结果可想而知,受伤害的人越来越多,隔阂也越来越大,以致后来有人形容她是只"小刺猬",而其他人也对她敬而远之。

内心的孤独与苦楚、心情的烦闷与压抑,孙莉莉却找不到合适的倾诉对象和发泄平台。随着时间的推移,这种情绪累积到一定程度,终于爆发了。当昨天同宿舍一名同学没能及时帮助她完成课程设计时,她再也控制不住自己的情绪,与这名同学厮打了起来。当我问及为什么不找老师诉说时,她哭着说:"老师,我真的很害怕,我不敢让您知道,怕您对我失望。"

看着大家的情绪基本上平静了下来,我开始试着慢慢引导她们。首先是让她们特别是孙莉莉放下思想包袱,让她们知道老师不会因为发生了这些事,就否定她们的品性,看低她们宿舍。其次,也让她们认识到,事情的爆发也许不是坏事,如果能够以此为契机,同学间好好地交流、沟通,也许就会发现以前的误解和隔阂其实都是很小的事,只是当时缺乏一个较好的沟通平台。当然,我也注意引导她们在人际交往中要学会理解与包容。凌晨4点左右,当她们情绪最终稳定时我才离开宿舍。

当然,我知道,这件事情只是暂时平息,我和她们还得努力做许多工作。接下来的日子里,我除了继续关注孙莉莉,多与她谈心,让她彻底消除顾虑、敞开心扉,学会理解他人,掌握与同学沟通的方式方法,还与宿舍其他同学进行座谈交流,让她们懂得珍惜大学生活和身边的每一个人,用宽容和理解来营造温馨和谐的宿舍氛围。与此同时,我还以宿舍为单位适时开展由"默契大比拼"娱乐竞赛、"寝室我做主"设计大赛、"健康你我他"心灵沟通、"和谐一家人"文艺晚会组成的"宿舍是我家"主题系列活动,进一步加强了宿舍成员间的沟通和了解。通过大家的努力,孙莉莉和室友终于能够一起开开心心地学习生活了。

这件事除引起我对工作的反思外,也使我深刻体会到,辅导员作为大学生健康成长的指导者和引路人,只有帮助学生正确认识心理问题,用包容、理解、真诚的态度处理好宿舍的人际关系,营造良好的氛围,才能及时化解学生的"心结",为学生的健康成长撑起一片湛蓝的天空。

专家点评:

女生吵架怄气司空见惯,打架却为数不多,因为很难把女生和暴力联系在一起。发生这样的事情,不由得会让人感到好笑生气。郭沛老师不仅没有发怒,反而用幽默的语言缓解紧张的气氛,可谓煞费苦心。先稳定情绪再晓之以理,通过交流、谈心让大家彼此敞开心扉,增进了解,化解矛盾,包容对方,消除顾虑。另外,以宿舍为单位适时开展的一系列活动能够拉近宿舍成员之间的心灵距离,减少误会产生的几率。郭沛的方法很妥当也很实用,在娱乐中增进友谊,共建和谐。

要知道:撇开友情,我们都无法谈青春。生活中不能没有朋友。珍惜身边人,在失落的时候,朋友是个依靠,不要拒人于千里之外。如俞伯牙与钟子期,他们情到深处,一拍即合,一曲高山流水弹出了友情的价值。同学情很纯净,很可贵。

(张德山)

在这个过程中，我只是带女生"参观"了男生宿舍并制定了详细的奖罚措施。男生在女生面前都讲究面子，一旦自己的短处被暴露在外，自然觉得不够绅士，那些坏毛病也就渐渐改掉了。

男生宿舍参观记

——男生宿舍卫生差怎么办

□袁　争

在"辅导员之家"论坛上，我看到这样一个帖子："我所在的高校是一所民办高校，每周系里都对各班级进行考评，自己带的班的考评成绩总是排在后面，班委们也尽力了，但就是分数上不去，特别是宿舍卫生扣分严重。请问怎么才能做到不扣分、排名不靠后啊？是不是采取更严厉的措施呢？"读后我深有同感，因为宿舍卫生考评也曾是最令我头疼的事。

我今年带的是 2007 级新生，男生多女生少。系里每周也要对班级情况进行考核，而我带的班级每次考核成绩都排在最后面。经过分析发现，主要是在宿舍卫生上扣分严重，特别是 13 号楼男生宿舍，大部分男生都住在那里。按照正常程序，我也召开了班干部和宿舍长会议商量解决办法，制定了宿舍卫生值日表。但过了一段时间，我发现这些措施根本解决不了问题。

我找到宿管人员了解情况，他们建议我实地去看一下。那天当我打开其中一个宿舍门时，扑鼻而来的刺激气味让人顿生呕吐之意。回去后，我立即给各班班长召开紧急会议，对从宿管人员那里了解到的问题一一进行分析。由于班级男生多，爱好打球的人也多，每次他们打完球回去后球鞋、臭袜子都到处乱扔，排定的值日表也似乎只是个摆设。当天下午我在每个班的黑板上写上了"明天检查宿舍卫生"几个字，具体怎么检查并没有说明。

第二天,我临时决定带着 2007 建筑 1 班几个女生去男生宿舍"参观"。当到 13 号楼门口时,有个女生小声问我:"袁老师,到底有多脏啊?"我说参观一下就知道了。刚进宿舍楼,几个女同学就忙用手捏住鼻子,喊道:"太臭了!"我对他们说,把这些都记下来,过后给男同学讲讲。参观的第一个宿舍是 613,那些女同学进门刚迈出第一步就又退了回来,然后不停地做手势请我先进,我知道该宿舍的臭味特别重。等把 13 号楼的宿舍全部"参观"下来,那几个女生已经被"摧残"得几近崩溃,一直做呕吐状。

下午,我在每个班把女生们写给男生们的"意见"读了一遍,并宣布:像这种"参观"活动以后会经常举行。男生一片哗然。

一连几天,我都没有去男生宿舍检查。第四天,我在没通知他们的情况下,带着 2007 级建筑 3 班的几个女生又去"参观"了一遍,发现有个别宿舍的卫生状况略有改进。于是,在每个班级的班会上,我对卫生状况有所改进的宿舍进行了表扬,同时又把那几个女生给他们的建议读了一遍。这次男生们的反映似乎没有第一次那样激动,大部分人都低着头。第五天早上,宿管的张老师对我说:"袁老师,学生把宿舍打扫得真干净,有的宿舍还喷洒了香水。"

听到这个消息后,我知道这种方法有效果了。于是,趁热打铁,我连忙给各班班长开会,制订了更加详细的值日计划,每个班安排生活委员专门负责宿舍卫生,并且成立卫生监督小组,让其他班的学生检查本班宿舍卫生,针对他们提出的意见和建议召开班干部会议商议解决。

这个时候,大部分学生已经能很好地注意宿舍卫生了,只是个别同学的毛病仍然存在。针对这个情况,我制定了几项制度。一个月内连续被宿管人员通报批评 3 次的同学,要主动向班级的"爱心基金"捐 30 元,用于资助家庭贫困的学生。对于做得最好的宿舍,奖励洗衣粉一包(公用);哪个宿舍的宿舍长管理得好,奖励个人洗衣粉一包;再评出一位卫生做得最好的学生,奖励牙膏一支。对在宿舍内私拉电线、使用大功率电器等违纪现象,第一次没收物品,暂时存放在我这里,放假时可以领回;如果发现第二次,便要把这些东西直接邮寄到学生家里。

一个月下来,宿舍卫生考评分提高上去了,再也没有宿管人员找我反映情况了。在这个过程中,我只是带女生"参观"了男生宿舍并制定了详细的奖罚措施,男生在女生面前都讲究面子,一旦自己的短处被暴露在外,自然觉得不够"绅士",那些坏毛病也就渐渐克服了。另外,制订详细的值日计划和班干部的分工也很重要,只有这样,班干部和宿舍长的作用才能得到充分发挥。同时,我还开设了 QQ 空间,每天都坚持写日志,并把"参观"男生宿舍时拍的照片贴在 QQ 空间上,和整洁的女生宿舍照片做对比,很多学生都留言评论,这也是男生宿舍卫生迅速得以改善的重要原因之一。

专家点评:

学生宿舍管理既是学生日常思想政治教育工作的关键环节,也是学生管理工作的重点问题。宿舍就是学生的家,每天约有一半的时间在此度过,一个人只有在自己家里才能表现得更真实、发挥得淋漓尽致,毫不掩饰自己,也正因此,宿舍管理也就成了日常工作的重点、难点。袁珍老师面对男生宿舍卫生差的现状,不是像其他辅导员那样一味地批评、扣分,甚至于罚款,而是"独辟蹊径"——带领女生"参观"男生宿舍,并辅之以思想教育和考评系统,达到了良好的教育效果。"男生在女生面前都讲究面子,一旦自己的短处被暴露在外,自然觉得不够'绅士'。"与其说是男生"讲究面子",不如说是激起了他们的羞耻心。

古语有云:"礼义廉耻,国之四维,四维不张,国乃灭亡。"廉耻乃立人之大节。在对学生进行日常思想政治教育过程中,辅导员应结合实际,对学生进行社会主义核心价值体系教育,让学生明荣知耻、扬荣弃耻,并通过日常行为体现出来。

(王　峰)

对于学生间矛盾的处理，特别是宿舍之间的矛盾处理要非常慎重，处理不当将可能导致严重的后果。"大事化小，找到矛盾的突破口"是行之有效的办法。

一条裤子引发的矛盾
——宿舍之间产生矛盾怎么办
□张慧泉

2002年12月，大一女生朱某找到我，说大三女生陈某偷走了她洗好晾晒在水房里的裤子，她到陈某宿舍讨要的时候陈某予以否认，并遭到陈某同宿舍人的言语攻击，朱某感到非常委屈，便与其同宿舍的其他5名女生一起找到我，希望辅导员能够替她主持公道，讨回她丢失的裤子。几乎与此同时，陈某与其同宿舍的5名女生也来到办公室向我报告，说大一女生朱某无端诬陷她偷了朱某的裤子，并在陈某宿舍大吵大闹，给陈某名誉上造成了很坏的影响，要求辅导员主持公道。一时间，两个宿舍的12名女生，在办公室内又吵了起来，场面非常混乱。我先控制住了局面，使双方都先冷静下来，把大三陈某等6名同学先安排到了另一个办公室，将双方先隔离开。然后仔细了解了事情经过：几天前，朱某晾晒在水房里的裤子(价值35元)丢失了，后在校园中发现陈某穿着她的裤子，便尾随陈某到了宿舍记下她的宿舍号后，与自己同宿舍舍友一起到陈某宿舍向陈某讨要，陈某当即予以否认，在宿舍内双方发生了激烈争吵。问明情况后，双方均向我提出要求：朱某提出要求陈某归还其裤子，陈某要求朱某向其道歉，并将道歉书贴于宿舍楼下张贴栏内。而且双方均表示绝不让步。在我做了双方的安抚工作后，朱某和其舍友做出了少许让步，即不再追讨裤子，但绝不会向"小偷"道歉；陈某和其舍友则坚决维持原要求，绝不让步。

双方的僵持让我一筹莫展,如果处理不好,一方面辅导员就可能在学生面前丧失威信,另一方面双方十几名女生、又是不同的年级,就有可能发生大的恶性事件。当时我也非常着急,没办法我拨通了系领导的电话。系领导迅速从家中赶来帮助处理这件事。首先,他只留下朱某和陈某两个当事人,将其余 10 名女生全部劝走,不允许她们继续参与本事件。随后,系领导先将朱某单独叫进办公室,让我吃惊的是,系领导并没有对她进行安抚,而是非常严厉地批评了朱某。"在没有任何证据的情况下,你凭什么认定陈某偷了你的裤子? 充其量只是看起来像是你的裤子,但你有什么证据证明那确实是你的裤子?"系领导几句话说得朱某泪流满面、哑口无言,也让我豁然开朗。我不禁暗暗自责,我怎么就没想起"证据"二字。然后,他又与陈某进行了单独谈话,并有意识地让陈某看到了朱某痛哭的样子。与陈某的谈话非常顺利,陈某对系领导亲自处理此事表示感谢,并主动提出只要朱某当面口头道歉即可,无须再写道歉书。之后,第二次将朱某叫进办公室对她进行了安抚,讲了很多做人做事的道理和正确处理同学间关系的方法,朱某也不再哭泣,并在我们的主持下向陈某做了口头道歉。这样,事情得到了圆满的解决。

　　这件事情已经过去多年了,但给我留下了非常深刻的印象。每次回想起来,总让我对年长的学生管理工作者充满了敬意,发自内心地佩服。从他们身上,我学到了很多学生管理工作的技巧和方法。在这件事上,我的收获是:第一,将不相关的人员强行劝走,使他们与当事人隔离开来,这就符合了"大事化小"的原则,处理两个人的事情肯定要比处理 12 个人的事情要简单;而且将双方的舍友劝走,也使双方的当事人感到"孤立无援",没有了靠山和帮着拿主意的人,并且不会感到在同学面前丢面子,这样就使事情由复杂变得简单起来。第二,在学生双方意见不统一时,作为学生管理工作者不能只充当和事佬的角色,这样往往会使双方人员都觉得己方有理而都不让步;而应尽快找到事情的核心,对有过错的一方大胆予以批评,并且批评得要严厉、到位,一针见血,真正说到过错方的痛处,使其无法"反击"。第三,要"保护"当事人。该事件中的陈某,我们无法断定她是否拿了朱某的裤子。但出于保护学生的角度,在丢失物品价值不大的情况下,我们应该在主观上认定陈某是清白的,但在与她谈话时应将盗窃物品的严重性和她谈到。这样,即使裤子真的是陈某拿的,这件事情也要给她留下深刻的印象,起到警示的作用。第二次和朱某的谈话,也是出于对学生的保护。假如朱某是个钻牛角尖的人或者本身就是有心理问题的人,在裤子丢失"抓贼"未遂的情况下,又被老师批评,则很有可能做出极端的事情来。所以,第二次的安抚性、开导性谈话则是非常必要的,并且要争取其舍友和班干部对该生多关心多开导。

矛盾并不可怕,关键是要找到解决矛盾的办法。对于学生间矛盾的处理,特别是宿舍之间的矛盾处理要非常慎重;如果处理不当就可能导致严重的后果。"大事化小,找到矛盾的突破口"就是一个行之有效的好办法。

专家点评:

宿舍偷盗不仅是一个道德问题,而且是一个很容易上升到法律层面的问题,一旦处理失当,会导致严重的后果。宿舍内发生偷盗之后,同学之间容易产生猜疑,使宿舍内的人际关系骤然紧张,可能引发激烈的人际冲突,就像本案例中的"裤子事件"已经造成两个宿舍成员之间的群体冲突。

俗话说:"打蛇打七寸。"辅导员在处理学生矛盾,尤其是涉及宿舍偷盗的矛盾时,一定要善于抓住"七寸",找到关键点。本案例中的系领导就抓住了"证据"这一关键点作为解决"裤子矛盾"的突破口,再辅以"隔离"、"批评"、"安抚"等方法,使一件看似非常棘手的事件很快"大事化小",最后圆满解决。

辅导员在平时就要让学生明白:当你身边发生偷盗时,绝对不能在没有真凭实据的基础上就认定某人是偷盗者,也不能在没有真凭实据的基础上表现出对某个人的怀疑。否则,便是对别人人格的严重侮辱。即使有了证据,辅导员也要注意处理方法,对于偷盗钱物数额较小的,要注意多从思想上、心理上进行疏导、转化,让当事人真正认识到自己的错误,同时又不会因为一次"小过"酿成终生的遗憾。

(王　峰)

第八章　恋爱感情篇

LIAN'AI GANQING PIAN

点评专家：

许昌职业技术学院党委副书记	张德山
郑州大学公共卫生学院党委副书记	付晓丽
上海海洋大学学生处	李志强

当学生出现人际交往困难时,辅导员要走入学生内心深处,用爱心温暖一个个孤独的心灵,移除学生内心的篱笆障碍,让阳光照进心房,积极乐观地张开双臂拥抱美好的大学生活。

拆除心理篱笆,拥抱阳光生活
——学生因心理问题人际交往困难怎么办

□杜社娟

开学初,我就开始着手翻看学生的档案信息,查看学生大一期末考试成绩状况,一个叫王小超的学生进入了我的视线。他在大一第一学期成绩很好,但第二学期竟然连挂三科。通过向其同宿舍的学生干部了解,得知该生不爱和人接触,总是独来独往,第二学期买了电脑,就更封闭了,业余时间基本上都交给了网络。我决定和王小超同学当面谈谈。

在一个阳光明媚的下午,一个消瘦的、不修边幅的的男生怯怯地走进了我的办公室。为了消除王的紧张情绪,我拉家常似的聊起他的家庭。但交谈并不顺畅,基本上是在一问一答式地进行着,他几乎不看我的眼睛,只是低着头。回答我的问题时,声音很低,非常简短。从他的只言片语中,我迅速作出判断,这是一个曾经的留守儿童,现在有着一定的心理障碍和人际交往困难。他从小和年迈的爷爷奶奶一起生活,和父母甚少交流,不喜欢和人交往,也没有什么朋友,自己的事情自己解决。

孩子的任何心理问题都可以在不愉快的童年找到影子。我明白,这个从小在缺失父爱母爱的家庭环境中成长的孩子,当内心有烦恼时,更多地把这种孤独苦闷锁在心里,久而久之负性情绪慢慢积累,导致他性格内向、沉默寡言。大学之前,学习成绩较好的王小超即使自己不善表达,也会获得老师和家人的喜爱;然而到了大学,当学习成绩已非唯一任务的时候,孤独的性格和语言表达能力的缺乏慢慢地成为问题,从而导致他失落感和自卑心理的产生。我试图通过自己的努力改变至少缓解王小超同学人际交往困难的现状。

王小超内向性格的养成与父母之爱的缺失有很大的关系,我决定先和其父母进行沟通——改变孩子,先教育家长。正在这时,王小超的父亲给我打了电话,得知孩子的糟糕成绩,他非常生气,专程来到学校。当天下午,我和王小超父子俩碰面。父亲一看到我就开始控诉儿子:"他衣服从来不洗,我来到他宿舍,一柜子的脏衣服""从来不主动给我和他妈打电话……"王小超在一边听着,表情漠然,只是淡淡地说:"我的事跟你们有什么关系?我跟你们无话可说。"听到这里,父亲气得直发抖:"我们那么累那么苦,赚钱为了谁呀?不就是为了你。"我明白,导致父子之间关系冷漠的原因是缺乏沟通。现在,需要我架起这座桥梁。于是,我说:"小超爸爸,孩子刚上小学,你们就离开了他。那本是一个天真烂漫,在父母面前撒娇的年龄,但小超却不能,所有的不快乐所有的烦恼他都一个人承担,这对于一个孩子来讲,这种心灵的不快乐远比物质上的匮乏更加可怕。"显然,这些话是这位父亲从来没有想到过的。我话锋一转,对小超说:"小超,你也换个角度想,背井离乡的滋味谁愿意尝,但父母不是为了给你更好的生活吗。你要试着去理解父母,天下哪个父母不爱自己的孩子。"我说得很动情,孩子和父亲都沉默了,眼睛里都有些湿润。于是,我趁机提议说:"小超爸爸、小超,你们父子之间,不是缺少爱,而是缺乏沟通,来,小超,和爸爸拥抱一下……"话未毕,父子俩紧紧拥抱在一起,我相信,拥抱过就有了默契,此时,两颗心也贴在了一起。事后证明,这次"融冰之谈"效果不错。

这是第一步,也是非常重要的一步。首先,让小超感受到家庭温暖,感受到亲情,也为他交往困难"症状"的缓解做了很好的铺垫。

第二步,我再次和他约谈,告诉他人际交往的重要性,引导他对人际交往形成正确的认知。这次谈话后,我明显感觉到王小超的情绪有了很大改变,开始和我互动。从这次深度谈话中,我意识到,他有着较深的自卑心理,觉得自己除了学习什么也不会,在与人沟通中,总是担心说错话,怕同学笑话自己。

第三步,以若干宿舍为小组,在年级中开展"我眼中的你"主题活动。我特意参加了王小超所在的组。在坦诚、安全的心理氛围下,各小组成员对每个人都进行了评说,说出每个成员的优点,坦率指出其不足之处。在我的善意安排下,大家纷纷发言评说王小超的优点。这样,引导王小超自己深度认识自我,建立自信,进而悦纳自我。

第四步,引导王小超进行自我教育,自我超越。在认识自我的基础上,推荐他看一些关于交往技巧、如何办事等方面的书籍,如《卡耐基人际关系学》等,激发其主体意识,鼓励他对自己的性格短板进行有意识的改变,在实践中不断突破自己。

付出终有收获。在以后的年级活动中,我多次看到王小超的身影,整个人的精神状态开始变得阳光,和室友们的关系逐渐融洽。

关爱心理困难学生,辅导员一方面需要掌握一定的工作技巧,更重要的是,辅导员要投入更多的精力和关爱,走入学生内心深处,用爱心温暖一个个孤独心灵,移除学生内心的篱笆障碍,让阳光照进学生的心房,使他们积极乐观地张开双臂拥抱美好的大学生活。

专家点评:

人际交往障碍是影响部分大学生健康成长的一个重要方面。面对小王这样在人际交往上有困难的学生,要引导他走出封闭、重建自信、敞开胸怀,投入学习和生活,不是一件容易的事情。在这个案例里,杜老师在改善人际交往能力上采用"四步走"的策略,步步为营,并始终以爱心和真诚贯穿其中,最终化解了小王内心的篱笆障碍,引导其积极乐观的投入学习生活中,取得了成功。

首先，"融冰之谈"是开启小王心灵枷锁的钥匙。杜老师在多方面了解情况之后，找出了小王自我封闭的症结所在，长期与父母分离，缺乏家庭的关爱，造成了他的孤独、焦虑与隔离。"解铃终须系铃人。"究其根源，父母的爱是化解孤独的利器，一次"融冰之谈"，一次父子之间的深情拥抱，让这一紧锁的心门瞬间融化，于是后面的一切就水到渠成了。

　　如果说第一步的"融冰之谈"是打开心门的关键，那么第二步和第三步就是帮助其放飞心灵、找回自我的关键。心理学家认为，赞扬能使羸弱的身体变得强壮，能给恐怖的内心以平静与依赖，能让受伤的神经得到休息和力量，能给身处逆境的人以务求成功的决心。同学们对小王的赞扬，让他发现了自我，找到了自我的亮点。此时，小王内心豁然开朗。再加上第四步，辅之以人际交往能力的培养，一个封闭自卑的小王逐渐得到了转变。这是一个十分完美的教育案例。

（付晓丽）

辅导员应该多和学生进行面对面、心连心的沟通，用正确的思想、观念去引导启发他们。让他们少走弯路、错路，把一些隐患消除在萌芽之中。

爱情，原来是含笑饮毒酒
——学生失恋怎么办

□仝　晔

当前大学生的恋爱，呈现低年级化、人数上升趋势。大一学生就开始谈恋爱的已不是个别现象，有的学生甚至一进校就谈恋爱。这些低年级学生，由于社会阅历浅，思想单纯，很多学生对于自己的人生目标和未来，还没有一个清晰的概念，因此对待恋爱问题简单、幼稚和不成熟。在选择异性上，往往重外表、轻内在；在恋爱方式上，往往重形式、轻内容；在恋爱行为中，往往重过程、轻结果，重享乐、轻责任。这种恋爱问题上的不成熟性，加之他们在就学期间经济上依赖父母，恋爱过程中感情和思想易变，缺乏妥善处理恋爱中情感纠葛的能力，是造成大学校园里恋爱悲剧的主要原因，是构建和谐校园的一个隐患。

2008 年 3 月某周日，我突然接到一个班里女生打来的电话，说话时慌慌张张不知所措，说某某不对劲，叫我赶紧去她们寝室看看。我匆匆忙忙赶到她们寝室，只见一个女生正在那里哭，声嘶力竭，要死要活的，神经已近乎崩溃，寝室几人都在劝；问了问情况，我大致知道了前因后果：该女生的男朋友要和她分手，该女生颓废地睡了一天一夜，想不通，要去做"傻事"。我知道，分手已成事实，但该女生还抱有幻想，所以我仔细考虑了一下，对症下药，晓之以理动之以情，对她做了如下的思想工作：

首先，指出大学生恋爱的必然性，为她的恋爱行为减轻心理负担。

我对该女生说,大学生谈恋爱是有它的必然的一面。因为你们都大了,儿大不由爹、女大不由娘;生理都成熟了,在高中阶段比较压抑,来大学后免除了家长、老师的约束,受到环境的影响,对情感的渴望和个人价值的需求等,所以你谈恋爱是很正常的事情,到什么年龄阶段做该年龄阶段的事情,哪个少男不动情,哪个少女不思春,老师能理解,不会责怪也不会因此而看轻你。

其次,指出大学生恋爱普遍的心理特点,并指出这种恋爱心理的危害。我对该女生说,大学女生谈恋爱有一些普遍的心理特点,如自主性强、个性突出;重感情、易冲动,不受传统习俗的局限;在确定恋爱关系方面一般都不征求双方父母的意见;恋爱动机简单化,许多女大学生在恋爱中没有考虑到将来的婚姻,不是清楚地意识到应选择一个终身伴侣,她们恋爱,只是因为需要爱和被爱;自控力与耐挫力较弱,女大学生一旦陷入热恋之中,往往不善于控制自己的情感,任感情随意放纵,缺乏理智的驾驭能力,对恋爱对象过度依赖,稍有波折就痛苦万分,一旦恋爱受挫,即会情绪失控,无法自拔,对学习造成严重影响,你也属于其中。

再次,指出在大学里因失恋而做傻事是很不应该也很不理智的表现。我对该女生说,失恋是很正常的一件事情,你也不例外,是全国那么多大学生里面的一个普普通通失恋的例子而已,失恋每天都在上演,你不必太看重她,别人能过,咱们也能过。我向她说了咱们学校几个女生因失恋而走极端路子的例子。因失恋而自伤自残自贱自己,甚至轻生,最终承受痛苦的还是自己父母、亲人。人是感情动物,亲情能扔掉吗?辛辛苦苦养育你 20 年的父母,你能舍弃吗?反过来说,你即使自杀殉情了,对男方而言有什么损害呢?你想做傻事的目的不就是想让对方后悔愧疚吗?让他知道他离开你是多么的错误!我明确告诉你,你这是不切实际的幻想,如果因此而轻生,反而会成为男方炫耀的资本,有女孩为我殉情,我多了不起。……已和你分手的他,不会再向你回望。其实你早已明白这一点,可还是幻想着他会回头,这就叫做逃避现实。他离开你了,就让他离开吧！这样的事情不是每天都会发生吗?别再蹉跎了,别再这么下去了。青春,真的非常短暂!

最后,指出大学生面对失恋的正确心态,化消极为积极。我对该女孩说,失恋未必不是一件好事,要有一种正确的心态来看待,那么坏事也能变成好事。首先可以提高大家承受恋爱挫折的能力。大学生谈恋爱受多种因素的制约,因而在追求爱情的过程中遇到各种波折是在所难免的。恋爱挫折对大学生的心理承受能力就是一种考验。当爱情受挫后,用理智来驾驭感情,通过增强理智,分析原因,总结经验教训,寻找解决问题的方法和途径,在新的追求中确认和实现自己的价值。其次,也可以让大家摆正爱情与学业的关系。大学生应该把学业放在首位,不能把宝贵的时间都用于谈情说爱而放松了学习,因为学业是大学生价值感的主要支柱。当把爱情视为生命的唯一时,爱情就是一株温室中的花朵,娇弱美丽却经不起任何的打击。当爱情成为女性唯一的存在价值时,她本人就会失去人格的独立和魅力,也很容易失去被爱的理由。再次,吃一堑长一智,失恋之后,让大家更加懂得爱,更懂得爱情是一种相互理解,是一种相互信任,是一份责任和奉献。

说完这些,我看该女生情绪逐渐好转。在离开时我对她说希望你好好思考,又悄悄告诉她同寝室的女生,密切留意她的动向。后来该女生打消了轻生念头,她说:我要坚强起来,我一定要坚强起来！事实上也正是如此,该女生遇事很坚强,学习努力,获得专业奖学金和国家励志奖学金,看来她已经完全摆脱了失恋阴影,获得了新生。同时这件事也让我深深地明白,辅导员应该多和学生进行面对面、心连心的沟通,用正确的思想、观念去引导启发他们。让他们少走弯路、错路,把一些隐患消除在萌芽状态。

专家点评:

心理失衡可以说是大学生失恋后极为普遍的现象,这种负面的情感因素如果不加以正确的疏导和纠正,极易引发更为严重的心理疾病甚至造成不可挽回的后果。这就要求辅导员必须高度重视、认真对待此类问题。而当问题发生时,我们又必须采用正面引导与侧面迂回相结合的手法。所谓正面引导,就是说辅导员要将正确的人生观、爱情观作为思想工作的基础;所谓侧面迂回,是指面对个案时的切入点往往要更为灵活。仝晔老师的做法很好,先肯定学生恋爱的合理性,减轻学生的抵触情绪并满足其寻求心理认同的预期,然后将她从过分关注自我情感的囹圄中解脱出来,使她能够更为全面客观地看待自己所处的立场与局面,这样就为其后做正面引导工作营造了良好的沟通氛围。其实,在爱情中将对方看得过重,在人生中将爱情看得过重,在失恋后将自己看得过重是大学女生常有的心理状态,为她们找到正确合适的心理依托是当务之急,切莫让爱情不能承受之重变为生命不能承受之轻。

(张德山)

在学生遇到严重的情感困扰问题时，心理健康教育中心教师的心理援助、辅导员的人文关怀和同辈团体的热情帮扶，可以帮助他们重塑自我，找到自己发展的基点，走出爱情的沼泽地。

走过爱情的沼泽地

——学生因感情问题自杀怎么办

□昌　兵

当前，恋爱问题已是困扰大学生情感世界的重要因素之一。因为恋爱问题处理不当，很多学生心里痛楚、人格扭曲，甚至引发极端事件。我就曾遇到这样的事情。刘金华(化名)是我带的一名女学生，性格内向，在同学中朋友很少。她在大学期间没有得过奖学金，没有担任过学生干部，很少参加学校的社团活动。她大部分时间是在教室或图书馆里读书。一个偶然的机会，她在图书馆里遇到了大四的一名男生张斌(化名)。张斌是校学生会的一名学生干部，经常组织学生社团活动，性格外向，长相英俊。两人热恋了半年时间后，她总是怀疑男友和别的女生往来，总是和他吵架。后来，她甚至经常跟踪男友，发现他和别的女生说话就大吵一顿。男友几次提出分手，但她极不愿意。2009年春节过后，她发现男友有了新的女朋友，感觉男友背叛了自己，非常绝望，便选择了割腕自杀(后来被宿舍同学及时发现并获救)。她说这样做一是解脱自己的痛苦，二是想要让男友懊悔一辈子。

刘金华采取了极端行为之后，我对她进行了危机干预。首先，我与她建立信任关系。由于此时的她刚经历了人生的痛苦过程，对外界保持高度的警惕和戒备，阻抗情绪非常强烈，但内心又处于非常激烈的矛盾之中。作为心理援助者，我对学生的接纳和倾听是非常重要的，我没有批评她的自杀行为，没有指责她的人格或品质，没有同情或怜悯她的处境，也没有给她建议或意见，而是让她逐步倾诉自己的经历和遭遇，自己处理混乱而复杂的感情纠结，使她体会到援助者对她的接纳、关心和理解。渐渐地，她的表达和表情都逐渐放松，表示我们建立了信任关系。

其次，我用心评估她存在再次发生危险的可能性。通过她的自述，我发现她存在害怕、焦虑、恐惧、怀疑、不信任、沮丧、忧郁、悲伤、绝望、无助、麻木、否认、孤独、紧张、不安，愤怒、烦躁、自责、过分敏感等不良情绪，而且了解到她以前就有过自杀行为，由此评估她的危机可能性很高。她情绪平稳之后表示愿意接受心理辅导，我给她留下了自己的电话号码，让她需要帮助时和我联系，而且同意她将情况告知父母。

再次，我采取了跟进的心理援助。针对她的情况，我们采取了个别辅导和团体辅导的方式。1. 进行个别辅导 12 次。通过个别辅导，我们对她的心理问题有了进一步的了解。她经历过两次失恋，而且两次失恋都带给她很大的心理伤害。失恋破坏了她的自尊心，导致她在情感上很畏惧和退缩，没有信心面对现实，对未来和恋爱有不正常依赖。另外，她的家庭情况使她形成了自卑性格。她出生在非常偏远的山村，6 岁时父母离异，与继母关系不好，对感情非常敏感。上大学后，她平时与同学很少交往，从不向别人吐露自己的心事，一直压抑着不满的情绪。她的人际关系很简单，在痛苦时找不到帮助的资源。通过 12 次的个别辅导，刘金华认识到自己在人际关系、自立自强、亲密关系、情感表达等方面都有一些问题，并逐步学会用新的方法解决这些问题。2. 实施团体辅导 8 次。针对她的问题，我让她参加了一个"成长小组"团体辅导。在一个有安全感和信任感的团体中，她的认识和行为都发生了极大的改变。在团体辅导中，她建立了客观的自我评价体系，建立了人际交往的相互信任，体验到了助人的快乐。为了帮助她树立在班级活动中的自信心和在同辈团体中的自我形象，我定期找她谈心，并安排她认为关系不错、可以信赖的学生干部照看她以保证安全。同时，学院里安排她担任卫生小组的临时负责人,组织校园卫生责任区清理工作。因她的英语成绩很好,安排她在班级里向大家介绍学习经验,并对班级里一名英语成绩较差的女生进行学习帮扶。

通过这些活动,她认识到了自己的价值,感受到生活的意义,并明确了自己的奋斗目标。最后,对危机知情人员进行心理干预。由于刘金华的自杀行为发生在宿舍,我们在事情发生后需要对知情人员进行干预。我们采用了支持性干预及团体辅导策略,通过宿舍辅导等方法,协助她宿舍的同学尽快恢复心理平衡,尽量减少危机造成的负面影响。

通过实施危机干预,我们解决了刘金华的情感困扰问题,使她敢于面对失恋的伤痛,结束不健康的恋爱关系,消除了与异性交往的担忧和害怕。她不仅走出了困境,而且对自我有了新的认识;改进了与人相处的方法,恢复了信心;改善了和室友的关系,和同学建立了友谊。她大学毕业时,以优异的成绩考取了国内重点大学的硕博连读研究生。

我认为,恋爱关系作为大学生自我认定和自我价值感的基础,对大学生自我成长具有重要的影响。大学生恋爱必须是建立在真正的、健康的爱情基础之上的。反之,可能对身心健康造成很大的危害。在学生遇到严重的情感困扰问题时,心理健康教育中心教师的心理援助、辅导员的人文关怀和同辈团体的热情帮扶,可以帮助他们重塑自我,找到自己发展的基点,走出爱情的沼泽地。

专家点评:

加强大学生的心理健康教育和心理辅导势在必行。这个案例在高校里很普遍也很典型,而昌兵老师的处理方法也很全面,很恰当。事实证明,高校不仅仅要注重学生的心理健康教育,同时也要对学生进行生命价值教育。长期以来,在家庭教育、学校教育和社会教育中,人们只重视对青少年的应试教育、成才教育,而忽视了生命教育,缺乏对青少年的人文关怀,成长于这种环境中的青少年很难有一种人文关怀，很难懂得自己和他人生命的价值和意义。生命价值教育的最重要的目标就是要让学生树立敬畏生命的价值理念。法国思想家阿尔贝特·史怀泽提出"敬畏一切生命"，我们自己的生命，也是应该被敬畏的。而无论是心理教育也好，生命价值教育也好，高校都不能仅仅满足于几场讲座的效果，应该从根本上抓起。

（张德山）

从发现问题开始就给予相当的重视，在深入工作中不放过任何一个细小的情节，发现问题马上给予快速回应、及时解决。

一场恋爱引发的"闹剧"

——学生因恋爱出现经济纠纷怎么办

□蒋莉萍

2005 级学生汪林，男，上海南汇人，曾在上海师范大学就读一年，因为沉迷网络，长期旷课而被退学，通过再次高考被我校录取。进入我校后他依旧经常旷课，挂科很多，濒临退学警告，并常常向同学借钱，是学院的重点关注对象。顾倩，女，上海宝山人，家境富裕，年龄较小，比较单纯，依赖心较重，由于父母管教太严，不愿与父母交流。汪顾两人是同班同学，平时接触较多，大一末开始谈恋爱，顾倩在与汪林交往后学习成绩明显下降。汪林大二第二学期初在外面租房，两人偶尔在出租房同居。

2007 年 6 月底，汪林的房东张女士找到我，说汪林已经欠了两个月的房租，关键是长期没有见到汪林，很担心出什么事情。直到那时我才了解到两人在外租房的事情。在得到这一信息后，我第一时间找了两位同学谈心，了解到汪林正在努力筹钱付房租，而且不准备续租，两人也好久没有去过出租屋了。

在对汪、顾情况更深入的了解过程中，我发现顾倩已经不想和汪林继续男女朋友关系，但碍于汪林的一些过激言语，比较担心被报复而不得不继续与他交往。此外，两人交往期间以顾倩的名义办了三张信用卡，被汪林透支 1 万余元均由顾母还清，因此她希望缓和关系，希望汪林能够把钱还给她。

鉴于这样的复杂情况,我分别与两名学生的家长取得联系,告知事情的原委,借着这样的机会,我对双方家长的情况也有了进一步的了解。汪父在外打工,对此事不太重视,表示无力改变儿子的状态,汪母很软弱,更是管教不了儿子。但两人都有推卸经济责任的想法,对儿子的开支拒不承认。顾母非常泼辣,说话比较偏激,容易与人产生争执,表示钱一定要汪林还。

由于正处于期末考试期间,当务之急是保证两个学生的正常考试。两位同学也保证不再在外留宿,同时顾母也承诺用专车接送女儿,除了到校参加考试,其余时间均在家复习功课。为了确保两位学生能够正常复习迎考,我决定等考试结束后再对他们进行相关的处理。

汪林的期末考试成绩较差,通过补考勉强通过。我觉得不能放弃任何一个学生,更不希望他们因为年轻时的一时冲动而耽误了一生。从开学第一天始,我就对汪林的所有课程进行考勤,发现他还是经常旷课,即使来上课状态也不是很好。在了解了这些情况后,我找汪林谈话。鉴于汪林以前的辅导员的提醒,我深知汪林善于辞令,消极不抵抗,比较难对付,所以我选择主动出击。谈话开始,我就表明立场,告诉汪林我很了解他的情况,无论说什么,我也不会信任他,我也不需要他保证什么。习惯了苦口婆心规劝的汪林对这样的情况有点儿措手不及。此时,我乘胜追击,告诉他已经在退学的边缘,让他好自为之。同时,我还提醒汪林,每天都有人对他进行考勤,一旦达到退学标准,即刻给他办理退学手续。事后知道,汪林虽然觉得很委屈,没想到因为谈恋爱引起的学习问题被学校管束到这样的程度,但以后再也不敢旷课了。

第二天我又找顾情谈话,希望她与汪林划清界限,专心学习。在与顾情的谈话中,她透露一个消息,说她母亲准备找人出面解决两人的经济纠纷。听到这话,我马上与顾情的母亲联系,希望不要有过激行为,否则可能会出现不良后果。几天后,我就接到汪林的电话。他很恐慌,说顾母找的人多次骚扰他,扬言要砍他的手。我一方面很严厉告知他,这就是他犯错的代价,希望他深刻反思;另一方面马上与顾母联系,指出她这样做的严重后果。我又联系到汪父,希望他尽快筹钱解决问题。我还让顾倩做母亲的工作,不要造成严重后果,影响她的学习生活。接下来几天,我多次与双方交涉,最终大家达成共识:汪林还9000元了结此事。

在处理这场"闹剧"当中,我从发现问题开始就给予了相当的重视,在深入工作的过程中不放过任何一个细小的情节,发现问题马上给予快速回应,及时解决。在这一事件中,我也运用了一些非常规的方法,这也是应对突发事件的快速措施,不得已而为之,事后证明这些应急措施还是有效果的。在"闹剧"结束后,我的思考并没有就此结束,而是紧紧把握了育人主线,积极对学生进行思想教育和引导,从而把相关隐患的问题解决得较好。

专家点评:

细节决定成败,尤其在处理学生思想问题时,这一点尤为重要。有句话说,"风波起于青萍之末"。在本案例中,假如蒋莉萍老师仅仅将房东的话当做一般经济纠纷的话,那么事情可能就要向着一个完全相反的方向发展。对于细节的关注,使得蒋老师能够在第一时间作出反应,并且顺藤摸瓜,了解到了汪顾两位同学因感情纠纷而引起经济纠纷这一潜在事实,为下一步更好地解决问题奠定了坚实的基础。除此之外,关注细节还包括在处理问题时的细化上,不是"眉毛胡子一把抓",而是针对不同的细节,有所侧重地予以处理。比如,这件事情很明显已经牵涉到双方的家人,因此蒋老师对不同的对象,用不同的处理方法,甚至是非常规的方法,保证了问题的圆满解决。这种大事化小、小事做好的工作方法是非常值得我们借鉴与学习的。

(张德山)

开展"绿色短信""文明短信""亲情短信"的征集活动，引导同学们思考手机、网络等信息媒介增进人际交往、促进学习生活的积极作用。

手机风波

——学生遇到短信骚扰怎么办

□王　位

目前，手机短信作为一种特殊的语言载体被人们称为"第五媒体"。随着国人生活水平的日益提高，大学校园里拥有手机的学生越来越多，据一项调查显示，目前大学生拥有手机的比例已高达93.5％。大学校园里刮起了手机旋风，昔日宁静的校园仿佛一夜之间变成了"手机的世界"，短信电波从课堂到宿舍横行无忌，几乎充斥着大学生所有的空间。现在，校园"拇指一族"使用短信已经超越了最初以省钱为目的的实用主义，短信已成为大学生加深友谊、表达情感的一种时尚的人际交往文化。然而，由于当前手机短信等电子信息世界的自由性和无规范性，缺乏自律意识和法律约束的大学生们，往往不能正确看待和处理电子信息给学习生活带来的正负效应。

上海水产大学食品质量与安全专业素有"水大校花摇篮"的美誉，这个专业的女生经常活跃于校园的公共场所，她们美丽大方、综合素质高，是全校男生心中的"白雪公主"，她们的光环最多，但烦恼也最多。

某天，该专业的系花小Ｓ找到我，说那天上课时又收到了手机骚扰短信，使她无法专心听课，感到很烦躁。据小Ｓ推断，发送这些手机骚扰短信的同学是同班一个很帅气的男生。因为怕事情闹大会影响个人声誉和正常生活，她不想本人出面，希望我能够帮她调查处理此事。在留下小Ｓ给我的骚扰信息号码后，我让她保持乐观，对骚扰短信暂不理眯,相信老师会妥善处理这件事的。

送走小 S 后,我心里并没有太大的把握。因为我刚从事辅导员工作不久,从未处理过类似问题。大学生正处于青春期,对感情问题相当内敛和敏感,如处理不当,会引发不良后果。并且小 S 本人不愿出面,不知道她如何推断发送短信的同学一定是那位男生,又是什么样的短信内容让她如此困扰。

在经过短暂的思考后,我决定先从手机号码入手,看能否查出肇事的学生。通过查找学院的整体通讯录,果然发现了同样的号码,确属小 S 同班的帅气男生。我随即找到帅气男生小 W,约他在校园外的茶吧见面。茶吧里,我以朋友身份跟他先聊爱情和感情话题,然后把话题引到更换了男女主角的短信骚扰故事。小 W 马上意识到了情况的严重性,更没想到小 S 会把情况上报给辅导员,所以他不敢隐瞒,如实地向我说明了手机短信骚扰事件的始末。

原来小 W 在一次校团委举办的新生卡拉 OK 大赛上认识了小 S,对她的才艺非常欣赏,不由产生了爱慕之心,并于最近邀请小 S 约会。在见面要求做男女朋友遭到拒绝后,小 W 不甘失败,接连几天不断给小 S 发手机短信,短信内容也由交友要求变为人身辱骂,使小 S 不堪其扰,最终才求助于我。

在全面了解情况后,我当面指出了小 W 的错误行为,告诉他正确的恋爱观应该是建立在大家相互尊重、相互了解和相互支持的基础上的,大学生正处于青春期,产生朦胧的爱情是正常的,但是要合理把握这个度,当前的主要任务还是学习,可以通过参与社团活动结交更多的知心朋友,大家相互帮助,在学习和工作上求得最大的进步。经过我朋友式的交心,小 W 充分认识到自己的错误,表示会主动跟小 S 道歉,取得她的原谅,在今后的学习生活中相互关心和帮助,先做好同学和朋友。

紧接着,我又找到小 S,跟她谈了小 W 的态度,同时请她换位思考,说明小 W 是因为喜欢她才做出如此冲动的行为。她在冷静思考后,表示理解,并愿意在今后的学习和生活中与小 W 继续做好朋友,相互帮助。一场风波终于平静结束。

此后,我在学院中开展了"绿色短信""文明短信""亲情短信"的征集活动,引导学生们思考手机、网络等信息媒介增进人际交往、促进学习生活的积极作用;同时,还开展了"如果我遭遇手机骚扰怎么办"的主题演讲和角色模拟活动,让学生体验信息骚扰不仅给对方带去麻烦,更会给自己带来法律责任。我还组织学生学习有关移动通讯的相关法律和学校的管理规定,提高大学生的自律意识,让大家文明使用手机。通过一系列的主题实践活动,学生们增强了规范使用手机的道德意识和法律意识,更加积极主动地参与到营造积极的学习生活氛围中。

专家点评:

大学生多数都已是成年人,简单的说教已经不足以触动他们的内心。王位老师并没有"好为人师",而是找了一个宽松环境和学生坐下来朋友式地交谈,不一味地堵,而是注重了疏通和引导,符合年轻人的心理需求。

处于青春期的大学生,朝气蓬勃又爱冲动,情感炙热又易敏感,遇事容易走极端。辩证法告诉我们,任何事物都应该一分为二来看待,矛盾的两方面也是可以相互转化的。王位老师并没有把问题简单地停留在解决两个学生的纠纷上,而是创造性地通过这一案例扩展了教育的涉及面,起到了很好的效果。其实,只要在日常管理中一直保持敏锐的工作嗅觉,深入学生生活之中,跳出常规方法之外,将教育的阵地拓展到每一个角落,必然能够开创学生管理工作的新局面。

(张德山)

信任的建立，需要辅导员在日常工作开展过程中慢慢积累，要真正时时处处为学生着想。

用爱心化解心灵冰霜
——学生遭遇恋爱挫折怎么办

□李　琼

"快！你以最快的速度赶到学校,你的学生张童薛出事了……"一天早晨,睡梦中的我被电话铃声给惊醒。在去学校的路上,我满脑子重复的都是"张童薛出事了"。记得阅读新生档案时,我并没有对张童薛有特别深刻的影响:外地生,普通家庭,非班干部,无特长记录。倒是在开学不久的班委选举会上,张童薛令我记忆深刻。他与一名女生竞争学习委员一职,票数一样,互不相让。最终,他俩在我的引导下达成协议,共同为班级做好服务工作。自那以后,张童薛除了自身认真学习外,还积极主动地与其他班委一起为班级同学的学习而努力工作。因此,这次"出事",我所能联想到的也就是"突发事故"。没想到,我到校后得到的消息竟是"他半夜爬上楼顶,有跳楼倾向",幸亏发现及时,没有出现严重后果。见到张童薛时,他已在医院。他看见我的第一反应就是拉着我的手大哭,像一个蒙受不白之冤的孩子似的发泄心中所有的委屈。其实,当时我是有些气愤的,更有好多问题想问,但那一刻,我没有急于问,而是让他尽情地哭。在他的情绪得到平复后,他先开口说:"老师,你先回去吧！我晚上去找你,再跟你说。"随后,我第一时间联系了他的家长。考虑到安全问题,当天晚上,我安排了班干部轮流护理,既是看护,也是关注动态。第二天,他父亲赶到学校。在交流过程中,我强调此时张童薛的情绪安抚胜过一切。或许因为有了亲人的陪伴,或许他也深深感受到周围同学的关爱,他的情绪好转很多,晚上也来找我了。

他谈了一个女朋友,开始两人关系很好,后来被女生给甩了。为此,他想不通,彻夜难眠,最后就爬上了楼顶想了断生命。

"现在想通了吗?"我小心地问了一句。

"不知道!"

"那有没有想过,那天如果不小心掉下去,会是什么样的后果?"

"其实我也不是真的想跳楼,就是心里烦躁,又怕同学知道会嘲笑我,不知道怎么办?"

"听说我们班××也跟他高中时谈的女朋友分手了,他现在怎么样?"

"还好吧,没看出他有什么区别。"

"那你对他和女朋友分手的事有什么看法呢?"

"没想过,又不是我的事情。"

"对呀,你对别人谈朋友分手的事是这种想法,那么换位思考一下,他们对你和女朋友分手的事,怎么可能会那么关注呢?"

"也许吧,我倒没考虑那么多"

在解决了他顾虑同学知道后失"面子"的问题以后,我重点对他谈恋爱的观点做了一些引导。通过沟通交流,我让他明白男女生互相吸引是很正常的,既符合生理特征,也符合社会特征,但关键是要处理好学业和恋爱的关系,处理好同学关系和恋人关系。爱情是生活中美好的事情,但在恋爱中遭遇挫折也是常有的事。在处理失恋的问题上应该有一个正确的态度,这样才能免受更大伤害,于人于己都好。爱情是相互的,是以双方的感情为基础的,失去任何一方,爱情都会失去平衡,恋爱即告终止,因此,大学生要学会在恋爱中互相尊重。"如果对方提出分手,我们在尽了最大努力后也无法挽回这段感情,那么作为有理智的大学生应该正视这一现实。另外,不管恋爱结局如何,我们都应抱着一颗诚挚的心去面对和解决问题。即使感情有了裂痕或不可能再是恋人关系,也要看到对方的好、对方的长处,可以换位思考,设身处地地为对方着想。事实证明,只要敞开心扉,多与同学和朋友了解沟通,就会发现退一步海阔天空。作为大学生,要明白爱情并不是人生的全部,大学生应该以学业为重,因为学习是大学生的主要目的。我们应该有一颗进取心,去实践自己的理想。"从他的眼神中可以看出,我的话说动了他。

当然,失恋的人短期内在情绪上肯定会受到影响。所以,我给张童薛介绍了几种尽快走出阴影的办法,让他去尝试。例如:找他信任的老师、好友聊天;找个适当地方哭一哭。提醒他不要过分地隐藏或压抑失恋带来的痛苦,可以找适当的方式进行宣泄,还可以在近期内给自己重新确定一个学业上的、生活上的目标,开始为实现目标而努力。

通过谈话,他的心情似乎轻松了很多。接下来的几天,我都密切关注他的动态,并通过短信方式进行聊天,同时让班干部多关照他。不多久,我得到他要参加校内转专业考试的消息,寝室同学也向我反映他每天都会复习到很晚。最终,他如愿以偿考上了他向往的专业。再见他时,笑容已写满他的脸。这名学生现在已顺利毕业了,而我每每想起这件事,都会深深感到学生工作的责任重大。

我认为,学生在遭遇挫折的时候,能首先想到我们辅导员,这表明学生对辅导员是非常信任的。而这种信任的建立,需要辅导员在日常工作开展过程中慢慢积累,要真正时时处处为学生着想。在得到学生的信任之后,辅导员还要有处理问题的能力。这种能力除了发挥"传、帮、带"的作用,辅导员自身也应加强学习。另外,辅导员还要善于发现问题,在问题出现苗头时,就及时发现并处理,以防重大事故的发生。这就要求辅导员工作要细、要到位。

专家点评:

美国女作家斯提芬妮·梅尔说过一句很经典的话:"爱的本质,

是赋予一个人伤害自己的权利。"她的小说《暮光之城》很好地诠释了这句话的内涵：男主人公爱德华因为爱贝拉，就赋予她剥夺自己吸血天性的权利，而女主人公贝拉因为爱，也愿意赋予爱人咬断自己脖子的权利，这就是爱的本质。

"爱"字的笔画虽然简单，但实际的内涵却复杂得很。大学生谈恋爱是很正常的一件事，也很单纯，但是真正处理好感情却没那么简单。处于青春期的大学生容易感情用事，容易有意无意地感伤。感情受挫后，迫于面子会有轻生的念头，这时最需要安全感。而李琼的开导与关心在此刻也就显得无比重要，通过经常和学生聊天解开他的心结，让他重新确立目标，为理想努力的时候就会忘记伤痛，这种处理方法对于失恋很有效，让学生重新找到自我，用爱心温暖他冰冷的世界。

"授之以鱼，不若授之以渔。"李琼老师在做思想工作时，教给了学生"换位思考"的方法。正确方法的使用，将会使学生终生受用。

（张德山）

辅导员需要提醒大学生：对于爱情，每个人需要冷静和理智，也需要智慧。

站在爱情与理想的天平上
——大学生陷入恋爱苦恼怎么办
□潘国廷

一天下午，男生小 Y 找到我，希望我帮他从恋爱的苦恼中解脱出来。原来，小 Y 喜欢上了另一学院的女生小 A，但是小 A 已经有男朋友了。小 Y 并未因此放弃，还是向小 A 表达了爱慕之情，而小 A 既没有同意做他的女朋友，也没有明确拒绝。就这样，他们以既非恋人也非一般朋友的关系相处着。时间久了，小 Y 心里很矛盾，一方面他希望小 A 能够接纳自己做她的男朋友，但是小 A 却迟迟不表态；另一方面他又不愿意就此放弃，他说："付出了那么多感情，放弃正在追逐的爱情，我实在做不到。"

小 Y 希望我帮他解决两个问题，其实也就是一个问题的两个方面：一是怎样才能追上小 A；二是如果追不上小 A 他该怎么办。听完小 Y 的诉说，我理清了一个基本思路：由于小 A 没有明确拒绝他，小 Y 还深陷感情之中，但前进的路不通畅，而他又不想放弃，所以内心很苦恼。理清思路后，我从以下三个方面给予了解答。

我问小 Y 这件事的本质是什么，他的回答没有抓住核心，仅仅是从自己的角度考虑问题。我告诉小 Y："这件事的本质是，你怀着'占有'的欲望，一相情愿地要让小 A 做你的女朋友，而小 A 没有明确回绝，让你产生了一些错觉。你必须明白最大的错误是自己的一相情愿。当然，小 A 也有很大的失误，因为她没有十分明确地回绝你。"我说完这番话，小 Y 思考了几分钟，点头表示认可。

接着我又问小 Y 他认为恋爱的本质是什么。他没有回答,而是看着我,期待着我的解释。我说:"恋爱要负责任,不要轻易谈恋爱,简单的喜欢不是爱,爱一个人需要尊重她。"随后,我又问他:"你喜欢小 A,是真的爱小 A 吗? 你既然有权利选择爱小 A,那么小 A 也有权利选择,你有什么权利非让人家爱你不可? 即使此时小 A 接受你的爱,你能给予彼此一个什么样的前程?"在我的一系列追问下,小 Y 的回答显得有些力不从心。我开导他说:"一名大学生要有责任意识,要对自己负责,对感情负责,对将来负责;在觉得双方不合适时,要学会放弃;要理性对待爱情,不要冲动。"对我所说的这些,小 Y 表示认可。

　　最后,我问小 Y 他上大学的目标和人生理想是什么。小 Y 回答说:"上大学可以继续深造,大四我准备报考研究生,毕业后找一份理想的工作,为父母争气。"我夸奖小 Y 是一个有理想的青年,接着问他打算怎样去实现自己的理想,小 Y 开始低头思考。我接着说:"依你现在的状态,你将失去自己的理想,所以你必须马上重新找回自己前进的方向。"

　　爱情需要争取,也要随缘。不管爱情能否到来,一个人都不要忘记自己最重要的人生理想。"只有你掌握了自己前进的方向,在爱情到来的时候你才有能力好好把握,大学是一个人成长的关键时期,你此时不能为'情'所困。"我对小 Y 说,然后又讲了几个成功大学生的故事,他们都是刻苦学习、勤于实践的好榜样。小 Y 听得很认真,他表示回去后要好好思考这件事情,尽快调整过来。

　　经过了一段时间,我很高兴地看到,小 Y 成功地从恋爱的苦恼中解脱出来,积极投入到紧张的学习中。

　　由此可见,辅导员要加强对大学生的恋爱引导和情感引导。诗人徐志摩说过,我将于茫茫人海中访我唯一灵魂之伴侣,得之,我幸,不得,我命,如此而已。然而,当今的大学生在找寻伴侣的过程中往往求之过急,而且许多人只从自己的立场考虑问题,在追求爱慕对象的过程中很少考虑对方是否接受,从而陷入恋爱的苦恼之中;处于热恋之中的大学生又往往因沉醉于风花雪月之中而忽略了自己的专业学习和人生理想。因此,辅导员需要提醒他们:对于爱情,每个大学生都需要冷静和理智,也需要智慧。冷静,说的是在喜欢别人的时候冷静地思考自己是否真的想与对方相守一生;理智,说的是在恋爱过程中要理智,要尊重对方,不要有"占有"的想法,因为每个人都是独立的;智慧,说的是双方不能深陷情感旋涡不能自拔,不能脱离班级、耽误学业,要时刻想着自己的人生目标。

情感引导是学生工作中的一个热点话题。我认为,辅导员在处理学生的情感问题时可以建议学生:一要树立正确的人生观、世界观、价值观,有明确的目标和追求;二要理解什么是爱,懂得爱的真谛;三要理智对待恋爱,思考问题不能走极端;四要在失恋时多与同学、家人、老师交流,尽快使自己摆脱苦恼;五要在情感状态失去控制时及时进行自我调整,严重时要及时找心理医生和辅导员寻求帮助。

(注:作者曾入围 2009 全国高校辅导员年度人物)

专家点评:

当代大学生的恋爱观有着明显的特点,比如动机的多元化和过于强烈的个性诉求。潘国廷老师的做法是将理想与现实置于天平的两端,可以说,很好地诠释了"理想的实现是一个现实的过程"这个道理。首先,由于大学生自身生理与心理发展不同步的现状,潘国廷从动机上入手,以长远的人生愿景为纲,引导学生做理性的思考,使他明白,美好的爱情作为人生理想的一部分,同样需要牢固的现实依托,以此使学生明白当下的生活重心是学习、是努力拼搏;其次,潘老师用换位思考的方式,让学生从过于自我的个性诉求中解脱出来,用一种更为全面的眼光来看待双方的关系。可以说,辅导员只有以"人本主义"的理念对待学生恋爱问题,以一颗博爱的心信任学生、尊重学生,激发学生的学习动力,才能引导学生培养正确的爱情观。

(张德山)

辅导员一定要深入到学生中去，了解他们的思想及学习动态，对待学生要像对待自己的孩子一样，爱护他们、关心他们、帮助他们，用自己的爱去解开他们心中的千千结。

用爱解开千千结

——学生出现"三角恋"怎么办

□李玉洁

2007年9月，大二男生小黄连续几天上课迟到甚至缺课，情绪反常。我找他谈话，他显得很忧伤，总说另一位男生不讲义气，原本两人是朋友，怎么会做出让他丢面子的举动？小黄性格内向，自尊心又强，刚开始对我有些不信任，不愿讲述实情。当时，他已经对上课失去了兴趣，即便去上课也听不进去。他还感到有同学对他说三道四，更不愿回宿舍，不愿见同宿舍好友。而且，据他所讲，晚上睡觉时心里总是反复自我肯定和自我否定，心情极其复杂、沮丧，甚至还向我提出了休学的想法。我意识到小黄可能陷入了"三角恋"——两男生追一女生，不过我并没有直接说出来，而是将我见到过的类似事情讲给他听，以便开导、教育他。

在与他谈话后，我马上找到小黄的室友、要好的朋友和班干部了解其最近状态。大家说他可能失恋了，他的女朋友小张现在和他的一位好朋友交往。由于小黄来自三代单传的农村家庭，父亲忙于做生意，他从小受到祖母和母亲过分的宠爱，这种家庭环境的影响使小黄性格内向、软弱，做事优柔寡断，加之失恋就更导致其心情极度悲伤和消沉。摸清了原因，掌握了症结，我开始有计划、有目的地对小黄进行心理辅导。

1.进行心理调适。我一方面感谢他对我的信任,向我讲了心里话;一方面又开导他,逃避不是办法。在进行心理调适时,我首先帮助小黄疏导不良情绪。小黄性格比较内向,长时间的自我封闭使他无法从失恋中自拔。我对他讲,逃避不可能解决他心中的疑虑和困惑,人要学会放松自己的心情,可以找好朋友或老师谈心,甚至可以痛快地哭一场,将不良情绪发泄出来。当然,若能以读书、写作、看电影、运动等方式来进行心理调适则会更好。

　　2.唤醒立志意识。爱和恨不是绝对对立的,如果爱不成就恨,那种爱是极端狭隘和自私的,真正爱一个人就会希望对方幸福。如果将更多的精力投入到学习和事业中去,创造出辉煌的成就,又何愁"无芳草"呢? 当时小黄正好报名参加某项等级考试,我就抓住这个契机适时地给他谈了很多名人失恋后的立志故事。如歌德在失恋后写出了举世闻名的《少年维特之烦恼》,罗曼·罗兰在失恋后开始撰写《约翰·克利斯朵夫》,小仲马则根据自己的失恋体验写成了《茶花女》。我鼓励小黄要把精力集中到备考上,全力以赴。这不仅可以使他暂时忘却痛苦,而且还有助于他顺利通过等级考试。

　　3.及时与家长联系。我打电话联系到了小黄的家人,得知小黄与其舅妈沟通得较多,关系较好,并经常接受舅妈的建议和指导。我便联系到了小黄的舅妈,把小黄近来在学校中的表现告诉她。身为教师的舅妈听后非常感激地说:"李老师,太谢谢你了,他父母整天忙着做生意,很少关注孩子的心理成长。今后我们一定配合您的工作多对他进行教育。"为此,我还与他父母达成了一个口头协议:无论多忙,每两周都要和我电话沟通一次,以及时地了解小黄的心理动向。

　　4.营造互帮互助的氛围。我和小黄的室友及其所在班级的班干部分别进行了谈话,动员大家一起来帮助他。同时,我又与小张进行了沟通,让她尽量找时间与小黄交流,并尽可能多地夸赞他的优点和长处,以帮助他走出阴影。晚上,小黄回宿舍时,室友的关心让他非常感动。另外,小张真诚的谈话也让小黄重新找回了自信,他终于放下心中的包袂,解开了心结。

5.寻求心理咨询教师和任课教师的帮助和指导。我明显感觉到小黄有抑郁症的些许表现,如果长时间这样压抑自己的情绪,最终会导致其患抑郁症,所以我就寻求心理咨询老师的指导,并得到了他们的支持和帮助。除了每天通过同学们了解小黄在课堂、宿舍等各方面的情况外,我还及时与其任课老师进行沟通,让他们也对小黄适时进行鼓励和帮助。

经过一段时间的努力,小黄各方面的状态已调整得很好,他与同学的关系也有了很大改善。到了学期中间,经过小黄自身的努力和大家推举,他还被选为班级宣传委员。当然,更重要的是他自己深深地认识到了作为一名大学生应该理智行事,树立正确的爱情观和友谊观。同时,这件事也让我深深明白,辅导员一定要深入到学生中去,了解他们的思想及学习动态,对待学生要像对待自己的孩子一样,爱护他们,关心他们,帮助他们,用自己的爱去解开他们心中的千千结。

专家点评:

作为大学生日常生活中接触最多的人,辅导员的身份是多重角色的集合体——老师、家人、朋友等,各种身份交织成一个网,而每一个身份本身也连接着一个网。这就要求辅导员必须力求成为这些网中间的那个掌控者,而不应该简单地把学生工作看做点对面或者是点对点的交流和引导,辅导员如果不能清晰地理清这个思路,则必然会使自己的工作陷入无休无止的琐碎之中。李玉洁老师就很好地意识到了这一点,做到了标本兼治。一方面,在发现问题的苗头后,通过与该生的室友、班干部联系,了解缘由,做到了有的放矢;另一方面,又及时与学生家长沟通,很好地延伸了教育工作的维度。另外,动员同学和当事人对他进行鼓励和关心,可以说,这种全方位而有所侧重的教育网络遏制了事情向坏的方面发展的可能性,并最大限度地保证了思想工作的效果。如果说在第一时间发现问题、关注问题并作出反应是治标的话,那么这种教育网络的形成就是治本了。

（张德山）

第九章 突发事件篇

TUFA SHIJIAN PIAN

点评专家：

河南理工大学学生处处长　　　　　邵　强

上海海洋大学学生处　　　　　　　李志强

教育时机的把握非常重要，就像烧饭的"火候"，往往稍纵即逝，而把握住时机则可收到事半功倍的效果。

打架风波及思考
——遇到学生在课间打架怎么办
□程　霞

事件：

2006 年 12 月，我接任建筑学院 2005 级辅导员已近半年，对大部分的学生都有了一定的了解。一天，班长一手拉着小 A，一手拉着小 B 来到我的办公室，原来两个同学由于言语上的矛盾而大打出手。看到他们时，两人正摩拳擦掌怒视着对方，一副相互不服气的样子。

事件处理过程：

我先向班长简单地了解了情况，然后询问这两位同学事件的起因和经过。不料，经我这一问，他们就更加生气了，竟然在办公室互相大骂起来。小 A 对小 B 说："你小心，下课有你好看的。"小 B 很不服气地回敬："谁怕谁啊，有胆量你就来找我。"看来我有点操之过急了，想直入正题解决事情，却未能收到应有的效果，还是先让他们好好冷静一下吧！于是，我暂时不提打架的事，让他们对着办公室的两面大镜子，好好地看看此刻自己的表情，趁此我也可以地思考一下这件事该如何处理。

1.从学生的性格特点出发，找恰当的处理方法。

小 A 个人情况：学习成绩中等，家庭较为富裕；比较小气，容易记仇,很会耍小聪明,经常仗着自己的小机灵耍逗那些用功学习但成绩不是很理想的同学;在大一时,就曾经发生过这样的事情,那位受到他嘲笑的同学,因为气不过,两人差点打起来;平时嘴巴很油,很会见风使舵,深得那些调皮学生的喜爱。

小B个人情况:来自偏远山区,学习成绩较差,家庭经济情况一般;沉默寡言,不善表达,老实淳朴。尽管学习成绩差,但是在同学眼中他是一个好学而且求上进的学生,其学习成绩一直在进步。

2.避其锋芒,分散双方注意力。

小A和小B都已经稍稍控制了自己的情绪,站在我的面前。他们还在生气,眼睛都不看对方。我提醒自己一方面要小心,不能火上加油使矛盾激化;另一方面又要让他们自己认识到自己都有错,不能因为逞强而再生事端。于是,我暂且不提他们的事,而是话锋一转,给他们讲起了一个故事:"有一年,大旱,一位母亲去离家几十里远的地方挑水,而后又不停脚地往回赶,年幼的儿子一看,赶紧上去迎,结果左脚没站稳,'哐当'一声两桶水全洒了。儿子就恨自己,拿起扁担就砸自己的左脚,结果他的左脚残废了。这就是山里人的生存状况,生存都有问题,更何况其他呢?"我看到两人都有些动容,小B眼中有些许泪花。

接着我又给他们讲了一个故事:一个落难者来到一个小镇上,这里有一个好心人,他对每一个人都很有同情心,无论谁有求于他,他都会伸出援助之手。当落难者向这位好心人求救时,他毫不犹豫给了落难者一些吃的,但这个落难者并没有要,只是问:"先生,你这里有什么活要干吗?""年轻人,没事,你吃吧!"好心人回答道。"不,有什么活需要我干的吗?我要靠自己的劳动吃饭!""那你就帮我捶捶背吧!"好心人犹豫了一会儿同意了。落难者在干完了自己的活儿之后,大口大口地吃起饭来。后来,好心人把自己的女儿嫁给了落难者,而落难者不仅得到了幸福,在事业上也获得了很大的成功。因为,他有尊严。

讲完这两个故事,办公室内一阵静寂。

事件结果：

小 A 和小 B 说笑着走出办公室，如一对好兄弟。

事件反思：

陶行知先生说过："你的教鞭下有瓦特，你的冷眼里有牛顿，你的讥笑中有爱迪生。你别忙着把他们赶跑。"班级不可能不出问题，学生也不可能不犯错误。如果问题出在班风或学风方面，辅导员就必须特别重视了。面对一般性的问题，要适当"容错"，让学生有一个自我反省的空间。这个空间可以是学生自己营造的，也可以是辅导员有意识地去引导营造的。只要学生意识到自己的错误，并努力去改正，辅导员也不妨"糊涂"一次。批评只是给学生最表面和直接的感受，似乎并不能满足学生的某些需求，容易产生不悦、反感甚至恼怒的情绪。因而在批评教育的过程中，要让学生感受到辅导员的一片真挚之情，以利于师生情感的交流。

对班级中许多事情的处理是否成功，很大程度上取决于辅导员对学生的了解，特别是对学生性格的了解。要了解学生，辅导员一般需要从两个方面入手。一是通过他人，从侧面了解一个学生。我刚接任建筑学院 2005 级辅导员，对学生的了解主要是靠前任辅导员的介绍和部分学生干部的反映。二是平时要多观察学生，从日常生活的细节中了解学生，经过积累，形成一个关于学生各方面情况的资料库。在处理大小事情中，这个资料库就会发挥很大的作用。

大学生终究还不够成熟，在其情绪爆发时，千万不要采取强硬手段，而应采取以柔克刚的策略，避其锋芒，待其情绪稳定后再进行教育，会收到较好效果。另外，教育时机的把握非常重要，就像烧饭的"火候"，往往稍纵即逝，而把握住时机则可收到事半功倍的效果。当学生出现问题时，把握好批评教育的时间和场合，不仅能提高教育效果，而且有利于增进师生感情，让学生从中感受到辅导员的一片爱心。

专家点评:

　　大学生来自五湖四海,在风俗习惯、兴趣爱好、性格特征等方面存在不同程度的差异,难免会产生一些磕磕碰碰,甚至"同室操戈"。程霞老师针对两名学生打架事件,沉着冷静,细心观察,分析了两名学生的不同性格、家庭背景等个人情况,通过两个小故事"和风细雨"地解决了打架事件,并结合事件提出了解决类似事件的处理方法和对事件的反思,具有较大启示和借鉴意义。

　　我国著名教育家陶行知说过,培养教育人和种花木一样,首先要认识花木的特点,区别不同情况给以施肥、浇水和培养教育,这叫"因材施教"。辅导员对班级事务和工作处理的是否成功,很大程度上取决于对学生的了解程度。因此,作为辅导员要想把学生工作做好,把学生教育好、管理好、服务好,首先必须多观察、了解学生,尽可能全面详细掌握每个学生的特点和思想动态,以增强教育的针对性;其次,必须注重发挥班级和学生干部的积极作用,大力加强学生干部班子和社团组织建设,以增强学生的集体荣誉感和责任感,同时要重视选好、培养好和用好学生干部,充分发挥其信息员、助手作用,并通过他们来带领全体同学共同进步。

(邵　强)

虽然打架事件很常见，但不可小视，且要迅速处理，否则不良影响可能会迅速扩大，发生群斗事件。辅导员在是非面前，首先要态度分明，对犯错的学生不纵容、不打压；要掌握学生的心理，因势利导，创造性地解决问题。

不打不相识

——第一次碰到学生打架怎么办

□李　爽

一天，我突然接到学校保卫处的电话："小 A 是你的学生吗?"心，马上被提到了嗓子眼儿，不妙的预感让我绷紧了身体。"是! 打架了吗?""对，这家伙把托普学院的小 B 给打了，你先处理一下吧。""好!"我虽然口头上答应下来，但第一次碰到学生打架的事件，怎么处理好呢?心里一阵紧张慌乱，脑海中不断变幻出各种打架的场景。

处理过程

任烦乱的思绪回转几圈儿，渐渐地，我的思路明晰起来："先把情况弄清楚，再商讨对策。目标是争取双方消除误解、不背处分，避免出现二次打架或更严重的后果。"

主意一定，我马上打电话给托普学院的辅导员杨老师，了解她所掌握的情况。原来，和平常一样，小 A 到托普学院的宿舍找老同学玩，离开时在楼梯上不小心把擦肩而过的小 B 撞了一下。小 B 当时生气了，要小 A 道歉，小 A 不仅没道歉，还叫上几个同学，踹开了小 B 的宿舍门，打了小 B 几拳。虽然伤势不重，但小 B 实在咽不下这口气，报告了杨老师和保卫处，要求学校处分小 A。

听完"处分"两个字，我暗叫"糟糕"，继而转念一想，其实小 B 的面子和情绪上的不满是问题的关键。我马上告诉杨老师："小 A 当时确实很冲动，所以现在非常后悔，主动向我承认了错误，还提出愿意向小 B 道歉，并希望我们两个辅导员在场证明。我觉得这样处理挺好的，你的意见呢？"杨老师马上赞同，并提出负责做通小 B 的思想工作。

紧接着，我把小 A 叫进了办公室。他把事情发生的过程告诉了我，和杨老师的描述完全一致，没有丝毫隐瞒。我问他："如果小 B 不告诉老师、告诉学校，你们会如何了解此事？"这时，他才告诉我，他很担心对方叫上同学踹自己的宿舍门，报复自己，他希望尽快和对方和解。"害怕就好！"我心里看到了希望的曙光。但我仍然严厉地说："我赞同你和解的意见，也愿意帮你解决这件事情，但在此之前，你必须做出深刻检讨！"他先是承认错误，口头检讨，之后在一个小时内交来了《检讨书》。他的态度是诚恳的、积极的，我感到了些许的轻松。

第二天中午，按照约定的时间，我买了一袋水果，拿着《检讨书》，带着小 A 来到托普学院的学生工作办公室。小 A 主动向小 B 道歉。"老师，让我们单独谈谈好吗？"小 A 提出了要求。在 10 分钟忐忑的等待后，门开了，他们两个笑吟吟地走了出来感谢老师，俨然一对哥们儿。看到他们化敌为友，我们两个辅导员相视而笑，内心充满了"不打不相识"的感慨。

处理基础

1. 理清思路。

打架是学校里比较常见的现象，按违纪处理的打架事件只是其中的一小部分，处分学生是一种教育的手段，而非教育目的。这起打架事件，打架的行为未造成严重后果，而是引发了对方情绪上的不满，需要首先关注和解决。如果辅导员不介入，双方可能采取以暴制暴的方式发泄不良情绪，造成更为严重的后果。

2. 情感基础。

如果给学生进行分类，小 A 是公认的"坏学生"。他上课迟到、早退是家常便饭;在宿舍里抽烟、打游戏,卫生是全楼倒数第一,值班员一提他就头疼;班级活动不愿配合,跟几个要好的"球友"和班长对着干。正因为如此,我和他有了更多的接触,学校查课时我会提前提醒他,学校检查宿舍卫生时我也会提前告知他,并到宿舍帮他整理衣物。我充分认识到他个性中的义气、冲动、重情、诚恳,并以大姐姐的宽容和关爱赢得了他的敬重。

3. 理论基础。

小 A 的父母是知青,他小时候由奶奶带大,缺少父母的关注,物质补偿并不能拉近父母与孩子的心理距离。小 A 特别需要关爱,甚至愿意通过"坏孩子"的表现来争取更多的关注。了解心理学基础理论知识并在实践中运用,可以增加辅导员工作的针对性和有效性。

引以为鉴

不打不相识,也许是人生中常遇的机缘,处理不当,反目成仇;处理得当,得添新友。年轻气盛的大学男生,也经常用"打"的方式过招,也许相互切磋点到为止,也许竭力求胜出手伤人,全在于当事人的心态调整。学生如此,辅导员亦如此。

此事可以让学生引以为鉴:冲动是魔鬼,遇事要冷静理性,不可心浮气躁、盲目冲动、不计后果;情绪要控制,要学会调节情绪的方法;责任要担当,要为自己的行为负责,敢于承认错误,敢于承担责任。

此事还可以让辅导员引以为鉴:第一,打架无小事。虽然打架事件很常见,但不可小视,且要迅速处理,否则可能扩大不良影响,发生群斗事件。第二,处分须谨慎。处分是必要的管理和教育手段,往往用于惩罚原则性错误、警示他人、捍卫公平和正义,本案例中"处分"的提法仅为泄愤,应区别对待。第三,提高预见性。不仅自己要有预见性,也要教育学生、帮助学生对行为的后果提高预见性,防患于未然。第四,拿蛇捏七寸。发生突发事件后,要迅速理清思路,控制局势,尤其先控制主要当事人,并引导事态朝好的方向发展。第五,人心要争取。辅导员不仅要了解学生,对捣乱、反叛、边缘的学生更要积极争取,将他们团结在自己的周围。第六,疏堵要结合。辅导员在是非面前,首先要态度分明,对犯错的学生不纵容、不打压;要掌握学生的心理,因势利导,创造性地解决问题。

专家点评:

虽然国家和学校都制定了各种各样的学生管理制度,对于违纪同学予以一定的纪律处分,但学校是教育人的场所,最终的目的是使学生健康地成长,成为对国家、社会有用的人才。大学生具有思想不成熟、年轻冲动等特点,违纪违规本身不一定完全体现学生的思想品德。因此要树立"以学生为本"的理念,一方面要严格坚持原则,对违纪违规学生及时严格地予以处理,另一方面要坚持处分与说服教育相结合,对于说服教育后态度端正、积极改正的予以从轻处罚。

本案例中,小A的冲动行为背后有着复杂的心理基础,但前有李爽老师日常工作中的情感联系,加之处理过程中的循循善诱,使事情得到顺利解决。但小A在发生冲突后害怕的是对方来报复自己而希望和对方和解,李爽可以再进一步,让小A从思想上认识到自己冲动行为产生的原因及带来的不良后果,并继续采取跟进措施,使小A真正从思想上、行为上得以转变。

(李志强)

遇到突发性学生群体事件，辅导员一定要及时到场，一方面学院向主管领导汇报，另一方面要冷静、客观全面地分析和评估事件的起因和发展态势，采取措施要果断，想办法控制局面，防止事态扩大。

篮球比赛冲突

——面对突发性学生群体事件怎么办

□杨轶中

2009 年 4 月 27 日中午，我校一年一度的"谭山杯"男子篮球赛正在文科楼前的篮球场上激烈进行着，这场比赛的胜者将参加冠亚军的争夺。我和 Z 老师分别作为 X 学院和 Y 学院的辅导员，同两个学院的两三百学生一起怀着紧张的心情观看了这场比赛。一切似乎都很顺利，但是在比赛结束的时候，双方的两个拉拉队员却发生了冲突，Y 学院的一个男生打了 X 学院的一个女拉拉队员，文科楼附近的路边迅速聚集了数百名学生。

这时已是下午两点，马上就是学生上课的时间，篮球场旁边的这条路是学校的两条主干道之一，如果不尽快疏散学生，矛盾双方的支持人员会越聚越多，很快就会使事态扩大化。更为重要的是，在学校全力迎接教育部本科教学工作水平评估的关键时刻，如果发生群体事件将会在全校上下造成极坏的影响。于是，我立刻产生了快速分散聚集的学生、引开矛盾焦点的想法。但是，此时 X 学院的学生都为自己学院的女拉拉队员被打而群情激奋，聚集的学生数量还在逐步增大，考虑到大家把焦点放在引发冲突的当事人身上，如果当事人仍然留在现场将不利于局面控制，所以我和 Z 老师决定先转移焦点，再疏散学生。于是，我便把当事人和当时几个在场的学生带到了 X 学院团总支办公室。

到办公室后,我让同事先向当事人及在场的学生了解情况,然后我立即向院主管领导汇报,并和主管领导一起快速赶到了现场。此时,近两百名 X 学院的学生聚集在文科楼下面,喊着口号要求给个说法。考虑到学生聚集在公共场所不利于工作的开展,而且正值上课时间,影响较为恶劣,不妨把这些学生请到了附近没课的教室,先让当事人对他的打人行为道歉,再引导教育,疏散学生。于是,我就让一个学生干部去找教室,然后要求学生到教室去,坐下来好好谈,"闹"是不能解决问题的。但事情并非我想象的那么简单,这些学生拒绝去教室,非要先讨个说法。这时,我突然想到,被打女生是 X 学院篮球队主力队员 M 的女朋友。在这个非常时刻,作为党员和学生干部的 M 应该带头进教室,发挥其模范表率作用,于是,我就把 M 叫到一边,简明扼要地分析了此类事情的利害关系,并告诉他反映问题、提出要求要用正当的途径和方式,要相信老师会对事情做出公正的处理。M 毕竟是高年级学生,其中的道理他自然明白,通过我的说理疏导,他带着聚集的学生走进了提前找好的教室。

然而,进了教室后,当事人的道歉并没有让 X 学院的学生满意,他们仍然不肯罢休。看到这种情形,我想,单靠直截了当的疏导是解决不了问题的。于是,我就给学生讲了两个故事,一个是孔子"圣人之道,为而不争"的故事,第二个是"争之不足,让之有余"的故事。讲完这两个故事后,教室里非常安静,我意识到,学生的情绪已经不像刚才那么激动。况且,大部分学生对这个事情的起因并不十分了解,而是出于维护集体的荣誉而跟着聚集的。我想,这个时候有必要让这些学生知道被打女生已经接受了打人男生的道歉,然后再从心理上对他们进行疏导,平衡其心理。于是,我告诉他们打人男生已经真诚地向被打女生道过歉了,而且这位女同学也接受了道歉。尽管如此,我们还会继续调查清楚事情的起因并对打人者采取进一步的处理措施。我说完后,Z 老师还走上讲台向大家做了非常诚恳的道歉,他的言行赢得了全体学生热烈的掌声。此时,学生的情绪已基本恢复平静,M 也表示他们的举动缺乏思考,给学院造成了不好的影响。随后,学生们都各自离去。自此,这场差点酿成群体性事件的风波终于平息了。

通过对这件事情的妥善处理,我深深体会到:辅导员一定要有大局观念,要本着对学生、对学校高度负责的态度开展工作;遇到突发性学生群体事件,辅导员一定要及时到场,一方面向学院主管领导汇报,另一方面要冷静、客观全面地分析和评估事件的起因和发展态势,采取措施要果断,想办法控制局面,防止事态扩大;在处理过程中,要发挥学生骨干的作用,对不同的学生要采用有不同的措施和方法。另外,在平时的工作和生活中,辅导员要多跟学生交流,成为他们的良师益友,这对顺利开展工作非常重要。

专家点评:

大学生处于情绪不稳定的青春期,情绪体验强烈并易冲动。这说明大学生富于激情,但同时也使大学生的情绪易失去控制,头脑不够冷静,不能客观地分析问题,还不能很好地约束自我,容易感情用事。

处理好突发事件是真正考验一个辅导员是否成熟的标志。辅导员教育技巧和必要特征之一就是要有随机应变的能力。面对各种需要应变的场面和情况,辅导员应迅速准确地加以分析、加以判断,从而及时地选择解决问题的正确方法。

面对突发问题,辅导员自身一定要保持冷静,首先要做的是了解清楚事情的起因和发展过程,对导致事故发生的各责任方迅速作出判断。这将决定接下来辅导员以什么态度和立场介入。其次,当务之急是控制局面,以免事态继续扩大造成更大危害,因此必须采取有效措施安抚众人情绪,表明处理态度。并在必要时请示上级部门,或者寻求帮助。再次,联系相关部门,获得资源,积极寻求问题的解决。辅导员应审时度势,灵活应变,在分析、判断的基础上,采取灵活机动的战略战术,或变换教育角度和方法,以达到解决问题、教育学生的目的。最后,做好善后工作,解决危机给学生带来的各种负面影响。

令人欣慰的是,在本案例中,杨轶中老师凭工作智慧顺利地解决了所面对的突发事件,相信他也从中有不少收获。

(李志强)

辅导员在关注大学生身体健康、学业进步的同时，还应更多地关注他们的心理健全、人格完善，更多地关注家庭经济困难、学业困难、心理困难、就业困难等特殊大学生群体的特殊问题。

自杀在突然中来临

——面对学生突发事件怎么办

□魏延庆

至今我仍清楚地记得那个特殊的日子——2006 年 12 月 21 日。上午 11 点，我接到电话，得知学生叶子割腕自杀，现正在市人民医院抢救。顿时，我的脑袋"轰"的一下，在有些慌乱中立即打车赶去医院。

叶子是 2005 级专科班的一名普通女生，穿着朴素，长相一般，属于扔到人堆里也很难找到的那种。入校时和她谈话，我便从不多的言语交谈中感觉到她比较自闭、敏感，甚至有些偏执。她和同学交流不多，人缘也不怎么好，于是我便嘱咐学生干部平时对她要多加关注。鉴于她的家庭条件不是很好，便给她提供了勤工助学的岗位，希望她通过自己的劳动减轻一些家庭的负担……

然而意想不到的事情还是发生了。

事情的起因是这样的。叶子睡觉有打呼噜的习惯，而且呼噜声比较响。所以她每天睡觉的时候非常小心，常常等大家睡着后才入睡，一时相安无事。这一天，同宿舍的一名女生因为情感问题失眠了，在她不规则的鼾声中怎么也睡不着，于是便气急败坏地把她喊起，嘴里冒出刺耳的言语，敏感和压抑的叶子终于控制不住自己，先是争端、口角、谩骂，接着是肢体冲突……感到受了委屈的她找我，要求在一天内给她调换宿舍。但是学生调换宿舍，需要和学生处、后勤处等部门协商，一时还不能帮她解决。但已经失去理智的她根本听不进去。从我的办公室出来后，她便气冲冲地来到学生处反映情况。由于正在忙着其他公务，学生处的一位老师让她找系里解决。这种简单的处理方式让她难以接受，她感觉到自己孤独无依，认为被别人推来推去没人管，随即掏出携带的小刀当场割腕……

事情发生后，我做了以下几个方面的工作：第一，迅速找到和她关系好的同学到病房分组照顾；第二，以最快的速度通知她的家人赶到医院；第三，快速启动突发事件处理预案，成立应急事件处理小组，由一名校领导牵头、学生处和院系负责人参加、心理干预专家和辅导员参与的应急反应机制；第四，理清事件脉络，迅速拿出处理方案；第五，指定一名经验丰富的心理咨询老师全程跟踪事态发展，做好学生和家长的心理安抚工作。

经过医院的全力抢救，叶子的性命保住了，手腕上留下了浅浅的疤痕，但心灵的创伤是需要很长的时间才会愈合的。在住院期间，医护人员精心照料，父母在她的床前默默陪伴，学校决定等她出院后立即为她调整一个新宿舍，老师、同学不间断到医院看望她，和她发生冲突的学生当面向她道歉，心理咨询老师对她及时实施心理安抚……所有这些，都让她非常感动。

经过一段时间的治疗和休养，一个全新的叶子又阳光地站在了大家的面前，继续在集体的温暖怀抱中不断健康成长。毕业的时候，她给我写了一封长信："对不起，魏老师，大学四年给您添了不少的麻烦。如今我长大了，我会认真听从您的教诲，好好地生活下去……"

事情已经过去了三年多的时间，但这件事带给我的工作思考和心灵震撼是深刻和永久的。我常想，如果我们平时的工作再细致一些，给她的关心再多一些，心理的干预和治疗再早一些，事情的前期处理再及时一些，这样的事情是不是可以避免呢？

学生工作无小事，学生成长无小事。辅导员在关注大学生身体健康、学业进步的同时，还应更多地关注他们的心理健全、人格完善，更多地关注家庭经济困难、学业困难、心理困难、就业困难等特殊大学生群体的特殊问题。如果我们准确把握住了大学生成长的关节点、发展的关键点，尽最大的可能将更多的爱播撒进学生的心灵，使他们在学校、老师、同学的关爱里自由地沐浴智慧之光，那么，大学生的若干难题都可以迎刃而解，许多自杀的悲剧都可以在无形中消弭。

专家点评:

事情发生后，魏延庆老师为解决问题从现场救治、心理安抚等多方面进行处理，体现了他解决问题的系统性思考。

本案例中的叶子是冲动型自杀行为，但也是平时矛盾和情绪积压的结果。平时即敏感多疑，这次又遇上同学间矛盾冲突，求助于辅导员又觉得无望，学校相关职能部门的工作处理方式简单，让叶子感觉所有的出路都被阻断，这一切因素融合在一起，造成了她的冲动性后果。

一个人的健康成长，离不开社会支持系统。所谓个人的"社会支持系统"，指的是个人在自己的社会关系网络中所能获得的、来自他人的物质和精神上的帮助和支援。相对于大学生来说，一个完备的支持系统包括亲人、朋友、同学、老师等，当然，还应当包括由陌生人组成的各种社会服务机构。每一种系统都承担着不同功能：亲人给我们物质和精神上的帮助，朋友较多承担着情感支持，而同学则与我们共同成长。对陷入困境的人而言，社会支持犹如雪中送炭，带给我们持久的温暖、安全以及重振生活的信心、勇气和力量。辅导员要帮助学生构建覆盖学生培养全程、全方位、多层次的相互关联、有机组合的心理健康社会支持系统。社会支持系统中的辅导员、朋友、亲人等，能有效缓解心理压力，分享快乐。这样，遇到不顺心的事情能有人可以求助，即使不能尽快解决，但支持系统形成的"安全阀"也会减轻痛苦的程度，仍给人以求助的途径和希望。

同时，"学生工作无小事"，管理部门、服务部门在合力育人、全员育人中也具有重要作用，各部门都应把促进学生健康成长作为一切工作的出发点和落脚点。

（李志强）

健全和完善学生干部的信息反馈制度，通过学生干部的反馈及时了解学生的相关信息，以便对突发情况及时采取有效的措施。

第一时间　第一速度

——甲流防控期学生突然离校怎么办

□杨　真

2009年11月一个周日的晚上，学校例行晚自习考勤，学生会纪检部副部长来办公室向我报告说孙超同学未到。我向他们班副班长了解情况，副班长说孙超回家了，我立即给孙超打电话。电话里，他的声音非常柔弱，我问他在防控甲流的关键时候为什么没有请假就回家了，他说太想奶奶了。我又问是不是奶奶生病了，他说没有。我觉得事情有些蹊跷，希望他第二天返校，他在电话里答应了。当天晚上，孙超又与副班长联系说老师让他明天返校，他非常烦恼苦闷。

第二天是周一，孙超没有回来，却给同学朱某发短信："都是同学，我说实话吧，我是一个孤儿，从小跟着奶奶。这次回去就是因为太想她，而且不准备回学校了，想在家照顾奶奶，不料让老师亲友担心了，我家人让我再考虑两天，我估计要回去也得后天。放心吧，我没事的。让我想一想。"朱某把短信拿给副班长看，副班长当即给孙超打电话，他没有接。副班长以为孙超不想上学的想法只是一时的，过后会转变的，便决定第二天联系到孙超之后看一下情况再做打算。

周二，孙超给副班长发短信："我决定不上学了，你跟他们说好了。我现在家也很难受，想死又怕我奶奶想不开，谢谢大家的安慰，对不起，我现在哪都不去，就想在家陪我奶奶，或许更准确地说是家里人陪我。我很懦弱吧？我真的不想上了，噩梦还在缠着我，再撑下去我真的会崩溃的,不过,不让奶奶过几年舒服的生活,我是不会死的。"副班长看到这条短信深感事态严重,立即把情况跟我说了,我让副班长与孙超保持联系,然后马上向主管领导作了汇报。领导指示我们在落实方案和措施的同时,密切关注事态的发展。

当天晚上 10 点多,副班长打电话告诉我说孙超的手机关机,无法与其取得联系。我立即将此事汇报给领导,并想办法联系孙超的家人。孙超家没有固定电话,我们通过多种渠道最终联系到了孙超的姑姑,她说孙超目前确实在家,不过她家离孙超家有十里地,骑自行车走夜路不方便,第二天早上才能去孙超家看一下情况。从短信上看,孙超的情绪非常不稳定,怕晚上真有什么意外。我在晚上 11 点返回办公室拿到登记学生家庭住址和联系电话的学生卡片,发现孙超的家庭主要成员只有奶奶、弟弟和妹妹,家庭永久通讯处填写的是商丘某孤儿院,我便联系了孤儿院的院长,他说知道孙超回家的情况,只是院长本人也在外地,需要等回去后才能了解情况。我又在学生卡片籍贯一栏查到孙超的详细家庭地址,并通过 27 个班的学生干部了解学生中有没有孙超的同乡,七班的一名学生是孙超的高中同学,但他也只知道孙超的手机号,没有其他联系方式。这个渠道没有结果,我又通过孙超的同县老乡委托老家的人打本地的 114 查找孙超所在的乡政府的电话号码,拿到电话号码后我立即拨通乡政府的电话,查到孙超所在村的村支书的电话,村支书说他家离孙超家二里多地,白天还在孙超家附近干活,没有听说他从学校返家的事。我想,村支书的话说明孙超没有出什么意外,也没有生命危险。考虑到孙超现在敏感的情绪,我拜托村支书次日不要对村里其他人提起学校寻找孙超的事情,以免引起他心理的波动,并希望能够保持联系,村支书答应了我的请求。此时已经接近凌晨一点,孙超的姑姑答应第二天早上去孙家看一下,我在心里祈祷,在这几个小时里千万不要出什么事。

周三一大早,我与孙超的姑姑取得联系,得知孙超已经答应返校。下午,孙超在表哥的陪同下返回学校,我在第一时间见了孙超和他的表哥,并对孙超进行安抚,鼓励他调整好心态,努力学习。虽然我们已经对他进行了心理开导,但是针对孙超的复杂情况,我请学校心理咨询室的老师和他聊聊。

几天后,学校图书馆向我们要两个勤工助学的同学,我马上想到了孙超。跟他说了后,他很乐意。后来图书馆的老师跟我说,他在那里表现很好。

在我的学生中,像孙超这样因为家庭经济困难等原因产生心理问题的有不少,这样的学生在有了困惑时大多不愿意向辅导员倾诉,等辅导员发现的时候,情况就可能已经比较严重了。所以,辅导员不仅要在突发事件出现的时候迅速反应,更要把工作做在平时,尽量使校园突发事件降到最少。

首先,应该建立安全信息反馈制度,健全学生工作预警机制。安全信息反馈制度要以党员和学生干部为主体,让他们熟悉自己分管班级或宿舍同学的详细情况,一旦发现自己分管范围内同学的生活、学习或心理出现异常情况,就要在第一时间向辅导员汇报。这样便于辅导员及时掌握学生的安全动向,即使出现问题也可以第一时间得到妥善解决。

其次,通过各种形式对学生进行安全教育和心理教育,增强学生的自我保护意识。平时可以通过专题讲座、安全知识学习和考试、防火演习等形式对学生进行教育,形成"人人懂安全、时时有警觉"的风气;开设大学生心理健康教育课程,讲授心理健康方面的知识,对学生中普遍存在的心理问题进行预防和集中辅导;开设心理学专题讲座,以更多的灵活性、趣味性、启发性吸引广大学生的注意力,特别要对家庭经济困难学生、独生子女和单亲家庭学生进行心理教育。

最后,在前期已有预警机制的前提下,突发事件具有紧急性、高度不确定性,甚至有一定的危害性,因此一旦出现突发事件,我们就应第一时间作出反应,及时向上级报告,并积极想办法,采取有效措施解决问题。

专家点评：

　　杨真老师通过多种方式、多种途径联系孙超，一直工作到凌晨，显示出辅导员所具有的耐心、细心及对学生的爱心。本案例充分反映了建立学生信息数据库的重要性。辅导员在平时的工作中，应掌握每个学生的家庭成员、家庭地址、联系电话、主要社会网络等主要联系方式，并整理归档，建立学生快速联络通道。这是快速反应的基础，时间更短，效果更好。

　　一支掌握心理健康教育基本知识的学生骨干队伍是有效推进学校心理健康教育工作的重要支撑力量。学生骨干在开展"朋辈辅导"和对有心理问题的学生危机初期识别方面发挥了积极作用。为提高学生骨干参与心理健康教育工作的能力，学校和辅导员可从多方面加强培训：开展面向全体学生的心理健康知识普及教育，要求每个学生每学期至少听一次心理健康教育的知识讲座；开展对学生骨干的培训与指导，每学期对学生干部进行至少两次的心理健康教育基础知识及危机初期识别能力的培训；开展对学生团体的培训与指导，指导学生将团体辅导等技术灵活运用到学生活动的过程中。

　　学生骨干队伍初步掌握了心理健康的基础知识和危机初期识别能力，他们不仅可以调整自身心理状态，挖掘自身潜能，还能在大学生心理健康知识普及和危机预警工作中发挥及时发现、疏导等作用。

（李志强）

辅导员工作的目标是帮助大学生养成良好的心理品质，消除他们的心理困惑，让每一个同学学会珍视生命、热爱生活、追求幸福。

沉稳　细致　周到

——碰到学生自杀怎么办

□刘文晓

入秋的一天，凌晨两点多，人们正处于梦乡之中，一阵急促的手机铃声打破了夜的寂静。睡梦中的辅导员陈文从床上一跃而起，顾不上被铃声吵醒的儿子，边穿衣服边接电话，给爱人简单交代了一下，便冲出了家门。

"张建强怎么样了，还清醒吗？"

"啊！流了好多血？"

"别紧张，先找块干净布条把他的手腕缠好，防止再流血！"

"把张建强抬到宿舍的床上，平躺着，别让他乱动。"

"120打了吗？打过了，好。赶紧安排一个同学到校门口，等救护车到了，把车直接领到宿舍楼去。"

"另外，让其他同学都回宿舍，你们到水房看看有没有刀片和玻璃片。如果没有，再到宿舍看看。还有，在宿舍找找有没有小药瓶之类的东西，如果有，把它保管好，等我到了，交给我。"

静静的黑夜，大街上冷冷清清，陈文好不容易拦到一辆出租车，飞也似的冲向学校。等赶到宿舍楼门口时，学生聚成黑压压的一片，大家都被这事惊醒了。张建强已被学生抬了出来，正躺在床垫子上。不到两分钟，救护车也到了。医生简单地询问了一下情况，陈文和几名学生抬着张建强上了车，救护车疾驰而去。

一到医院急诊科,医生马上对张建强展开了紧急医护处理。交完各种费用,等到张建强打了吊针沉睡时,已是凌晨 4 点多了。还好,没有出大问题,长长松了一口气的陈文点了一根烟。在徐徐上升的烟雾中,陈文回想起头一天的事:下午快下班时,张建强的宿舍长李浩明到办公室反映,张建强这两天不对劲,总说要和大家离别,不去上课,一个人在宿舍喝闷酒。李浩明的反映提醒了陈文,张建强因挂课太多,将面临留级或自动退学,而其家庭经济状况不好,留级后负担会更重。但陈文与张建强谈话时,他表示愿意留级,并没有自动退学的想法,那他要和同学离别是什么意思呢?难道他要自杀?不太可能,他平时挺开朗的,不像是一个遇事想不开的人。不行,还是注意一下,防患于未然。于是,陈文交代李浩明要关注张建强近几天的状态。同时安排平时与他关系较好的同学多陪陪他,尤其是今天晚上,有异常情况随时联系。陈文顺便也给晚上在宿舍值守的同事沟通了张建强的情况,叮嘱他晚上多加留意。下班路过银行时,陈文顺手取了 2000 元,以防万一。回到家,陈文还是有些不放心,又给学生会主席打了个电话,让他晚点睡,有情况及时汇报。回想这些,看着张建强酣睡的样子,陈文感到一丝欣慰。

　　第二天上午 9 点,得知张建强身体各项指标均正常,安排好学生轮流看护后,陈文才离开了医院。因为事情处理得及时稳妥,当天夜里就没有给院领导汇报,而现在,一切都可以给主管领导汇报了。想到这,陈文敲响了领导办公室的门。

　　作为在高校学生工作第一线的辅导员,最怕的莫过于学生自杀这样的突发事件了。在大学生的学习、择业、交友中,辅导员扮演着非常重要的角色,其目标之一就是帮助大学生培养良好的心理品质,消除他们的心理困惑,让每一个学生都学会珍视生命、热爱生活、追求幸福。要尽量避免学生自杀等突发事件的发生,辅导员应做好以下几点工作:一是排查隐患,查找问题原因。重视新生入学的心理健康普查结果,有针对性地关注个别问题学生,并实行过程监督,加强细节管理。在每年

第九章　突发事件篇

337

的春季和秋季,尤其春夏之交是大学生自杀事件发生频率比较高的时段,要加强此阶段的教育与管理。二是提高对突发事件前兆的洞察力,做到提前预防。要尽量熟悉每个学生的基本情况,尤其是对学习成绩比较差、家庭经济特别困难、有过交往受挫、性格内向或发生家庭重大变故的学生要给予更多的关爱。另外,要疏通信息渠道,及时掌握准确的信息。三是制定好应对预案,采取有效措施。如发现学生有自杀的苗头后,辅导员除了在思想上有所准备,还要在具体措施上安排得细致、周到。当然,对学生的心理健康教育是很有必要的,要提高学生的心理承受能力,并针对不断变化着的新情况,采用不同的方法和手段强化学生适应大学生活的能力,促进学生心理素质与思想道德素质、文化素质、身体素质的协调发展。

(注:作者系 2007 年全国高校优秀辅导员)

专家点评:

正如文章题目所描述的那样,案例中辅导员陈文用他的沉稳、细致、周到,使深夜凌晨发生的学生自杀突发事件得到了解决。

张建强之所以选择自杀,就外部刺激而言,主要是学业问题,以及一直存在的家庭经济困难。但内心的无助、无用以及自我价值感丧失,才是他做出自杀行为的真正原因。

自杀行为的选择和发生是一个逐渐发展的过程,几乎在所有的自杀事件中,都能找见一些危险因素和自杀线索,这些其实就是当事人发出的呼救信号,只是识别它们的难易程度不一而已。要尽力挽救每个生命,就要意识并捕捉到这些信号。想自杀的当事人由于内心冲突、深感矛盾,常常会有意无意提供一些自杀线索。本案例中,平时挺开朗的张建强"这两天不对劲,总说要和大家离别,不去上课,一个人在宿舍喝闷酒",再考虑到他平时家庭经济困难,近期又面临留级或自动退学这一问题,自然需引起我们的高度关注。

在建设专业化、专家化的辅导员背景下，辅导员在从事大学生思想政治教育工作中专业化各有分工，辅导员并不是"全包全能"。同时，辅导员与学校心理咨询机构也有着不同的职责分工。针对本案例，我们不禁思考：如果陈文在接到李浩明的反映后，及时到宿舍了解问题严重程度，并将其转介到校心理咨询机构，事情的发展会不会又是另一种结果呢？

（李志强）

辅导员是学生管理工作中的一线人员，需具有相关法律知识，才能更好地教育和管理学生，以避免学生与学校、社会之间不必要的法律纠纷。

金苑食府事件
——学生和群众产生纠纷怎么办

□岳瑞凤

2005 年 9 月 18 日，法学 043 班的学生到学校附近的金苑食府聚餐。由于当天既是周日也是中秋节的前夕，饭店生意特别好，一楼、二楼顾客爆满，平日闲置不用的三楼也腾出来接待客人。

饭店人手紧张，学生们只好自己上三楼开灯、开窗，就在班长周振启打开包间窗户的一瞬间，不幸的事情发生了：整扇窗突然脱落，砸在了一楼正在洗刷碗筷的饭店老板娘头上。周振启被当时的情景吓坏了，幸好其他几个班干部马上陪老板娘到附近医院治疗。然而，当老板娘的手术结束后，金苑食府老板拿了一张 5000 元的押金单让学生"想办法"解决，否则，将学生扣作人质。学生们听了很气愤，并与老板发生了争吵，他们看问题很棘手，于是当晚 11 点向我汇报了这一情况。

我迅速赶到医院，先稳定了各方情绪，并让班长和团支部书记当夜守在医院。到了第二天，我带领法学 043 班全体学生干部到医院看望了伤者并表达了歉意，让周振启把学生证押给伤者家属后迅速返校，其他事情待伤者出院后协商解决。同时，我向院领导简要汇报了情况，院领导表示学院将和同学们共同面对困难，妥善处理具体事务。学院决定让"法协会"会长李勇及校保卫处联合出面与伤者聘请的律师进行正面协商，争取圆满解决此事。

9 月 29 日中午，饭店老板聘请的律师来到学校找到我，叫嚷着伤者要出院,让我们拿出 2500 元钱用以支付医疗费,否则饭店老板要找人把学生押走处置。我义正词严地警告他:"现在是法治社会,先分清责任,再说赔偿之事。但未经我允许,绝不能把学生带走。"并建议饭店老板在 10 月 6 日来学院面谈。那位律师很生气地放了一句话"责任很难分清,那就等着瞧吧",便扬长而去。

10 月 12 日中午,李勇慌慌张张地对我说:"岳老师,金苑食府老板拉来一车人,他们手拿镢头、铁锹等工具来要钱了,若不给,扬言要把学生带走。"我立即请保卫处来人协助控制局面,并火速赶到现场。为了不把事态进一步扩大,我请闹事的饭店老板及其委托律师、保卫处负责人、周振启和李勇一同到我办公室进行调解、协商。对方认为,是学生推掉的窗户就该承担责任。我首先明确告诉他们,10 月 6 日约好的面谈时间,饭店老板既不来又不打招呼,这是一种不诚信、不尊重别人的行为,现在又聚众在学校闹事,影响了学校的正常教学秩序,更是一种违法行为;如果未经学校允许,强行把学生带走,就会侵犯学生的人身权利,构成犯罪。听了这些话,饭店老板的情绪逐渐稳定下来。

然后,我从法律的角度对此事做了分析:第一,学生并非故意伤人,伤者也不是故意受伤,双方主观都没有过错,根据公平原则,责任应由双方共同承担;第二,相对饭店和顾客来说,饭店应对店内的基础设施安全负责,开灯、开窗换气等工作是饭店应尽的义务,享受服务是作为顾客的学生们应有的权利;第三,事情发生后,学生采取了积极救助,把伤者送至医院,并进行昼夜陪伴和慰问,学生已经尽到了他们的责任;第四,导致本次事故的主要原因,不是学生非正常开窗造成的,而是窗户年久失修,饭店没能保证设施安全,没有尽到正常检修义务,所以,本次事故的主要责任应由饭店承担。通过我的分析,饭店老板似乎想通了许多。他说,考虑到学生没有经济收入,又不是故意伤害,愿意友好协商解决。我又征求了学院法律顾问的意见,双方最终达成协议,学生赔偿对方 800 元,此事方得以圆满解决。

经历过"金苑食府事件"后,学生们在做事之前似乎多了一份冷静和思考,更重要的是他们和我的心贴得更近了。其实,无论对学生来说,还是对辅导员来说,"金苑食府事件"所带来的经验和教训都值得铭记和思考。

对学生来说。首先,做事情一定要小心谨慎,当意外发生时不要惊慌失措,应保持冷静和理智,要及时向辅导员汇报,寻求指导和帮助。其次,当意外事件发生后,要有责任感,无论自己对错与否,都要对对方晓之以理,不能只凭一时冲动而意气用事。再次,对对方的无理要求,一定要进行有理有节的交涉,不能因恐惧而畏缩,更不能因冲动而使事态扩大。最后,法学专业的学生有责任、有义务向周边群众宣传有关法律知识,帮助他们提高法律意识。

对辅导员来说。第一,辅导员遇到突发事件,应该沉着冷静面对,避免情绪激动与当事人产生不必要的争执。第二,辅导员是学生管理工作中的一线人员,需具有相关法律知识,才能更好地教育和管理学生,以避免学生与学校、社会之间不必要的法律纠纷。第三,在大是大非面前,要给学生锻炼的机会,让学生在其中体验酸甜苦辣、感悟人生。第四,事情解决后,辅导员应善于仔细分析总结,把成功的经验与学生共同分享,以锻炼学生独立思考、处理问题的能力。

专家点评:

大学是开放性的文化组织,与社会有着千丝万缕的联系。高校辅导员如何应用所具备的综合知识在学生日常教育和管理中维护大学生的合法权利,正成为高校学生工作的新课题之一。大学生从进校到毕业的整个大学生涯中,辅导员是最贴近学生学习生活的人,所以辅导员个人的法律素质无疑能够帮助学生清醒地分辨自己的权利和义务,引导学生依法维护自己的合法权利,使学生能顺利完成学业,顺利进入社会。

本案例中,岳瑞凤老师分析与处理事情沉着、冷静,从法律的角度出发，一方面维护学生权益，另一方面也从对方角度想问题，处理事情做到了有理、有据、有节，使事情得以圆满解决。

　　同时，从辅导员工作和自身发展来说，具备一定的法律知识，可以在一定程度上避免与学生发生不必要的冲突，甚至侵犯学生的权利，辅导员也能用具备的法律常识来维护自身的合法权益和正当权利。

（李志强）

只有深刻认识突发事件的本质，把握其规律，及时化解矛盾，防患于未然，才能在关键时刻做到心中有数，忙而不乱。

责任重于泰山

——遇到学生发生交通事故怎么办

□陈　磊

　　辅导员的工作可谓千头万绪，但在诸多工作中，我认为校园的稳定和学生的安全是重中之重。预防和处理突发事件，特别是危及学生人身安全的突发事件是辅导员的一项重要任务。突发事件的危害程度，除了取决于突发事件本身的性质与影响范围外，更取决于高校管理者以及辅导员对突发事件是否有清醒的认识，是否采取了正确的应对策略。只有深刻认识突发事件的本质，把握其规律，及时化解矛盾，防患于未然，才能在关键时刻做到心中有数，忙而不乱。

　　2005年12月中旬，我的一名学生在傍晚返校的途中，不幸发生交通事故，失去了年轻的生命。事故发生后，院、系领导高度重视，第一时间赶到事发现场和医院，在通知学生家长之前，代替家长与医院、交警和肇事者协商解决问题，积极组织财力、物力、人力对事件进行恰当处理。在整个事情的处理过程中，我积极配合，做了以下几方面的工作。第一，及时通知学生家长。考虑到学生家长年事已高，身体不是很好，在联系学生家长时，我们只告知他们孩子发生了交通意外，但并没有透露孩子已经身亡的事实，这在最大限度上稳定了学生家长的思想情绪。第二，学生家长到达之后，我和学校相关部门、系领导以及事发现场的学生向他们客观详细地说明情况，并做好其情绪稳定工作。第三，在随后的一段时间，我帮助学生家长在处理学生后事、与肇事司机交涉、与交警沟通等方面做了大量工作。第四,在事情处理过程中,我发现该生所在班级的学生思想上有波动,所以,我及时深入班级,向学生说明事发过程,并以此为案例,对全系学生进行了深刻的交通安全教育。

从整个事情的处理结果来看,学校的工作得到了社会和学生家长的认可,而我的工作也得到了学校和院、系领导的肯定。通过这件事情,我深深地体会到了确保学生人身安全在辅导员工作中的重要性。在此后的工作中,我利用各种方式,全方位地加强了包括交通安全事故在内的学生安全事故的预防工作,具体的做法是:1.利用各种和学生接触的机会,对他们进行常规性的安全教育;2.和洛阳市交警二大队结成共建单位,每星期组织学生到指定路段协助交警执勤,通过社会实践活动让学生掌握基本的交通法规,提高交通安全意识;3.每学年定期邀请交警到学校作关于交通法规以及突发情况处理办法等方面的讲座,帮助学生树立交通安全意识;4.严格各种学生外出请、销假制度,实行集体外出申报、登记制度,在节假日前开展专项安全教育活动,掌握外出学生信息,坚持节假日值班;5.保证自己的手机 24 小时畅通。

以上几项措施,最大限度地预防了类似事件的发生。将近四年的辅导员工作经历使我认识到,应对学生突发事件应该有健全的预防机制和处理机制。

在预防机制的建立方面,最重要的就是"提高认识,立足平时"。在学生日常教育和管理过程中,我认为要树立三种观念:1.树立"防不胜防也要防"的观念,不能因为突发事件的不可预见就完全撒手不管、无所作为,必须采取积极有效的预防措施;2.树立"管了没用也要管"的观念,即便是恪尽职守也不能有效阻止突发事件的发生,作为辅导员也要坚信日常教育管理的威力和作用;3.树立"说了不听也要说"的观念,不能因为学生不愿意听就放弃说服教育。

在处理机制的建立方面,首先,辅导员要熟悉处理学生突发事件的依据。在日常工作中,要进一步提高自己的法律意识,认真学习《中华人民共和国高等教育法》《高等学校学生行为准则》《中华人民共和国道路交通安全法》等相关法律、法规。其次,辅导员应有规范的突发事件处理程序。当遇到突发事件的时候,辅导员应做到:1.第一时间赶到现场,保护现场,防止事态蔓延;2.进行现场指挥、处理工作,防止事态恶化,避免多头指挥;3.事件稍趋稳定之后,与相关人员谈话,初步了解事发原因;4.尽快将事件的初步调查情况向主管部门和领导报告。

校园稳定是高校其他各项工作的前提和基础,关系到广大师生员工的人身安全和国家、个人财产安全,关系到学校和社会的发展及稳定。学生突发事件,很容易引起社会的强烈反响,造成"轰动""放大"和"辐射"效应。辅导员是学校基层管理当中的中坚力量,除了要做好常规的学生管理工作,还应把及时有效地预防、处理校园突发事件作为自己的基本职责。要坚持警钟长鸣、防患于未然的原则,加强学生的日常教育和管理;要树立"责任重于泰山"的工作观念,及时洞察校园突发事件发生的苗头,迅速采取措施预防不良后果的发生,为学生的成才和学校的稳定与发展作出自己应有的贡献。

专家点评:

大学生是国家的未来和希望,提高学生的安全意识和安全素质,也是高等教育中不可或缺的组成部分。本案例中陈磊老师处理这件事情相当成功:告知学生父母事情的方式体现了谈话和沟通的艺术性;告知事情客观详细,使学生父母了解事实;设身处地帮助学生家长处理善后问题,取得了家长的信任,也使问题尽快地圆满解决。陈磊并没有止步于此,对其余学生进行了心理健康教育,帮助他们积极有效地调节情绪;又以此为契机加强了安全教育,收到良好的效果。

陈磊老师加强了安全事故的相关预防工作,并建立了预防机制和处理机制,对问题的思考更深入一层,已逐步从"实践型"辅导员向"实践——研究型"辅导员转变。

在加强安全教育的过程中,要突出强化大学生的安全自律意识,实现大学生自理、自立、自律。当代大学生大多来自独生子女家庭,自我防范和保护意识因受到家长的过分保护而弱化。对于国家的法律法规、学校的校纪校规与自身安全的关系,平时多数学生在没出事前并不关注。在假期离校、重大疫情等突发事件多发期,辅导员可与学生签订自律协议书,将学生需要遵守的一系列具体的安全条款列入协议书中,警示学生什么能做、什么不能做及其做的后果,充分发挥学生自我管理、自我教育、自我服务的作用。同时,辅导员应引导家长和学生认识与运用社会保险机制的保障作用,强调学生个体在社会生活中的独立性、主体性和自律性,减少学校、家长、学生的后顾之忧,最大限度地为学生争取利益。

（李志强）

学生工作无小事，在工作中一定要谨慎、谨慎、再谨慎。在处理学生事务时一定要注意方式方法，要设身处地为学生着想。只有这样，才能赢得学生的尊重，才能成为一位称职的辅导员。

一个病例　一段历程
——遇到学生患了传染病怎么办
□范建文

做辅导员工作已有一年半的时间了，回首走过的历程，有付出也有收获，有心酸也有甜蜜。但不管怎么说，正是这些丰富了我的人生，让我时时刻刻感受到自身存在的价值。

有一件事让我记忆尤其深刻。那是 2007 年 12 月的一天，我正在办公室处理文件，突然接到一位学生的电话，他告诉我他在医院做检查，医生告诉他可能感染了肺结核，但还没有最终确诊。听到这个消息，我心里猛然一惊。有常识的人都知道，肺结核是一种治疗周期漫长的传染病，如果不及时有效地隔离处理，有可能传染周围的同学甚至波及全校，后果将不堪设想。况且最近就是学生期末考试的时间，更不能引起学生的恐慌。想到这里，我的后背直冒冷汗，毕竟还未处理过此类事情，心里没底。容不得多想，我立即向系领导和学校相关部门详细汇报了情况，并及时和校医院取得了联系，询问在这种情况下我应该怎样做。

作为辅导员，我不但要安慰当事学生，使他避免产生大的情绪波动，还要将影响控制在最小范围内，不能引起其他学生的恐慌，我感到自己身上的担子很重。我迅速联系了市结核病防治所，让该生立即去复检，并且叮嘱该生要自觉做好防治病情扩散的事项，尽量不要到公共场所活动;开导他不要有太大的压力,现在医疗技术如此发达,结核病是很容易治疗的。

在该生去复检的同时,我把他所在宿舍及周边宿舍的所有成员和该生经常去的教室的两位主要负责人集中在一起,告诉了他们该生的情况。同时也明确告诉他们,结核病只是一种很普通的传染病,并没有想象中的可怕。我要求他们做好三件事情:一是保密,避免引起学生大规模的恐慌;二是做好宿舍、教室消毒工作,及时开窗通风,搞好个人卫生;三是要注意和该同学接触相对较多的学生,做好统计,密切关注周围同学身体是否有异常表现。事实证明,他们做得很好,使我的工作避免了被动。

当这名学生的病情确诊后,我立刻和他的家长取得联系,简单通报病情之后,希望家长尽快来学校。通过我和校医院努力,我们邀请到了市结核所的专家来校对所有和该生有所接触、可能有所接触的学生进行普查。同时,我组织几名得力学生干部通知系内需要普查的学生,要求他们不要把事态扩散;对于其他院系的个别学生,我私下联系到他们,先对他们表示歉意,然后说服他们参加普查。普查那天,我亲自在现场组织,并安排了几名学生干部在现场协助。普查过程秩序井然,学生们情绪平稳。普查结果出来后,当得知没有一名学生感染结核病时,我才松了一口气。

该生家长来到学校后,我和他们详细谈了学生的病情,以及学校对此类事情的管理条例。由于该生是毕业生,又是专升本学生,明年可以不参加实习,加上寒假共有近三个月的时间,病基本可以治愈。经向系领导请示,我安排该生回家治疗,其间要坚持和我联系,及时通报治疗的进展情况。

虽然这件事已经过去了一段时间了,但它使我更加明白,做好学生工作要心存爱心,遇事要冷静,有大局意识,处事要细心、耐心、果敢,协调兼顾。还清晰地记得刚参加工作时,我的老师曾经对我说,学生工作无小事,在工作中一定要谨慎、谨慎、再谨慎。在处理学生事务时一定要注意方式方法,要设身处地为学生着想。只有这样,才能赢得学生的尊重,才能成为一位称职的辅导员。

老师的话成了我工作的座右铭,每想起这些话,都是对我工作的一种激励,让我对工作不敢有些许懈怠。辅导员工作是相当烦琐的,不但要按时完成系里安排的任务,还要做好学生的管理工作,更要时刻做好防范和处理学生突发事件的心理准备。只有这样,才能真正为学生营造一个安静和谐的学习氛围,真正做到"一切为了学生、为了学生的一切、为了一切学生"。

专家点评:

近年来,各类突发事件在校园中层出不穷,给学校的稳定和发展带来诸多负面影响。辅导员作为维护学校稳定和发展的基层直接责任人和重要力量,对突发问题的处理和应对能力也是辅导员能力结构中的重要一环。根据突发事件的性质、诱因、危害程度、事件级别等,可以划分为不同类型,辅导员应灵活应对,妥善处置。

本案例中的突发事件属于公共卫生类、传染性疾病因素类突发事件,范建文老师采取了比较专业的处理措施。获知信息后及时与校医院联系询问应对措施,请专业性的医疗卫生机构对学生复检,并对所涉及学生进行普查,对可能传播传染病的场所进行消毒,保护健康人群,做好了其他学生的情绪稳定工作。当普查结果出来时,作者松了一口气,我想其他相关学生忐忑不安的心情也稳定下来了。相对于单纯的情绪安抚,专业人士(结核病专家)传达的信息,更进一步打消了他们的疑虑。经历过 SARS 的人都能体会到,传染性疫情对人们的威胁不仅仅是疾病本身,还有在危机笼罩下的心理恐慌。从患病学生自身来讲,患病不仅是身体上的打击,也可能对心理产生一定影响,在做好隔离的同时,要考虑到患病学生本人因人际交往等问题而引起的心理问题。

透析案例本身发展及处理过程,范建文老师用实际的应对措施实践着"做好学生工作要心存爱心,遇事要冷静,有大局意识,处事要细心、耐心、果敢,协调兼顾"的理念和决心。

(李志强)

辅导员不仅要为学生的学习和生活做好服务，更要注意他们的情绪变化，时刻关注他们的想法，加强伦理、生理、心理的"三理"教育，对有发病征兆的学生要采用巧妙而合理的方式加以监控。

面对突如其来的考验
——遇到学生患有精神分裂症怎么办
□付光轩

自 2004 年主管院学生工作至今，已经有 5 年多的时间了，回首这些日日夜夜，我会有一种甘苦交织的感觉萦绕心头。我认为，学生工作就像是大海，看似水面平静、波光潋滟，可总也免不了有些波浪，偶遇天气骤变，更会有翻天巨浪。就好比一些突发事件，往往让身在其中的我们感到仓促和尴尬。

如今，高校学生中患有心理疾病的人数呈上升趋势，其中以患精神分裂症的学生最为严重，而且该病发病突然，行为极端，不但患者自身深受影响，而且还会危及其他学生的安全和学校的稳定。如不及时采取有效措施，后果不堪设想。

小李，曾患有精神分裂症，休学一年后复学，经过几个月的调节适应，学习、工作、生活都很正常，我也为其健康恢复感到高兴。可是，在一个初春的傍晚，小李宿舍的学生突然打来电话反映他有异常情况。我立即找来小李，从学习、生活、同学相处、家庭情况等各方面试着和他交流，力求找到共同语言，对他进行开导。刚开始小李还能和我谈孔孟之道、谈儒家思想，没有丝毫异样。但很快，他就开始胡言乱语、信马由缰；行为也颇怪异，一会躺到沙发上，或者干脆把脚放到茶几上。再接着就语无伦次，呈现亢奋、激动状态，并且控制不住自己的情绪。由于是第一次经历这种情况,我也没有相关的知识储备,也不敢枉断这就是精神分裂症的表现。整个交谈持续近 4 小时,结束时已经是晚上 9 点多。于是,我找来他的室友准备送他回去休息,想借此稳定一下他的情绪。

刚走到二楼楼梯口,小李看到电梯指示楼层的红色数字一闪一闪,刚才还谈笑风生的他突然失去理智,迅速跑向廊道,一只脚跨过栏杆,纵身就要往下跳,同时高喊"不要过来"。一切都来得那么突然,短短的几秒钟时间,一个"正常"人忽然变得如此歇斯底里,没有给我一点思想缓冲的余地,让我猝不及防。我不敢强行走近他,并赶紧让追他的学生停下来,因为我明白此时每一个细微的动作都可能刺激到他,使他更加激动和疯狂。小李两手拉着栏杆,两只脚悬在空中,像吊在单杠上一样,嘴里哭喊着,似乎是有不能遏制的烦躁。我站在他的对面,和他只有三步远的距离,但是我知道,这三步我不能强行跨越,必须依靠自己的智慧取胜。我强迫自己冷静下来,小心翼翼地喊着他的名字,语气尽量缓和,尽可能微笑着和他讲话。这种镇静是在安慰他,也是安慰我自己。可能是我温和的神态给了他内心一刻难得的安宁,在有些昏暗的灯光下,他的情绪逐渐缓和,静静地看着我。

我看有了转机,就一面继续轻柔地和小李说话,一面慢慢地向他移动。这仅有的三步,在那一刻,我却觉得是那么遥远。我很清楚此时他的情绪就像是易燃品,稍微一点点的火源都可以燃起熊熊烈火,造成终生遗憾。于是,我心里一直告诫自己要冷静。我心平气和地和他说话,吸引他的注意力,等我坚信离他已经足够近时,猛扑过去一把拉住他的手,使劲拽住拼命挣扎的他……在赶来的老师和学生的帮助下,一起把他拉了上来。

在同事和学生的帮助下,我赶紧联系医院,陪小李做检查,并通知了他的家人,垫付了 1000 多元的检查费和医疗费,直到看着他在医生的护理下静静地睡着,我心里才有一丝踏实。一切安顿好,已经是凌晨一点多钟了。我感觉困了、累了,也饿了……走出医院的大门,料峭的春寒把我的疲倦赶走了很多。

现在想起这一幕,我依然感慨很多,心情也很沉重。我清楚地认识到自己肩头的责任重大,辅导员工作的任重而道远。从这件事情中,可以总结出诱发精神分裂症的原因有以下几个方面:第一,家庭不健全。小李父亲早亡,单亲家庭对他的性格颇有影响;第二,自我减压能力不够强。由于学习压力、心理压力过大,又不善于和同学交流,尤其是自尊心强、争强好胜的学生,会出现自闭的现象;第三,受环境因素的影响,如季节更替、外界声光物的刺激;第四,前期治疗不彻底,没有坚持服用抑制性药物等。

我认为,辅导员不仅要为学生的学习和生活做好服务,更要注意他们的情绪变化,时刻关注他们的想法,加强实施伦理、生理、心理的"三理"教育,对有发病征兆的学生要采用巧妙而合理的方法加以监控。遇到学生突发精神分裂症的紧急情况,应把握以下几个方面:一是尽可能寻找对话切入点,暂时稳定患病学生的情绪,为寻找对策争取时间;二是处理得当,行动迅速,一招制胜,确保万无一失;三是借助药物、针剂尽快使患者稳定下来;四是护送患者时应采取强制措施,如用粗绳子(布料)适当缠住患者双手,防止患者突然脱手,做出过激行为;五是寻求医生和保卫处配合,尽快送学生到精神病医院治疗。

专家点评:

近年来,大学生群体的特点较以往有了新的变化,大学生中存在心理疾患的人数不断攀升,这部分群体给社会、家庭和高校带来了一系列不稳定因素,要求辅导员肩负起大学生心理健康教育与咨询的重任,成为大学生心理健康教育的重要力量。

十七大报告中提出加强和改进思想政治工作要注重人文关怀和心理疏导的要求。加强和改进大学生心理健康教育是新形势下全面贯彻党的教育方针、推进素质教育的重要举措,是促进大学生健康成长、培养高素质合格人才的重要途径,是加强和改进大学生思想政治教育的重要任务。

辅导员应当努力成为学生的人生导师和健康成长的知心朋友。作为新时期的高校辅导员,必须在知识结构和能力结构中具备一定的心理科学知识,能对不同心理状态的学生进行初步的心理鉴别,拟订心理保健措施,掌握某些心理治疗方法和行为矫正技术。

辅导员应做好大学生心理问题的发现、监控、干预、转介、善后这五项工作。本案例中,付光轩老师前三项工作做得都很好,但由于缺乏相应的心理学知识,没有寻求学校心理咨询机构工作人员或在大学生心理健康教育工作方面有丰富经验的老师一起参与解决问题。或许有了他们的参与,事情的解决过程会顺利一些,对学生的不良影响也更少一些。

（李志强）

学生管理工作可以多一些创新的形式，从关心学生入手，多角度、全方位地和学生沟通，搭建一些学生喜欢的交流平台不失为一个好的办法。

一封家长来信
——遇到学生离校出走怎么办
□张洪良

这个夏天，我带了四年的学生毕业了。作为辅导员，看着他们一个个奔赴新的生活，心里真替他们感到高兴，但是当最后一个学生拉住我的手说"老师，再见"的时候，我真的有点控制不住自己的感情，一种莫名的失落感强烈地萦绕在我心头。学生离校以后，我平静了一下心情，开始着手整理关于他们的各种资料、表格和文档，当然还有各种活动的照片，这些都是我积累的宝贵财富，我舍不得丢失。然而，当我打开一个名为"父母的信"的文档时，心猛地热了一下，思绪也跟着活跃起来，往日的那一幕幕生活情景仿佛又展现在眼前。

小李是我的学生，这个男生平时看起来非常稳重，还有点内向。我曾经和他单独谈过几次，他是个非常有文采的学生，说有时间一定要写一部小说给我看。可能是我工作粗心的缘故，加之学生比较多，有几天没有见到他，他宿舍的同学告诉我小李不见了，走的时候提个包，没说去哪，电话也打不通。我当时非常生气，违犯学校纪律不说，关键是要耽误学习啊。于是我和他的家长取得了联系，结果他的父母也不知道孩子的去向，这下我着急了，这可不是个小事情，学生丢了怎么办啊？

小李的父母也匆匆赶到了学校，原来他们已经预感到孩子可能要出现问题，因为之前他们发现孩子花费不断上涨，学习成绩却不断下降，就警告小李说如果再不好好学习，就要采取经济制裁之类的话。有一次小李打电话给家人的时候，感觉到父母好像不关心他，突然冒出来一句"以后不要你们管了，我要自己养活自己"。他的父母觉得自己对待孩子的教育方式有问题，后悔不已，尤其是其母亲多次流下痛苦的泪水。后来，我通过小李的朋友找到了他的QQ号码，并开始不断地给他留言，也许是他故意不想联系我们，没有任何回音。没有联系电话，QQ留言也不回，一时间我陷入了非常被动的局面。小李的父母虽然急切地想等到孩子回来，但是因为工作的问题，不得不在几天之后黯然返回。不过，他们返回的时候，我嘱托他们给小李写一封信，用此来帮助小李摆脱当前的"僵局"。

为了能够及时收到小李的信息，我的QQ也经常挂在网上。有一天晚上，我打开信箱看到了小李的回信，信里仅仅一句话："老师，我对不起你，对不起父母，你们不要找我了，我不回去了。"当时真的很惊喜，给他的回信中我帮他分析现在的情况，告诉他父母有多么爱他，学校还在为他敞开着大门，同学们也都在热切地盼望他早日返回校园。几天之后，我也收到了小李父亲的亲笔信，这封信情真意切，父母那份深沉的爱足以感动任何人。我把这封信扫描了一下，命名为"父母的信"，及时发给了小李，我想让他看看他最熟悉的笔迹，从字里行间体味一下父母的心情。

在发信后的第二个星期，我收到了小李的回信，他向我诉说了自己的苦恼以及在社会上工作的不愉快经历，但是还没有说返校的事情。我抓住这个可能松动的机会，一直和他保持着联系，在大家的共同努力下，三个月后他终于返回了校园，回到同学们中间。

这件事情也让我觉得学生管理工作可以多一些创新的形式，从关心学生入手，多角度、全方位地和学生沟通，搭建一些学生喜欢的交流平台不失为一个好的办法。后来我建立了班级QQ群，在这里我可以随时倾听同学们的心声，更快捷地解决他们的实际问题，很快就得到了同学们的喜欢和认可。

这封信我一直保存着，它时刻给我启迪，给我警示，让我对工作更加投入，更好地引导学生健康成长。

（注：作者系 2007 年全国高校优秀辅导员）

专家点评：

现在的大学生基本上都是"90"后，他们大多个性张扬，不喜约束，而且自尊心极强，如何采取正确有效的措施开展教育是家庭和学校面临的主要课题。本案例中，小李同学因在大学消费开支缺乏计划性，花费不断上涨，而且学习成绩不断下降，于是其父母就给他提出了警告：再不好好学习，就要采取"经济制裁"。小李因此觉得父母好像根本不关心他，感觉心灰意冷，于是就离校出走以向父母示威。张洪良老师得知情况后，首先与其父母取得联系，进行了沟通，然后通过电话、QQ、建立班级群等多种渠道与小李取得联系，最终成功劝其返校。

教育家苏霍姆林斯基曾指出："要记住，你不仅是教课的教师，也是学生的教育者，生活的导师和道德的引路人。"作为辅导员，首先应尽可能与学生家长保持联系，采取适当方式建议家长学会扮演朋友的角色，多与孩子沟通交流，了解他们的所思所想，多一些鼓励和引导，少一些指责和批评。其次要不断增强育人意识，尤其要遵循教育规律和青年学生成长规律，根据工作环境和工作对象的变化及时转变工作思路，从而做到思想上引导、学业上辅导、行为上劝导、生活上指导、心理上疏导，把教育和人的自由、尊严、幸福、终极价值密切联系起来，要体现人文关怀和道德情感，与学生共同成长。

（邵　强）

在这个蜕变过程中起着决定性作用的是那件"不能说的秘密"，因为它让我深深地感到了辅导员非同寻常的价值，坚定了我在辅导员工作道路上走下去的信心和决心。

不能说的秘密

——遇到学生有家庭难题怎么办

☐胡凯娟

做辅导员已经四年有余了，在一千多个日日夜夜里，我与学生们一起演绎了一幕幕令我终生难忘的精彩剧目，我也由一个没有自信、对辅导员工作感到迷惘的年轻辅导员蜕变成了自信十足、坚定地走在辅导员工作道路上的资深辅导员。在这个蜕变过程中起着决定性作用的是那个"不能说的秘密"，因为它让我深深地感到了辅导员非同寻常的价值，坚定了我在辅导员工作道路上走下去的信心和决心。

2004 年 1 月的一个晚上，我接到一个学生的电话："胡老师，你现在有时间吗？我想找你聊聊。"刚放下电话就听见了敲门声，当我一开门，她就一下子扑到我的怀里放声大哭。她是 2003 级英语教育本科班的李莉。经过悉心的开导，她才告诉我事情的原委，并让我替她保密。原来，她前几天无意中发现了一个秘密：父亲有外遇了。一时间她觉得天都要塌下来了，一直以来父亲都是她心中最值得敬佩的人。她害怕母亲知道后可能会承受不了这样的打击，但是如果就这样默不作声，万一有一天父亲主动提出离婚或者被母亲发现了怎么办，她不敢再想下去了，她感觉自己就快要崩溃了。

在接下来的两天里，我一直和李莉保持着密切联系并引导她不要过多想这件事。同时，我也在考虑该如何去帮助她，正当我设想了无数的办法都被她认为很难实施而又一次陷入无所适从境地的时候,我收到了一名学生的信。在那一刻我突然来了灵感,何不给他父亲寄封信呢,但是又考虑到如果直书其意的话,以后父女相见肯定会比较尴尬,这也是李莉不愿意看到的结果。在一次次反复思考之后,我决定这样做:以学校的名义给她父亲寄信,在信里写明这是学校统一组织的活动,目的是让家长更好地了解学生的学习、生活和思想状况,希望家长给予配合。信的内容以调查问卷的形式分为"学生家庭状况""学生在校各方面表现情况""学生想对父母说的话"和"家长想对自己孩子说的话"四大部分,之所以这样做是想让李莉和他父亲之间有一个相互交流的媒介,这样或许能让她的父亲在心灵上受到些许触动。经过慎重修改之后,我找到李莉告诉了她我的想法,她也欣然赞同。在"学生想对父母说的话"一栏中,我让李莉有意识地突出了几点:一是父亲的优点、对父亲的崇敬及父亲对她的影响,二是母亲的吃苦耐劳、纯朴善良和对家庭所付出的辛劳,三是为自己有这样一个相亲相爱、和睦相处的家庭而感到自豪。信寄出去后,我期待着奇迹的发生……

两周之后,李莉高兴地找到我说她父亲回信了,在"家长想对自己孩子说的话"一栏中,她父亲写道:"以前没有想到他在女儿心目中有那么重要的位置,以后自己会在各方面更加努力,争取给女儿树立好的榜样,为家庭作出更大的贡献。"虽然在信中她父亲并没有写明什么,但是我们也为我们迈出的第一步并取得了少许的收获而感到欣慰。

紧接着放寒假了,我给李莉说利用假期多找一些让一家人在一起的机会,引导一家人共同回想以前的美好时光,多说说母亲为家庭的付出,还可以在适当的时候利用场景发表自己对"第三者"的看法,对父亲起到旁敲侧击的作用。整个假期我都和李莉保持着联系,她说按照我的建议做了,成效很大。开学再见到李莉时,她的状态比以前好多了,我也松了一口气,总算取得了一点成绩。但是我知道,这样做还不能彻底解决问题,于是紧接着又开始了下一步的计划。

2004 年 3 月,系里组织召开了"家长见面会"。我特意通知李莉的父亲来参加，并在会后让他单独留下。我告诉他，李莉这段时间思想上好像有点问题，一个人经常发呆并默默地哭泣，尤其是从家里返校之后。如果李莉照这样的状态发展下去，后果将会不堪设想。希望他也多给孩子谈谈，不要让孩子因为家里的事情背上过重的思想包袱……

第二天中午，我接到了李莉的电话，她激动地说："胡老师，我不知道该怎么谢你才好，爸爸在今天中午吃饭时说了很多歉意的话，虽然他没有明说表达歉意的原因，但我知道他已经意识到自己做错了，爸爸向我们保证以后多体贴妈妈并多帮妈妈干点家务活，多关心我和弟弟的学习，并让我们监督他……"

听到这些，我的泪水忍不住夺眶而出，是为李莉感到高兴还是为自己成功解决问题而欣慰，我自己也说不清楚。但是我知道，这对他们家庭来说是一个永远都不能说的秘密。而我作为一名普通的辅导员，能够凭借自己的一点点付出就打开了学生心中永远无法解开的结，并最终挽救了一个家庭的幸福，这难道还不足以体现辅导员的价值所在吗？

专家点评：

家庭环境对孩子的身心发展和健康成长有着至关重要的意义。幸福的家庭是孩子健康成长的摇篮，也是孩子温馨的港湾。胡凯娟老师在倾听学生李莉诉说发现自己父亲有外遇后，十分理解学生所表现出来的担心、痛苦、无助甚至绝望的情绪，怀揣一颗责任之心、善良之心、大爱之心，首先通过一封"委婉含蓄"的"给家长的信"，一方面向学生家长汇报了其孩子在学校的优异成绩和良好表现，另一方面也通过"学生想对父母说的话"和"家长想对自己孩子说的话"为李莉和她父亲提供了一个相互交流的平台。然后，胡老师又借助"家长见面会"之机"旁敲侧击"地提醒父亲要多关注和关心李莉，收到了较好效果，从而解开了李莉的心结，挽救了一个家庭。

苏联教育家苏霍姆林斯基指出，教育者的关注和爱护在学生的心灵上会留下不可磨灭的印象。作为辅导员，根本的一点是要有爱心，心中要时刻装着学生，从学生的实际出发来考虑问题、解决问题。爱是教育的前提，辅导员只有对学生倾注爱，对他们充满期望，才能服务好大学生的健康成长和全面发展。

（邵　强）

第十章　就业指导篇

JIUYE ZHIDAO PIAN

点评专家：

河南理工大学学生处处长　　　　邵　强

工科女大学生就业已成为社会关注的"老大难"问题,辅导员必须掌握相关知识,开展个性化指导,帮助其实现就业。

个性化指导,帮助她实现梦想

——工科女大学生找工作遇到困难怎么办

□夏　磊

2008年3月,我带的326名学生中的大多数都已经顺利地找到了工作。在整理未就业学生情况的时候,一个叫小燕的女生进入了我的视野。她是中共预备党员,性格活泼,各科成绩平均83分,曾两次获得校内单项奖学金,并且通过了全国大学英语四级考试和计算机二级考试。按说她找工作应该是没问题的,可是为什么她到现在还没有找到工作呢? 一个大大的问号出现在我的思考中……

"她是不是没有去参加招聘会?"想到这里,我立即询问了与她关系比较好的同学,结果却出乎我的意料。同学们都告诉我,小燕很积极地参加各类招聘会,却很少能进入面试环节。我想,她的自信心一定受到了不小的打击,我得好好跟她谈一下。

在了解了小燕的大致情况后,我给她打电话让她带上自己的简历到办公室来找我。20分钟后,她如约而至。我一边听着小燕的求职经历,一边翻看她的简历。简历格式很标准,自荐信、基本信息表、成绩单、推荐表、各种证书复印件等要件齐备,只是基本信息表上粘贴着一张没有经过任何修饰的一寸照片,她脸上的痘痕还清晰可见,这让身高只有一米五五的她看起来是那么普通。看过简历后,我告诉她:"第一,求职目标明确是件好事,但你却忽略了一些重要的信息,即不同用人单位对人才的需求标准不同,这使你在与用人单位匹配的过程中出现偏差;第二,自荐信中的描述太过大众化,让人看不出你的优势,不易吸引用人单位的注意;第三,员工形象代表着企业形象,良好的个人形象是获得面试机会的重要因素之一。"鉴于以上三个方面,我给她如下建议:第一,选投地域和待遇中等的电业局,对重庆方向的电业局应有所侧重(因为她是重庆人);第二,从用人单位的需求出发,在自荐信中突出自己的优势,如性格活泼,善于团队合作、与人沟通等,在面试前充分准备,以免过于紧张;第三,换一张经过适当修饰的照片,面试时着装端庄大方,化淡妆。最后我鼓励她说:"小燕,你是一个很优秀的学生,要有信心,你一定可以找到好工作。希望你振作起来,按照我的建议好好把握机会。"

几天后,重庆的一个电业局来招聘毕业生,首要条件就是平均成绩在80分以上,通过全国大学英语四级考试和计算机等级二级考试。小燕向这家单位投了简历,照片上的她笑得很甜,与自荐信里的内容很是呼应。果然不出我所料,小燕顺利通过了简历筛选。面试的时候,小燕特意打扮了一下,化了淡妆,穿了一件得体的小西装,换上了高跟鞋,整个人看起来很干练。面试前她告诉我,同班的丽丽也进入了面试,丽丽和她成绩差不多,年级排名只比她低一位,也是预备党员,所以她很紧张,觉得没把握。我安慰她不要紧张,只要把真实的自己表现出来就行了。

一个小时后面试结束了,小燕怀着忐忑的心情等待着结果。这时,企业的招聘负责人找到我,说要听听我的意见,在两个女生里到底该录用哪一个。这对我来说真是一个两难的抉择。我快速地思考着:对丽丽来说,由于成绩好、形象好,找工作相对要容易很多,而小燕却太需要这份工作了,也许这就是最好也是最后的一次机会了。于是,我决定推荐小燕。我先是了解了一下招聘负责人的看法,她告诉我,两个学生的情况差不多,要从中选一个,她很为难。心中有底以后,我说道:"这两个学生都是非常优秀的学生,各项指标也达到了企业的基本要求。而贵单位地处重庆,相对来说,小燕是重庆人,她去贵单位的话,职业的稳定性要高一些,不容易跳槽,生活方面适应也更快一些。"听我这么一说,招聘负责人立即拍板决定招聘小燕。

在小燕激动的同时,我也注意到了丽丽的失落。丽丽怎么也没有想到自己居然输给了屡战屡败的小燕,眼泪都流了出来。我走过去,抚摸着丽丽的头发说:"丽丽,没关系的。这次虽然你没有成功,但不能说明你不是一个优秀的学生。这次用人单位主要是考虑到小燕是重庆当地人,比较容易适应工作环境,所以才录用了她。希望你振作起来,下一次一定可以找到好工作。"丽丽点点头。后来,丽丽果然找到了一份令人羡慕的好工作。

事情虽然已经过去两年多了,但它对我的触动却很大。辅导员在对学生进行就业指导的时候,不仅要靠"就业动员会"告知学生就业形势、教会学生求职技巧,而且在帮助就业困难的学生时应给予他们更多的具体支持和鼓励,即帮助他们认真分析企业需求,结合学生的实际情况,以人为本、因人而异的进行个性化指导,从而帮助其实现就业。

(注:作者系 2008 全国高校辅导员年度人物)

专家点评:

近年我国就业形势整体严峻,大学生就业难,女大学生就业相对更难。本案例让我们想到,我们的学生中有相当一部分和小燕一样,具备优秀的职业素质却因为求职过程中某个环节出现了问题而导致择业失败。夏磊老师将内建信心和外树形象相结合,个人优势和招聘单位要求相结合,帮助小燕顺利实现就业。夏磊老师这种以人为本、因人而异的个性化指导方法值得推广和借鉴。

解决女大学生就业难的问题,要充分发挥政府、社会、学校的作用和女大学生的个人努力,各方面综合用力。作为辅导员,在指导女大学生求职过程中,首先,要树立她们的自信心。让她们相信自己和男生一样有实力,要敢于竞争,克服自卑、胆小、怯懦等不良心理状态。当择业中遇到挫折时，引导和帮助她们放下思想包袱，认真找寻失败的原因，并不断完善自己，提高自身素质，增强显示自己才华的勇气。其次，指导她们认真做好求职各项准备工作，发挥自身优势，寻找适合自身特点的行业单位。最后，帮助她们认清形势，转变心态。

（邵　强）

辅导员应指导大学生客观认识自我，充分挖掘自我潜能，明确自身优劣势，分析客观环境，准确进行自我定位，科学制定求职计划，这样才能提高求职的针对性、实效性和成功率，从而实现自己的求职理想。

求职前，先挖掘真实的自我

——学生对跨专业就业不自信怎么办

□张燕杰

　　于靖是一名纺织工程专业的大三女生，自入学起担任班级团支书至今，还曾先后在学生会担任文艺部干事、文艺部副部长、学生会团总支副书记、辅导员助理等职务，工作能力强。学习成绩属中等，英语四级未过。因为工作的缘故，我们接触较多。即将进入大四，谈起就业，她告诉我："虽然我很喜欢纺织工程专业，但并不想到纺织厂工作，而是想从事纺织贸易工作。不过，我的英语基础不好，这让我无法确定发展的方向。眼看毕业一天天临近，面对严峻的就业形势，我感到很迷茫也很着急。"

　　于靖的问题实际上是对自己的职业目标不明确。根据职业生涯辅导的理论，确定职业目标的前提是认识自己、认识职业和社会发展趋势，遵循人职匹配的原则，进行合理的职业定位、制定可行的行动计划。因此，我拟从以下几方面对于靖进行引导。

　　1. 帮助于靖客观认识自我。

　　我先让于靖介绍一下她的家庭背景及其对自己成长的影响。于靖来自内蒙古，爷爷是一名教师，从小就教诲她要明辨是非，自食其力，自强不息，不能因为自己是一个女孩子而去依赖别人。同时，她还例举了周围人对她的评价：老师们普遍认为她做事踏实负责，有效率、有魄力，适合做管理类或营销类的工作;同学和朋友认为她比较能干,有主见,以后可以成为管理者;业余时间她喜欢设计制作一些布艺品和服装,有的同学说她心灵手巧,不去做设计可惜了;学生会中的同事都很愿意与她合作,比她小的同学都亲切地喊她"靖姐"。

为了引导于靖进行客观的自我分析,清楚地认识自身的优势和弱势。我建议她用学校提供的朗途测评软件进行职业测评,结合职业测评了解自己的职业兴趣、职业能力、性格特质、价值观等,发现潜能,拓展择业思路。

经过朗途测评软件职业兴趣测试,于靖的前三项职业类型分别是管理型、社会型、艺术型。这和她的具体情况比较符合:从小学起就一直担任学生干部,并且积极组织和参加各种学生活动,有良好的组织与沟通能力,能细致、全面地思考问题,有强烈的影响欲,并且有较强的创造力;对于制作手工艺品方面有极浓的兴趣和不错的天分,她设计制作过十字绣手袋、壁挂、T恤、裙子等,理想是拥有自己的设计工作室。

于靖的个人风格及职业个性特征测评结果为:属于外向、感觉、情感、直觉型。这表明她精力充沛、热情洋溢、富于冒险精神、自信,常看事情积极的一面,喜欢从事有挑战性的工作,而且她善于辞令,尤其适合做推销工作和领导工作。

职业价值观测试表明,她重视拥有一个自己的天地,可以自由地、无拘无束地创造人生的价值;注重自己的专项才能,有广博的创意,希望服务于他人;独立性强,有强烈的成就动机;思维活跃、富有创意,重视他人的感受与价值,做事目标明确,有强烈的发展、提升意识;将来选择与自己专业结合的创业也是合适的。

2.引导于靖进行职业探索。

我建议她通过学校就业部门、导师、校友、网络、企业调查等方式,对学校环境、专业知识结构、纺织行业的现状与发展趋势、以往本专业几届毕业生就业去向以及毕业后所从事的职位要求等方面进行了解和分析,从而了解自己能够从事的职业群。通过分析,到贸易公司或企业做跟单员的工作很适合她,她也非常感兴趣。跟单员是指在企业运作过程中,以客户订单为依据,跟踪产品,跟踪服务运作流向的专职人员,根据工作重心不同一般分为生产跟单和业务跟单,无论哪一种,其工作都几乎涉及企业的每一个环节。所以,跟单员需要具备较强的分析能力、预测能力、表达能力、专业知识、协作能力、交际能力、谈判能力、管理与推销能力等。于靖有为数不少的师兄、师姐在从事跟单员的工作,我安排她找合适的学长进行一次生涯人物访谈,深入了解跟单员这一工作的相关情况。

3.根据职业分析结果,按照人职匹配的原则,帮助于靖明确了就业目标和发展路径。

于靖设定的长期目标是:自主创业,打造一个自己的家纺或服装品牌。阶段性目标以及发展路径:跟单员→业务主管→业务经理→创业。同时,我告诉于靖,实现目标的过程就是缩小差距的过程,并和她一起分析目前的状况与实现目标所需要的观念、知识、能力等方面的差距,以及如何采取有效的行动制定实施计划尤其是短期计划。

于靖通过对自我和职业的分析,其职业目标越来越清晰,对自己将来职业的发展有了信心,积极主动地参加相关社会实践,并重点补习英语。大三暑假,于靖通过信息收集和导师的介绍到 ABELEE 公司做了40 天的实习跟单员。ABELEE 公司是一家外资公司,总部在芬兰,目前在国内只有郑州一家分公司,以出口纯绒、丝绒、混绒等中高档服装为主要业务,客户目前以北欧国家居多,公司很有发展前景。通过 40天的跟单员工作,公司对于靖的工作能力和业绩很满意,主动提出接收她到公司工作,起薪 2500 元/月,并有出国机会。于靖在毕业之前就找到了满意的工作,她表示一定会通过学习和不断地经验积累,创办自己的公司或工作室,打造自主品牌。

专家点评：

职业是个人满足自身需求的媒介。个人需求的满足，特别是高层次需求的满足与个人通过从事一定的职业对社会的贡献紧紧相连。由于每个人都有自己的特性，并在需求上存在差异性，因此每个人的职业倾向是不一样的，从事某个特定职业的潜力也是不一样的。通过职业规划，可以把"我想做的事情"与"我能做的事情"有机结合起来，在客观分析自身和外界环境之后，制订出科学可行的、个性化的方案，并加以实施，将会使自己的优势得到最大限度的发挥，需求得到最大限度的满足。张燕杰老师正是根据职业生涯辅导的理论，通过对学生进行自我和职业的分析，使学生有了清晰的职业目标和职业发展的信心，成功解决了学生的困惑。

由于我国一直以来的应试教育，使得广大学生在成长的过程中重分数，轻自我探索，目标意识淡薄。在进入高校后会产生茫然感、不安全感，多数学生对自身的职业生涯没有规划，自身定位不清晰，没有为自己确立合理目标。面对这些学生，通过职业规划促使他们自我觉醒，进行自我定位，尽早明确人生目标，帮助其实现职、趣、能相匹配是十分必要的。

（邵　　强）

在学生面临毕业的时候，升学或者就业是一个艰难的选择，辅导员要"居高临下"，运用自己的经验与知识，根据学生的实际情况合理引导，实现学生、家庭和社会收益的最大化。

升本与就业的博弈

——学生对升本还是就业产生困惑时怎么办

□张红太

大学专科毕业生都要面对这样一个选择：升本还是就业？对于那些学习成绩比较好一点的学生来说，选择升本的愿望特别强烈，而另外一些观望的同学受到这些同学的影响之后，也会跟风选择升本，结果往往是班级中选择升本的学生比较多，超过了合理的比例。有些不适合升本的学生也盲目地升入本科院校，结果在学习过程中出现了许多的困难，导致学业不能顺利完成，白白地浪费了金钱和时间，在本科毕业时又面临着更大的就业压力，这样的选择实在是得不偿失。为了避免这种情况，辅导员在学生临近毕业时，给予合理的指导，解决他们的困惑，帮助毕业生合理分流。

05210班的白建磊的经历就是一个典型的例子。他的学习成绩不错，在班级中一直名列前茅，从进入校门的那一刻起，一门心思为升本做着准备。大三上半学期，一个偶然的机会，他把简历投到一家企业，被该单位慧眼相中，拟与他签订就业协议。该单位是一个国营大型企业，效益好，有科研氛围，和白建磊的专业也比较对口，白建磊面对这样好的机会，既想升本又想就业：想就业，但是家庭父母不同意，要求他继续升本；想升本，弟弟和妹妹就要面临着失学外出打工的危险。他考虑了整整一个晚上拿不定主意，不知道到底是该就业还是该升学。两难的选择折磨着他,第二天早上起床后竟然不知道先迈左脚还是右脚。

于是,他找我帮助解决这个问题。虽然他的成绩很好,但是兄弟姐妹比较多,而她的父母年龄偏大,家庭的经济条件不是很好,如果听从父母的建议升本,在读本科期间还要花费近三万元的学费,这么高昂的学费对于他这样的家庭是根本拿不出来的,无疑增加了父母的负担. 即使是依靠助学贷款也只能解决学费的问题,生活费照样靠父母支付,这样的话弟弟妹妹们就可能辍学了。况且,两年后的就业形势将更加紧张,本科毕业后还可能找不到这样好的工作;而提早就业,能够及早把所学的专业知识运用到实践当中,在实践中学习,照样可以丰富自己的知识,完善自己的知识结构,及早占领行业的制高点,同样能够实现远大的人生目标。因此,我建议白建磊尽早就业,帮助家庭摆脱困境,进而使弟弟和妹妹完成中学学业。

通过我的对比分析,白建磊接受了建议,当天下午他就去那家企业签订了就业协议。这样一来,他既实现了就业,又没有耽误学习和专业研究,做到了双赢。最近,他专门抽出时间来到学校,来感谢我对他的帮助。通过交谈,我了解到他在短短的一年时间里已经成为单位的技术骨干,设计了一个新产品,为单位创造了几十万元的效益。这位曾经面临困境的学生谈吐间洋溢着自信与自豪。

马克思说过,物质是基础。人们的所有行为都要建立在一定的物质基础之上的,就业指导工作也不例外。专科毕业生选择就业还是升本也要看物质基础。对于毕业生来说哪些条件是物质基础呢? 我个人认为它包括两个方面:一是家庭的经济状况,二是个人的素质。在这两个条件当中,家庭的经济状况重要程度大于个人的素质,因为个人的发展离不开家庭的支持,没有稳定的经济状况,又何谈个人素质的提升呢? 如果家庭经济状况比较好,就是有了一个坚实的经济基础的支撑,加上个人的专业基础比较好,对学习又比较感兴趣,同时拥有这样两个条件的学生可以考虑专升本。相反,如果家庭条件不是太好,或者对学习不是很有兴趣,这样的学生最好的选择就是就业。然而,现实工作中会遇到更复杂的情况:个人的素质不错,但是家庭条件不好;家庭条件很好,但是个人对学习不是很感兴趣,等等。对于这种复杂的情况,仍然要把家庭的经济状况作为首要考虑的因素,然后根据具体情况来指导毕业生选择升学还是就业。

专家点评:

"升学,还是就业?"确实是一个两难问题。这道"鱼与熊掌"的选择题就摆在了即将毕业的白建磊眼前:选择升学,可能弟弟妹妹就要面临失学的危险;选择就业,可能会违背父母的意愿。其实这种徘徊与抉择也是相当一部分毕业生面临的困惑,具有普遍意义。

在帮助学生成功解决两难抉择的过程中,张老师有两大亮点特别值得我们学习和借鉴:首先,良好的师生关系是辅导员开展工作的一把"金钥匙"。其次,辅导员只有具备一定的沟通能力,才能与学生建立起有效的人际关系,让学生敞开心扉,从而开发其内在的智慧和各种资源,培养他们成才。

在现实工作中,辅导员指导学生"升学,还是就业"这个问题时,除了要考虑学生家庭经济情况和个人素质,还要指导学生进行职业生涯规划,帮学生尽早确定职业目标,避免选择的盲目性和被动性。

辅导员工作水平的高低,工作效果的好坏,直接影响到人才培养目标的是否实现。只有鼓励、支持辅导员队伍向专业化、职业化方向发展,才能使辅导员队伍整体素质得以提升,在工作中适应新形势、探索新方法、解决新问题的能力不断得到提高。

(邵 强)

辅导员可以根据每个学生的特点，开展个性化的就业指导，帮助学生进行客观分析，正确认识自我，培养学生符合个体情况的就业技巧，从而提高其就业竞争力。

绽放青春风采

——学生干部对就业没有自信怎么办

□王宝玲

　　年味儿还没消散，我便投入了紧张而繁忙的学生工作中，每每想着自己在为一群群朝气蓬勃的学生服务，心中便有许多的满足。开学两周过去了，像往常一样，周一开早例会，各年级辅导员清点人数，布置一周的工作。我走在去办公室的路上，和辅导员聊着毕业班的学生到校情况。怎么开学以来一直没见过王玉秀呢？假期里，我还因为"国家奖学金获得者的先进事迹材料"多次和她打电话沟通和交流。可是开学两周过去了，却一直没有看见她。王玉秀是一名非常优秀的学生，从一名普通的学生会干事到学生会主席，在学习、工作、体育等方面表现突出，连续三年获得一等奖学金和"优秀三好学生标兵"。辅导员说她已经来报到过了，只是最近情绪有些低落。我决定找她聊聊。

　　当她走进办公室的一刹那，我发现她似乎变了，原本明亮的、自信的眼神充满着忧郁、沮丧与迷茫。"开学两周了，忙什么呢"我亲切地问。"来，坐沙发上。"听到我的话，她没有回答，只是默默低着头坐下，两手还放在腿上一直不停地搓着。我走到她身边坐下来轻轻地问道："怎么了，最近是不是有什么心事？"她抬头望了我一眼，然后又低下头用哽咽的声音说道："王书记，我最近郁闷死了，不知道下一步如何面对？不知道自己将来能干什么？""怎么会有这样的想法呢？"我听了她的回答感到有些惊讶。她说："前一段我报考了几次公务员考试，连笔试都没有通过。我真的怀疑自己的能力和知识是否能适应这个社会。原来在学校获得的那些荣誉证书我感觉作用不大,社会能认可我吗?"听到这里,我心里有些明白了,我说:"你要相信自己在学校的积累和锻炼,作为一名学生干部,你比其他同学更有优势。""谢谢老师的培养,可是我从学生会主席位置上退下来后,重新做一名普通同学我感到很迷茫,仿佛又回到了大一那个懵懂无知的时候"她说道。我微笑着对她说:"这个时候你就要学会调整自己的心态,全面地认识自己,提高自身承受挫折的能力……"

从她敞开的心扉中看到,她的心理落差非常大,再加上几次的考试失败,她接受不了这个现实,使她内心产生了挫折感和失落感。在王玉秀的心里,在校时的成绩与荣誉只是过去,能否得到社会的承认,她心里十分迷茫,面对理想与现实的隔阂她感到不知所措。

了解到这些,我明白了她的困惑与无助的原因。这时我想到,像她这样在大学期间表现十分优秀的学生,在走向就业的道路上就遇到这么大的心理挫折,那么其他的同学肯定也会遇到同样的问题,甚至比她还会更严重。我告诉她:"偶尔的失意是正常的,关键是不能放弃自己,大四是从学校走向社会的过渡期,应该学会时刻接受生活的改变。一要学会客观地评价自己,调整心态,不能因为一两次的失利就产生挫折感。尤其是你作为一名党员,更要在大四这个关键时期起到模范带头的作用,面对困难要正确认识自己,树立正确的态度。二要学会正确归因,提高自己的挫折承受能力,学会感恩,提高自己的自信心。虽然退出了学生会的舞台,但是你作为一名普通同学要更积极地配合班级工作和院系的工作。三要确立正确的就业心态,明确奋斗目标,执著追求。一个有远大目标和理想、生活充实的人决不会轻易地被打败。"

我们的谈话持续了一个多小时,在交谈即将结束时,她站起来,深深地鞠了两个躬,说道:"谢谢您的关心和鼓励,您放心吧,我一定会找回从前的我。我向您保证,我一定能走出心理的阴霾;绽放我的青春风采。"在她转身的一刹那,我们俩都流泪了。她流的是幸福的眼泪,这眼泪是对未来的自信与努力;我流的是欣慰的眼泪,这眼泪是对我深爱的学生的祝福与期盼。

　　接下来的日子，她经常找我交流谈心，每次我都认真帮助她解决生活中遇到的困惑，一起分享成功的喜悦。尤其是在备考公务员期间，我们俩一起准备笔试和面试，从言谈举止到着装服饰，每一个细节我都帮她仔细地推敲，就业指导课上、办公室里都留下了我们努力的汗水。随着时间的推移，她又恢复了往日的自信和活力，在某省公务员笔试和面试时，她均取得了第一名的好成绩。生活中的她也重新回到了朋友们的中间，校运动会上又看见了她那阳光自信的笑脸和努力拼搏的身影。

　　就业是大学生人生道路上的一个转折点，是从"自然人"走向"社会人"的一次历史性跨越，也是大学生学有所成、走向社会的一个转折点，是对大学生综合素质、特别是心理素质的一次大检验。而随着大学毕业生就业制度的改革，供需见面、双向选择、自主择业的就业机制使大学生在心理上产生了强烈的震动。由于大学生涉世未深，缺少社会经验，自我调节能力差，心理容量小且脆弱，面对分配制度的改革，人才竞争的激烈，不少大学生缺乏心理准备和就业技巧。在就业过程中产生了较大的心理压力，从而导致了普遍的就业挫折心理。像王玉秀这样在就业面前遇到困难产生挫折感的学生还有很多。

　　在大学生就业指导中，辅导员发挥着重要的作用。作为大学生学习、生活的直接管理者和指导教师，辅导员与学生朝夕相处，彼此之间容易建立起深厚友谊，较易走进大学生内心深处，很容易赢得学生的信任。辅导员通过与学生的长期接触，能够掌握学生的性格特点与个性特长，熟悉学生的心理状态，了解学生的思想状态、家庭背景、现实表现等。这样，辅导员可以根据每个学生的特点，开展个性化的就业指导，帮助学生进行客观分析，正确认识自我，培养学生符合个体情况的就业技巧，从而提高其就业竞争力。

专家点评：

　　作为学生干部的王玉秀求职受挫后，内心有较强的挫败感和失落感。此时，王宝玲老师及时介入并展开了有针对性的辅导。她抓住主要矛盾和关键症结,用爱心、耐心和细心去做工作,具体问题具体分析,春风化雨般地化解了玉秀同学内心的烦闷,将明亮的阳光洒向她的心田。

王老师的辅导方法和引导思路,值得我们学习和推广。首先,她介入辅导的姿态亲切而随和,易让人接受。其次,她对学生问题关键点的洞察与分析把握十分到位。最后,她能够以一推面地看待问题和处理问题。不仅关注玉秀同学,更关心与玉秀有着类似困惑的很多同学。这种由具体到一般的辩证工作方法,能更好地促进学生整体的健康发展。

同时,从该案例中我们可以进行更多反思。其一,辅导员能否将自己的爱心、耐心和细心全面铺展开来,对每个学生悉心辅导?能否把一般化的方法授予学生?其二,何谓优秀?我们要考虑如何将学校的评价体系和社会的评价体系接轨,客观、全面地衡量。其三,辅导员的专业化道路还有多远?本案例如果辅以心理辅导或职业规划的方法,也许效果更好。

（邵　强）

求职初期的失败会给学生带来较大的心理伤害,此时,他们所面临的问题是能否重拾信心和勇敢面对就业市场的考验,以及如何调整心态来应对在职场中可能遇到的种种困难。

适合自己,才是最好

——学生考研失败后对就业产生迷茫怎么办

□晏　萍

　　当前,严峻的就业形势使得每年的考研人数都在大幅增加。在选择考研的学生中,不可否认确实有一些学生是为了继续深造,但也有相当一部分学生是为了延缓就业压力。事实上,毕竟只有部分学生能顺利通过这座"独木桥"走上继续深造的道路,大多数学生应该正确审视自己,选择适合自己的道路。这不禁让我想起曾经带过的一名学生……

　　付某,男,安徽人,计算机科学与技术专业,本科。该生家境非常贫困,学习成绩优异,每年都能获得学校奖学金、国家奖学金和先进个人等殊荣。该生入学后一直凭借国家助学贷款、奖学金和勤工俭学维系学习和生活开支。值得一提的是,该生虽有些口吃,但他从不因此气馁,自强自立,性格开朗,乐于助人,并担任班级学习委员。即将毕业了,该生深知自己与其他同学的区别,尤其是自己的缺陷,如果走进职场肯定会不具备很强的竞争力,于是他立志继续深造,将所有的精力都放在考研备战上,且报考的院校是一所名校,报考专业也并非他所学的计算机专业,所以无论在考试复习上还是心理准备上,他更是较平常人倾注更多精力。考试那天该生将自己调整到最佳状态,带着对未来美好的憧憬,充满自信地走进考场。然而考试的结果却很让人失望,他落榜了。这无疑给他带来了很大的刺激,面对自己的前途,他不知何去何从。回过神儿才发现时间已经是 3 月份,看着身边平时不如自己的同学都与不错的公司签订了就业协议,又想到他自身的缺陷势必会影响到日后找工作。"有哪家公司愿意录用一个有口吃且无任何工作经验的应届毕业生呢?""是继续考研还是找工作?""继续考研我还能考取吗? 如果又像今年一样,那我该怎么办?"他感到前所未有的无助和迷茫……

可能在实际工作中遇到类似问题的学生并不多,但对于一名有生理障碍的毕业生来说,多少会出现一些自卑或者逃避的心理。因此我决定对他倾注更多的关怀与爱心,帮助他重拾信心、重新站起来、重新评估自我,引导他作出最适合自己的选择。

由于这是一个求职初期遇挫的特殊案例,因此对他的指导不可急于求成,要分步进行、逐层深入,并根据具体情况随时调整策略和重点。首先,采用倾听和共感等心理咨询技巧,安抚他考研失败的挫败情绪,肯定他为这场考试所做的一切努力,同时帮助他客观地分析其中的得与失,并让他明白考研并不是唯一的出路,也不是获得更高学位的唯一途径。经过此番谈心,由于经济等客观因素的存在,该生决定暂时放下继续考研的想法,进入职场,并表示考研是他的梦想,虽然现在实现不了,但他会为此一直努力。其次,利用价值澄清等技巧帮助他重新客观地分析自我、分析市场形势,帮助他重拾信心,挖掘其内心对职业期望的真实想法。该生表示还是希望从事计算机类的相关技术行业,自己已经在准备求职简历等材料,但经过几次面试后求职都没有获得成功,内心又感到一阵失落。再次,利用逻辑推论的技巧帮助他分析几次面试失败的原因,最终他并不认为生理缺陷是面试失败的主要原因,而自身的专业动手能力不强则是就业难的瓶颈所在。最后,找到症结所在后便共同协助他设计求职计划。该生想参加有关软件工程师的培训,但费用太高,负担不起。正巧有家培训机构采取的"零付款,就业后 1 年内还款"形式吸引了他,经过到该培训机构多次调研和试听后,该生经过家人同意决定参加该培训。由于该生有着明确的学习目标和学习动力,经过近半年的专业学习后,他成功签约于上海某著名企业,入职月薪就达 5000 元,并计划攻读在职硕士研究生。

很显然,对于付某的情况,他在求职初期的失败给他带来的伤害比一般学生要大很多。从无奈的言辞中不难看出他所面临的困境,最主要的就是信心的重拾和勇敢地面对就业市场的考验,以及如何调整心态来面对职场中可能遇到的种种困难。对他而言,选择最适合自身状况的发展道路,是走好职业生涯至关重要的一步。

专家点评:

付某考研失利后,面临人生抉择:是继续考研还是工作? 在他极度迷茫、困惑的关口,辅导员不囿于传统,运用心理学和职业规划等知识,采取科学的方法和正确的技巧,引导他重建自信,重新找到了适合自己的方向和道路。

心理学认为,每个人的内心都有实现目标的方法,只是需要借助外力使其更加明确化。辅导员就是这种外力。他充分尊重和相信当事人的能力,引导当事人调整自身状态、调动自身潜力、优化自我管理能力,最终实现其自觉意识和能力不断觉醒和提高。这样,当事人就会感觉是自己的力量在主导,从而获得更多的成就感。

我们欣喜地看到晏萍老师在心理咨询、职业生涯规划、就业指导等方面有着扎实的理论功底和实践经验,并注重实现抽象与具体的统一。应该说,她在辅导员专业化、职业化道路上已经走向了自觉化。这正是我们所期盼的。

(邵　强)

要把就业指导工作做在前面,将一些就业常识告诉学生,时刻提醒学生谨防受骗。 如果发生了意外事件,辅导员一定要勇敢地站出来,维护学生的合法权益。

职场陷阱

——学生遇到黑中介怎么办

□李 丹

2006 年暑假的一天,一名大二的学生打来电话说:"老师,我们找工作时每人被骗了 200 元钱……"听到这里,我马上意识到了事情的严重性。原来这两名学生暑假没有回家,而是去广州市某人才市场找兼职工作,一是为了挣点钱,二是为了积累工作经验。他们连续几天都在人才市场附近关注招聘信息,但是一直没有找到合适的工作。正当他们有些灰心的时候,看到了某中介公司的招聘广告,便前去咨询。在那里,该公司的工作人员先让他们各自填写了一份申请表,然后让他们每人交 50 元的中介费,并承诺 3 天后安排工作。两名学生初次应聘,加上几天来都没有找到工作,心里比较着急,听到中介公司能介绍工作,自然比较高兴,虽说这 50 元的费用有些不合理,但想到不能因为 50 块钱而失去工作的机会,于是当场就把钱交了。

3 天过后,两名学生再次来到该中介公司。工作人员很热情地接待了他们,并把他们带到附近的一家公司,说是安排他们在该公司实习。没想到这么快就能开始上班了,两人都还挺高兴。快下班时,一位工作人员来向他们收取 150 元的服装费,说是公司要求统一着装,每个人都必须买。两名学生当时也没多想,就交了钱。可是第二天,当他们再次来到这家公司上班时,却是人走房空,见不到该公司的任何人了。此时,他们才感到事情不对劲儿。

于是,他们找到那家中介公司,问那家公司为什么没人了。中介公司声称他们也不清楚。当两名学生要求退还150元服装费时,中介公司根本不予理睬,说那些钱不是他们收的,与他们无关。这时,两名学生才意识到自己受骗了。

黑中介就是利用求职者特别是大学生求职心切、没有太多社会阅历这一点,才屡屡得手。他们骗到求职者的钱后马上转移,骗一个是一个。当时我刚从事辅导员工作,也是第一次接触到此类事件。电话中,我马上让这两名学生先回学校,把详细情况说清楚,因为单凭他们的力量是解决不了这个问题的。然后,我马上向系主任报告了此事,共同商讨解决办法。

与系领导沟通后,我决定先向公安部门报警。于是,我带着两名学生来到派出所,向警方说明了情况。原来,最近派出所也接到过几起类似的案件,他们正在作进一步的调查。民警先让两名学生在派出所立案,然后回去等消息。其实,公安部门也很难处理这种案件,虽说黑中介是诈骗,可是涉案金额又太小,而且还需要工商、劳动部门配合,所以很难将他们一网打尽,以致此类事件时有发生。遇到这种情况,求职者往往也只能自认倒霉。

了解到这些情况后,我意识到即使报了案,问题一时半会儿也难以解决。为了尽快挽回学生的损失,我向系领导汇报了自己的想法:既然警方不能马上解决问题,那么我们就亲自找黑中介去讨说法。系领导认可了我的想法,决定由我带一名学生干部以及被骗的两名学生,以学校的名义去找中介公司理论。去中介公司之前,我上网查找了相关的法律法规,了解到招聘方不应以各种理由向应聘者收取任何费用。到该中介公司后,我们提出的条件是退还两名学生各自的200元钱。刚开始,该中介公司说学生实习时发生的事与他们无关。我问道:"学生是通过你们公司介绍去那家公司实习的,现在那家公司收取了所谓的服装费后就消失了,不找你们找谁?再者我是代表学校来跟你们交涉,按国家相关规定,招聘方是不能向应聘者收取任何费用的。如果你们不退还收取的非法费用,我们将向相关部门反映。"经过激烈的谈判,中介公司最终同意退还两名学生各自的 200 元钱。这件事过后不久,听说该中介公司终于被相关部门查处,得到了应有的惩罚。

显然,层出不穷的黑中介是无法在短时间内被完全查处的,要避免误入招聘陷阱,除学生自身要加强防范意识外,学校也应该加大对学生的就业指导工作力度。

这件事过后,我专门召开了针对该事的主题班会,决定用这件事教育学生警惕职场陷阱。我还从网上查找了大量的相关案件,如用人单位把"试用期"改成"实习期"、骗取求职者个人资料牟利等,举办专门的图片展,向全院学生介绍求职过程中常见的几种欺诈行为。

辅导员在对学生进行就业指导时,职场陷阱这一课一定不能少。我们要把就业指导工作做在前面,将一些鲜活的事例告诉学生,时刻提醒学生谨防受骗。如果真的发生了类似事情,辅导员也要勇敢地站出来,维护学生的合法权益。经历过这件事情后,每年给学生开第一次班会的时候,我都会拿发生在身边的案例来教育学生,增强他们对黑中介的防范意识。三年来,我所带的学生再也没有遭遇过类似的事情。

专家点评:

当下,随着社会发展的日益加快,社会竞争也愈加激烈,大学生就业形势日趋严峻。刚走出校门的大学生由于涉世不深,社会阅历较浅,面对复杂的社会现象辨别能力不强,于是一些利欲熏心的黑中介就将目标瞄上了大学生。

本案例中,李丹老师在得知两名学生受骗后,迅速了解详细情况,并采取正确有效的途径帮助两名学生追回了被骗的 200 元钱,使骗钱的中介公司得到了应有的惩罚。这给我们在教育学生、处理事情等方面带来不少启示。在实际工作中,辅导员要重视对学生增强法律意识与维权意识的教育、提高学生的分析辨别能力和自我防范能力。同时,辅导员还要加大对大学生就业指导工作的力度,采用主题班会、现场模拟、讲座报告、案例分析等方法把就业指导工作做到前面,做实做细,让学生多了解和掌握一些求职就业的本领和防骗维权的方法与技能。

(邵　强)

后记 HOUJI

　　大学生思想政治教育和高校辅导员队伍建设一直是《河南教育》(高校版)杂志关注的重点内容,自创刊号起就开设了"辅导员在线"栏目,目前该栏目已从2页发展为16页的刊中刊——"大学辅导员"。刊中刊的开办,旨在宣传党和国家有关辅导员队伍建设的政策和动态,为高校辅导员提供交流学生工作经验、探讨学生工作规律的平台,为辅导员服务,为大学生思想政治教育工作服务。

　　在这个办刊思路的指引下,早在2005年9月至12月,《河南教育》(高校版)举办了"我眼中的辅导员"征文活动。其中一封辅导员的来信引起了我们的关注,来信叙述了他对辅导员职业的诸多迷茫,并期待能得到我们的解答和帮助。这封信让我们心中久久无法平静,觉得应该做点什么,来化解他们心中的迷惑,帮助辅导员找准角色定位、工作定位。

　　于是,2007年12月至2008年12月,我们面向全国高校开展了"辅导员工作100个怎么办"大型征文活动,共收到征文 2000 余篇。从 2008 年 3 月起,部分优秀征文在杂志陆续刊登后,受到了广大一线辅导员和学生工作管理者的强烈关注和广泛好评,应读者的要求,我们决定将征文中的优秀文章结集出版。

2009 年 9 月,编辑部开始着手《辅导员工作 100 个怎么办》的编选、出版工作,先后邀请十多位专家和辅导员多次召开编选会,探讨该书的编选指导细想、内容、体例和形式,最终决定选取 100 篇优秀征文,并按照辅导员工作的性质分为 10 个篇章。之后,我们分别集中三次对所选文章进行编辑、修订工作,可谓是"三易其稿",做到了每篇文章的修订都和作者取得联系并征得其认可。书稿的编选工作初步完成后,我们又邀请了 13 位高校学生处处长、主管思政工作的高校领导对所选文章进行点评,在有限的时间内,点评专家精读文章、细下笔触,保质保量地完成点评工作,点评具有很高的针对性和指导性,成为本书的一大亮点。

本书的编选工作历时近两年,在此过程中,教育部思想政治工作司给予许多具体的指导和帮助。教育部思想政治工作司司长杨振斌不仅亲自审阅了书稿,而且还欣然为本书作序,向全国广大辅导员和思政工作者推荐阅读。教育部思想政治工作司思想政治教育处处长徐艳国也为本书的出版提出了许多指导性的意见和建议。中共河南省委高校工委副书记、省教育厅副厅长訾新建对本书的出版工作也十分关心,除了提出具体的指导意见,还对该书给予了高度评价。全国著名辅导员工作专家、中共辽宁省委高校工委副书记、省教育厅副厅长曲建武,全国著名辅导员工作专家、教育部国家教育发展专家咨询委员、山东省人民政府参事、山东省委高校工委原副书记田建国对本书的出版工作也给予大力支持,并分别作序推荐。河南省高校思想政治教育研究会会长、河南省教育界书画家协会主席、河南省文史研究馆馆员王际鑫得知本书即将出版,亲笔题写书名。河南教育报刊社社长高治军、分管社领导赵和平,都对本

后记

书的编辑出版工作给予全力支持,并分别提出了具体的指导意见。另外,本书还受到很多高校学生处有关工作人员、辅导员的帮助和支持,尤其是郑州大学冯军芳老师做了大量协调工作。同时,广西师范大学出版社赵运仕老师对本书的出版工作付出了辛勤的努力。在此,谨一并表示衷心的感谢!

由于我们的水平有限,不当之处在所难免,欢迎广大读者批评指正。

编 者

2011 年 8 月